ANDREW CHEN

**COMO INICIAR E
ESCALAR EFEITOS
DE REDE**

O PROBLEMA COLD START

ALTA BOOKS
GRUPO EDITORIAL
Rio de Janeiro, 2023

O Problema Cold Start

Copyright © 2023 da Starlin Alta Editora e Consultoria Eireli.
ISBN: 978-85-5081-799-6

Translated from original The Cold Start Problem. Copyright © 2021 by Andrew Chen. ISBN 978-0-06-296974-3. This translation is published and sold by permission of HarperCollinsPublishers, the owner of all rights to publish and sell the same. PORTUGUESE language edition published by Starlin Alta Editora e Consultoria Eireli, Copyright © 2023 by Starlin Alta Editora e Consultoria Eireli.

Impresso no Brasil — 1ª Edição, 2023 — Edição revisada conforme o Acordo Ortográfico da Língua Portuguesa de 2009.

Todos os direitos estão reservados e protegidos por Lei. Nenhuma parte deste livro, sem autorização prévia por escrito da editora, poderá ser reproduzida ou transmitida. A violação dos Direitos Autorais é crime estabelecido na Lei nº 9.610/98 e com punição de acordo com o artigo 184 do Código Penal.

A editora não se responsabiliza pelo conteúdo da obra, formulada exclusivamente pelo(s) autor(es).

Marcas Registradas: Todos os termos mencionados e reconhecidos como Marca Registrada e/ou Comercial são de responsabilidade de seus proprietários. A editora informa não estar associada a nenhum produto e/ou fornecedor apresentado no livro.

Erratas e arquivos de apoio: No site da editora relatamos, com a devida correção, qualquer erro encontrado em nossos livros, bem como disponibilizamos arquivos de apoio se aplicáveis à obra em questão.

Acesse o site www.altabooks.com.br e procure pelo título do livro desejado para ter acesso às erratas, aos arquivos de apoio e/ou a outros conteúdos aplicáveis à obra.

Suporte Técnico: A obra é comercializada na forma em que está, sem direito a suporte técnico ou orientação pessoal/exclusiva ao leitor.

A editora não se responsabiliza pela manutenção, atualização e idioma dos sites referidos pelos autores nesta obra.

Dados Internacionais de Catalogação na Publicação (CIP) de acordo com ISBD

C518p Chen, Andrew
O Problema Cold Start: como iniciar e escalar efeitos de rede / Andrew Chen ; traduzido por Rafael Surgek - Rio de Janeiro : Alta Books, 2023.
384 p. : il. ; 16cm x 23cm.

Inclui índice.
ISBN: 978-85-5081-799-6

1. Administração de empresas. 2. Startups de consumo. 3. Efeitos de rede. 4. Crescimento - Mercado. I. Surgek, Rafael. II. Título.

2023-1168
CDD 658.4012
CDU 65.011.4

Elaborado por Odílio Hilario Moreira Junior - CRB-8/9949

Índice para catálogo sistemático:
1. Administração : negócios 658.4012
2. Administração : negócios 65.011.4

Produção Editorial
Grupo Editorial Alta Books

Diretor Editorial
Anderson Vieira
anderson.vieira@altabooks.com.br

Editor
José Ruggeri
j.ruggeri@altabooks.com.br

Gerência Comercial
Claudio Lima
claudio@altabooks.com.br

Gerência Marketing
Andréa Guatiello
andrea@altabooks.com.br

Coordenação Comercial
Thiago Biaggi

Coordenação de Eventos
Viviane Paiva
comercial@altabooks.com.br

Coordenação ADM/Finc.
Solange Souza

Coordenação Logística
Waldir Rodrigues

Gestão de Pessoas
Jairo Araújo

Direitos Autorais
Raquel Porto
rights@altabooks.com.br

Produtor da Obra
Thiê Alves

Produtores Editoriais
Illysabelle Trajano
Maria de Lourdes Borges
Paulo Gomes
Thales Silva

Equipe Comercial
Adenir Gomes
Ana Claudia Lima
Andrea Riccelli
Daiana Costa
Everson Sete
Kaique Luiz
Luana Santos
Maira Conceição
Nathasha Sales
Pablo Frazão

Equipe Editorial
Ana Clara Tambasco
Andreza Moraes
Beatriz de Assis
Beatriz Frohe
Betânia Santos
Brenda Rodrigues
Caroline David

Erick Brandão
Elton Manhães
Gabriela Paiva
Gabriela Nataly
Henrique Waldez
Isabella Gibara
Karolayne Alves
Kelry Oliveira
Lorrahn Candido
Luana Maura
Marcelli Ferreira
Mariana Portugal
Marlon Souza
Matheus Mello
Milena Soares
Patricia Silvestre
Viviane Corrêa
Yasmin Sayonara

Marketing Editorial
Amanda Mucci
Ana Paula Ferreira
Beatriz Martins
Ellen Nascimento
Livia Carvalho
Guilherme Nunes
Thiago Brito

Atuaram na edição desta obra:

Tradução
Rafael Surgek

Revisão Gramatical
Hellen Suzuki
Kamila Wozniak

Copidesque
Rafael Fontes

Diagramação
Natalia Curupana

Editora afiliada à:

ASSOCIADO

Rua Viúva Cláudio, 291 — Bairro Industrial do Jacaré
CEP: 20.970-031 — Rio de Janeiro (RJ)
Tels.: (21) 3278-8069 / 3278-8419
www.altabooks.com.br — altabooks@altabooks.com.br
Ouvidoria: ouvidoria@altabooks.com.br

SUMÁRIO

INTRODUÇÃO   1

PARTE I EFEITOS DE REDE

1   AFINAL, O QUE É UM EFEITO DE REDE?   19
2   UM BREVE HISTÓRICO   29
3   TEORIA DO COLD START   41

PARTE II O PROBLEMA COLD START

4   TINY SPECK   51
5   EFEITOS ANTIRREDE   61
6   A REDE ATÔMICA - Cartões de Crédito   67
7   O HARD SIDE - Wikipédia   77
8   RESOLVA UM PROBLEMA DIFÍCIL - Tinder   87
9   O PRODUTO INCRÍVEL - Zoom   97
10   MOMENTOS MÁGICOS - Clubhouse   107

PARTE III O PONTO DE VIRADA

11   TINDER   119
12   APENAS PARA CONVIDADOS - LinkedIn   127
13   A FERRAMENTA O FEZ ENTRAR, A REDE O FAZ FICAR - Instagram   139
14   PAGAR PARA LANÇAR - Cupons   149
15   FLINTSTONING - Reddit   159
16   SEMPRE SE ESFORCE - Uber   167

SUMÁRIO

PARTE IV VELOCIDADE DE ESCAPE

17	DROPBOX	179
18	O TRIO DE FORÇAS	189
19	O EFEITO DE ENGAJAMENTO - Escorbuto	195
20	O EFEITO DE AQUISIÇÃO - PayPal	205
21	O EFEITO ECONÔMICO - Bureaus de Crédito	217

PARTE V O TETO

22	TWITCH	229
23	CRESCIMENTO ASTRONÔMICO - T2D3	239
24	SATURAÇÃO - eBay	249
25	A LEI DOS CLIQUES DE MERDA - Banners	261
26	QUANDO A REDE SE REVOLTA - Uber	269
27	SETEMBRO ETERNO - Usenet	279
28	SUPERLOTAÇÃO - YouTube	293

PARTE VI O FOSSO

29	WIMDU VERSUS AIRBNB	307
30	CÍRCULO VICIOSO, CÍRCULO VIRTUOSO	317
31	CHERRY PICKING - Craigslist	327
32	FRACASSO BIG BANG - Google+	335
33	A CONCORRÊNCIA PELO HARD SIDE - Uber	345
34	BUNDLING - Microsoft	355

SUMÁRIO

CONCLUSÃO - O FUTURO DOS EFEITOS DE REDE	367
AGRADECIMENTOS	370
NOTAS	372
SOBRE O AUTOR	378

INTRODUÇÃO

Em dezembro de 2015, em uma noite de sexta-feira, o escritório estava agitado. Em meio aos vastos corredores monocromáticos da sede da Uber em São Francisco, na 1455 Market Street — uma área equivalente a dois campos de futebol americano com luzes LED brilhantes, madeira, concreto e aço —, o escritório ainda estava ocupado às 20h. Alguns estavam sentados em suas mesas digitando e-mails silenciosamente, enquanto outros debatiam energicamente com os colegas por videoconferência. Outros desenhavam em quadros brancos, realizando jam sessions improvisadas para lidar com os problemas operacionais complicados atrapalhando sabe-se lá o quê. E alguns pares de funcionários em reuniões individuais seguiam o fluxo principal em ritmos diferentes, uns em discussão intensa, outros apenas acompanhando.

Em todos os lugares que se olhava, havia lembretes da escala global dos negócios da Uber, bem como da origem internacional da equipe que os conduzia. Bandeiras coloridas de todos os países pendiam do teto. As telas da sala de conferências transmitiam videoconferências com colegas de sedes distantes em Jacarta, São Paulo e Dubai — às vezes simultaneamente! TVs de tela plana estavam espalhadas pelo andar exibindo métricas, discriminadas por megarregião, país e cidade, para que as equipes pudessem monitorar o progresso. A cultura global se infiltrou nas convenções de nomenclatura para salas de conferências: perto da entrada, os nomes começavam com Abu Dhabi e Amsterdã, e no outro extremo do andar, terminavam com Viena, Washington e Zurique.

À primeira vista, a Uber pode parecer um simples app. Afinal, a premissa sempre foi tocar um botão e obter uma viagem. Mas por baixo da interface de usuário enganosamente básica há uma operação complexa e global necessária para sustentar o negócio. O aplicativo ficava em uma vasta rede mundial de redes menores, cada uma representando cidades e países. Cada uma dessas redes tinha que ser iniciada, escalada e defendida contra os concorrentes, 24 horas por dia.

Foi em meu cargo na Uber que entendi (de forma real e visceral) redes, oferta e demanda, efeitos de rede e seu imenso poder de moldar a indústria. Como você pode imaginar, a experiência com a Uber teve altos e baixos — era um foguete e uma montanha-russa juntos. Eu passei a chamá-la de uma experiência de "foguete-russo", uma descrição apropriada para uma empresa que passou de uma pequena startup para uma organização global enorme, com mais de 20 mil funcionários em menos de uma década.

As operações mundiais da empresa eram complexas e intensas, e grande parte do comando e controle irradiava do centro da sede da Uber, em São Francisco. No meio do andar principal, feita de superfícies brilhantes de vidro e metal, ficava a Sala de Guerra.

Para muitos, era um grande mistério — a Sala de Guerra não compartilhava a convenção de nomenclatura usual dos nomes das cidades onde a Uber operava. Não podia ser reservada para reuniões como as outras, e às vezes chamavam a segurança para lá. Porque não era uma sala de reuniões normal. Muitas empresas (dentro e fora da indústria de tecnologia) têm a noção de "salas de guerra". Todavia, normalmente são salas de conferência convertidas temporariamente em uso dedicado por uma equipe de produtos, trabalhando intensamente para lidar com um item de emergência. Depois que a situação é resolvida, a sala é rapidamente convertida de volta ao uso normal. Para a Uber, essa Sala de Guerra não era nada temporária, o que talvez seja adequado às suas necessidades únicas — foi construída para funcionar 24 horas por dia. Um espaço enorme e permanente, com paredes de madeira escura, várias TVs de tela plana, uma grande mesa de conferência que poderia acomodar uma dezena de pessoas e, caso fossem necessários assentos adicionais, sofás. Relógios digitais vermelhos mostravam a hora atual exata em Singapura, Dubai, Londres, Nova York e São Francisco. Como a empresa tinha presença global, quase sempre havia alguma situação de emergência em algum lugar do mundo que precisava de atenção, e esta era frequentemente a sala onde se lidava com essa situação.

Em dezembro, a emergência foi em São Francisco, a cidade natal da empresa.

Programada para começar às 19h e durar a noite toda, a reunião urgente foi agendada no calendário de todos como "NACS", sigla para North American Championship Series, uma referência superficial à sua agenda, com foco em operações, roteiro de produtos e estratégia competitiva nos principais mercados dos Estados Unidos e do Canadá. Essa reunião foi um mecanismo fundamental para o CEO da Uber, Travis Kalanick — chamado de "TK" na empresa — analisar todo o negócio, cidade por cidade.

Um pequeno grupo de cerca de uma dúzia de executivos e líderes participou da reunião, incluindo eu e os diretores de finanças, produtos e, criticamente, os RGMs — sigla para Regional General Managers [Gerentes-gerais Regionais]. Os RGMs dirigiam as maiores equipes da Uber, constituindo as equipes locais de Operações que lidavam com motoristas e passageiros, e eram considerados os CEOs de seus mercados, detendo a responsabilidade por receitas e perdas, os esforços de milhares de pessoas das Operações, e estavam sempre mais próximos dos problemas mais complicados da empresa. Eu estava lá para representar a Equipe de Crescimento de Motoristas, um time crucial, responsável por recrutar o ativo mais escasso de todo o negócio, os motoristas da Uber. Foi um grande esforço para a empresa — gastamos centenas de milhões só em programas de indicações de motoristas e quase um bilhão em marketing pago. Adicionar mais motoristas à rede da Uber era uma das alavancas mais importantes que tínhamos para expandir o negócio.

A reunião semanal da NACS foi aberta com um slide familiar: uma grade de cidades e suas principais métricas, rastreando as duas dezenas principais de mercados. Cada linha representava uma cidade diferente, com colunas de receita, total de viagens e a variação de semana para semana. Também incluiu índices operacionais, como a percentagem de viagens que atingiram a "tarifa dinâmica", em que os utilizadores tinham de pagar mais porque não havia motoristas suficientes. Os passageiros optariam pelos concorrentes se a frequência de tarifa dinâmica fosse excessiva. Os maiores mercados da Uber, Nova York, Los Angeles e São Francisco, sempre estiveram perto do topo da lista, representando bilhões de receita bruta anual cada um, com cidades menores como San Diego e Phoenix perto da parte inferior.

TK sentou-se mais perto da tela, vestido casualmente com uma camiseta cinza, jeans e tênis vermelhos. Ao ver os números, se levantou da cadeira e se aproximou da tela. Ele apertou os olhos, olhando intensamente para os números. "Ok, ok...", disse, fazendo uma pausa. "Então, por que as dinâmicas aumentaram tanto em São Francisco? E por que aumentaram ainda mais em Los Angeles?" Ele começou a andar de lá para cá na lateral da Sala de Guerra, aumentando a intensidade das perguntas. "Já vimos inscrições por indicação caírem na última semana? Como está a taxa de conversão no funil? Houve grandes eventos esta semana? Shows?" As pessoas na sala começaram a falar, respondendo a perguntas e levantando dúvidas próprias.

Uma Rede de Redes

Foi o meu primeiro ano na empresa e, embora muitas empresas tenham avaliações semanais, as da Uber foram diferentes. Primeiro, na discussão sobre cada cidade, o nível de detalhe me surpreendeu. No caso de São Francisco, o grupo começou a discutir as porcentagens de aumento da tarifa dinâmica no raio de onze quilômetros do centro da cidade, comparando com os dados de East Bay e da Península. Era um grupo sênior de executivos, mas a granularidade e o nível de detalhes eram incríveis. No entanto, isso era uma exigência para administrar uma rede complexa e hiperlocal como a Uber, na qual a oferta e a demanda dependiam da dinâmica dos bairros populares e das "pistas" frequentes — como a Marina e o Financial District —, que tendiam a ser mal atendidas por outras opções de transporte.

No painel semanal, sim, cada linha representava uma cidade, contudo, o mais importante era que cada cidade representava uma rede individual na rede global de redes da Uber que precisava ser alimentada, protegida e desenvolvida. Falar sobre métricas no nível da rede hiperlocal estava profundamente enraizado no DNA da Uber. Nos meus vários anos trabalhando nela, era incomum ouvir falar de um número agregado — como viagens totais ou pilotos ativos totais —, exceto como um grande marco de vaidade de todo o pessoal da empresa. Essas métricas agregadas foram majoritariamente consideradas sem sentido. Em vez disso, a discussão sempre foi centrada na dinâmica de cada rede individual, que poderia ser empurrada para cima ou para baixo de maneira independente entre elas, com aumento do orçamento de marketing, gastos com incentivos para motoristas ou passageiros, melhorias no produto ou esforços operacionais no local.

As reuniões da NACS foram usadas para avaliar a saúde de cada uma das redes e da rede global como um todo — um meio central de contabilização das vinte ou mais cidades que representavam a maior parte da receita para a empresa. Além disso, era importante ir ainda mais longe na granularidade e dividir a rede para os dois lados, o do passageiro (demanda) e o do motorista (oferta), para garantir que cada um deles estivesse saudável, mas também que estivessem em equilíbrio entre eles. Se a tarifa dinâmica for muito frequente, os passageiros param de fazer viagens. Se for escassa, os motoristas começam a deslogar e ir para casa depois de uma longa noite.

Os slides continuaram. Vários de nós na equipe do NACS, incluindo eu, estivemos trabalhando em uma hipótese nos dias anteriores à reunião. Nas últimas semanas, as equipes de Operações relataram grandes aumentos nas indicações de motoristas de nosso principal concorrente nos EUA, a Lyft, o que estava fazendo com que os motoristas migrassem em massa para ele. As indicações de motoristas normalmente eram estruturadas como um incentivo dar/receber — dê US$250 e receba US$250 quando seu amigo se cadastrar como motorista. Um aumento drástico na demanda durante a temporada de fim de ano estava causando uma grande escassez de motoristas nos principais mercados competitivos da Costa Oeste dos EUA, principalmente São Francisco, Los Angeles e San Diego. Para os passageiros, isso resultou numa experiência terrível — se alguém pedisse uma viagem, levaria muito mais tempo do que o habitual, por vezes vinte minutos, o que significava que mais passageiros estavam cancelando os pedidos. Eles podiam até decidir ver os preços e o nível de serviço de nossos concorrentes e pedir a viagem com eles. Esses cancelamentos foram frustrantes para os motoristas parceiros da Uber, que talvez já estivessem dirigindo por alguns minutos para pegar esses passageiros. Se eles ficassem irritados muitas vezes, isso poderia causar uma reação em cadeia, pois teriam ainda mais motivos para encerrar durante a noite e migrar para a rede de um concorrente.

TK ficava mais exaltado e agitado à medida que a hipótese era apresentada. "Gente, isso não é nada bom. Nada bom." Ele suspirou profundamente. Qual era solução adequada? Com base nos anos de experiência operando essas redes, era provável que uma solução reequilibrasse rapidamente os lados do mercado. A solução certa precisaria começar pelo lado da oferta, para aumentar nossa base de motoristas rapidamente e reduzir o tempo estimado de chegada e a taxa de cancelamento, e isso seria um incentivo ao motorista. "E se... dermos um bônus de indicação de US$750/US$750 aqui em SF, em LA e em San Diego?"

Essa seria uma grande jogada, um valor muito maior do que havia sido dado a eles até então. Mas São Francisco, Los Angeles e San Diego precisavam desse apoio. Eram alguns dos mercados mais competitivos, que precisariam ser rapidamente reequilibrados com mais oferta. TK olhou ao redor da sala, fez uma pausa, e então respondeu à própria pergunta: "Sim. Isso chamaria a atenção deles. Isso vai acordá-los!", disse ele, sorrindo e assentindo.

Outros não foram tão rápidos em enxergar os incentivos como a solução. O ano anterior foi bom para a Uber nos Estados Unidos, transformando-o em uma área positiva de fluxo de caixa, pois a concorrência com o novo negócio da China gerou simultaneamente um crescimento incrível de viagens e prejuízos severos. A Uber estava em uma briga violenta com a Didi — sua concorrente chinesa de compartilhamento de viagens —, gastando cerca de 1 bilhão de dólares por ano principalmente em incentivos. Começamos a discutir outras ideias, incluindo a exibição do tempo estimado de chegada, bem como maneiras de desencorajar os passageiros a cancelar. Havia outras maneiras de reequilibrar as diversas redes sem usar incentivos, que é uma ferramenta poderosa, mas não a única. A discussão ficou girando em círculos, e TK ficou visivelmente frustrado.

TK andou pela sala novamente. "Não, não! Olha só pessoal! Nossa rede está entrando em choque. Precisamos parar o sangramento... agora!" Ele bateu na mão como se desse um golpe de caratê. "Vamos fazer o resto das coisas e colocá-las no roteiro, mas esse e-mail sai no fim de semana. Quem pode me ajudar a montar?" Essa determinação foi forjada por anos de competição feroz nas trincheiras — empresas como Flywheel, Sidecar, Hailo e muitas outras que foram derrotadas —, impulsionada por respostas rápidas como raios em situações como essa. A equipe da Uber monitorou e respondeu à saúde de suas redes locais com rapidez e precisão. E com isso, o próximo passo ficou claro.

Os RGMs concordaram em tocar isso, e eu trabalharia com minha equipe — que era responsável pela parte do produto/da engenharia das indicações de motoristas — para fazer alterações na estrutura e nos valores. Nós nos comprometemos a entregar as mudanças antes de segunda-feira. Tomamos nota de uma série de outros follow-ups da reunião, e todos decidimos reunir o grupo novamente na próxima semana. Era quase 22h de sexta-feira, e muitos de nós estávamos trabalhando desde o início da manhã para nos prepararmos para essa reunião. Caminhei para casa, a poucos quarteirões de distância, no bairro de Hayes Valley, em São Francisco, e comecei minha rotina de "Netflix e e-mail" para fechar o dia.

Essa foi a minha primeira experiência com a North American Championship Series, que se transformou em um briefing semanal, geralmente na sexta-feira de manhã. Mas às vezes era agendada às terças-feiras às 21h, ou aos domingos às 14h, quando essa era a única maneira de reunir todos. Embora a NACS fosse apenas uma parte do meu papel na Uber, rapidamente se tornou uma das mais educativas sobre como pensar em iniciar e escalar efeitos de rede. Por um período de vários anos, tive a sorte de estar inserido nesta equipe importantíssima que operava os maiores mercados da Uber. Cada semana era diferente. Nas reuniões da NACS, mudávamos nossa atenção rapidamente de sessão em sessão, do reequilíbrio da rede na Costa Oeste para a priorização de recursos do produto para aumentar as receitas, para o lançamento de novas regiões e tudo o mais.

A Uber já estava no auge quando entrei, mas eu tinha um lugar na primeira fila na equipe que expandiu a empresa para 100 milhões de usuários ativos em mais de 800 mercados em todo o mundo e US$50 bilhões em receita bruta. Foi uma experiência incrível, e estou orgulhoso do trabalho que fizemos lá.

Figura 1: Número de viagens de Uber.[1]

Isso não aconteceu automaticamente — havia dezenas de milhares de pessoas trabalhando duro para lidar com a dinâmica da rede em centenas de mercados em todo o mundo, e aprendemos todas as lições difíceis sobre competir com concorrentes locais temíveis, que também têm seus próprios e fortes efeitos de rede. Tive sorte de ter estado na Uber durante um período de hipercrescimento, participando no início da chamada curva de taco de hóquei — uma curva que foi subindo conforme a empresa crescia mais de dez vezes em poucos anos.

Meu tempo na Uber foi uma experiência inesquecível. Consegui ver uma startup escalar para dezenas de milhares de funcionários, milhões de clientes e bilhões em receita. Vi novos produtos começarem do zero e depois crescerem rapidamente para dominar o mercado. Foi uma jornada profundamente educativa, que criou muitas amizades ao longo da vida — incluindo pessoas com quem ainda falo todas as semanas. Entretanto, em 2018, chegou a hora de seguir em frente. A empresa teve alguns anos tumultuados, uma troca completa de guarda e um novo conjunto de prioridades que foram menos empreendedoras do que no passado. Eu queria o oposto disso e, para o meu próximo capítulo, decidi voltar às minhas raízes: trabalhar com empreendedores para construir a próxima grande coisa, mas desta vez, como um investidor de risco.

Questionamentos Fundamentais

Em 2018, comecei uma nova carreira depois da Uber: investidor de startups na Andreessen Horowitz. Iniciada uma década antes pelos empreendedores Ben Horowitz e Marc Andreessen, a empresa causou impacto quando foi lançada, realizando uma série de investimentos notáveis em startups, incluindo Airbnb, Coinbase, Facebook, Github, Okta, Reddit, Stripe, Pinterest, Instagram e outras. Ela construiu credibilidade com o nicho nerd, contratando fundadores e executivos de longa data do Vale do Silício, que promoveram uma filosofia de experiência operacional prática. A equipe começou a se referir à empresa por seu numerônimo abreviado, "a16z", uma referência geek a práticas de desenvolvimento de software que muitas vezes substituíam palavras longas, como "internacionalização", por i18n. A cultura da a16z me serviu perfeitamente.

Voltar ao mundo das startups, desta vez como investidor, permitiu que eu explorasse uma rede de relações e conhecimento construída ao longo de muitos anos na área da Baía de São Francisco. Antes da Uber, escrevi e publiquei quase mil artigos sobre temas como crescimento de usuários, métricas, marketing viral — popularizando nessa jornada jargões do setor de tecnologia como *growth hacking* e *viral loops*. Meu blog seria lido por centenas de milhares de pessoas, e devido a isso, bem como à serendipidade natural do ecossistema de startups, me aproximei de uma comunidade ampla de empreendedores e builders. Eu viria a servir como consultor e investidor anjo para dezenas de startups, incluindo Dropbox, Tinder, Front, AngelList e muitas outras. Tudo isso, combinado com minha experiência na Uber, seria a base para lançar minha carreira em investimento de risco.

Tudo era diferente no novo cargo. Em vez de me deslocar para a sede da Uber no caótico centro de São Francisco, fui para os escritórios idílicos da nova empresa, perto da Universidade de Stanford. Os escritórios da a16z combinam cultura e inventividade — seus corredores são repletos de obras de arte de Rauschenberg, Lichtenstein e artistas contemporâneos, enquanto suas salas de conferência recebem o nome de grandes inventores e empreendedores, como Steve Jobs, Grace Hopper, Ada Lovelace e William Hewlett. O trabalho também era muito diferente do dia a dia da Uber; em vez de se aprofundar muito em um setor, como o de compartilhamento de viagens, meu alcance era extremamente amplo.

Todos os dias me reunia com empreendedores para falar sobre suas ideias novas. Em um ano qualquer, a empresa seria capaz de lidar com milhares de ideias de startups, muitas das quais sendo novos tipos de redes sociais, ferramentas de colaboração, marketplaces e outros produtos novos — relevantes para os exemplos deste livro. As conversas com startups começam com uma reunião de "apresentação inicial", na qual os empreendedores se apresentam, mostram o produto e falam sobre sua estratégia. São reuniões cruciais, porque quando vão bem, a startup pode receber um investimento de milhões ou até de centenas de milhões de dólares no futuro. É muito arriscado.

O jargão é constante nessas apresentações: "Efeitos de rede", "*flywheel*", "viral loops", "economias de escala", "problema do ovo e da galinha", "vantagem do pioneiro". Essas são algumas das palavras-chave e jargões que são jogados em reuniões de pitch. E frequentemente vêm acompanhados com diagramas cheios de setas e gráficos subindo e indo para a direita. O termo "efeito de rede" quase se tornou um clichê. É uma resposta bem-humorada a perguntas difíceis, como "E se sua concorrência vier atrás de você?" Efeitos de rede. "Por que isso vai continuar crescendo tão rápido quanto tem crescido?" Efeitos de rede. "Por que financiar isso em vez da empresa X?" Efeitos de rede. Todas as startups afirmam tê-lo, e isso se tornou uma explicação "Posto Ipiranga" para o surgimento de empresas de sucesso.

Porém, com todas essas discussões e apresentações, percebi que eu estava ficando confuso, e não era o único. Embora os "efeitos de rede" e seus conceitos relacionados fossem frequentemente invocados, não havia profundidade na ideia, nem métrica que pudesse provar se realmente estavam acontecendo ou não.

INTRODUÇÃO 11

No meu trabalho com startups, e depois de uma década e meia morando na área da Baía de São Francisco, ouvi "o efeito de rede" um zilhão de vezes em conversas. Às vezes, durante um café, em reuniões ou em discussões com investidores, mas o conceito sempre foi discutido em um nível superficial.

Então, como é possível ouvir algo milhares de vezes e ainda assim não entender?

Se os efeitos de rede fossem um conceito de simples compreensão, concordaríamos veementemente sobre quais empresas os têm e quais não. Saberíamos quais números olhar para validar que realmente estavam acontecendo. E teríamos uma noção passo a passo de como criá-los e construí-los. Ainda não temos. E isso me incomoda muito, porque se tornou um tema de extrema importância no cenário tecnológico atual. Essa é a jornada que me levou a escrever este livro.

Comecei a pesquisar e a escrever *O Problema Cold Start* porque descobri que meu próprio entendimento da dinâmica das redes era imperdoavelmente superficial para algo tão fundamental para a indústria de tecnologia. O efeito de rede é algo que vi em primeira mão na Uber, e ainda me faltam o vocabulário e as estruturas para articular as nuances profundas.

Há uma lacuna entre os especialistas e o resto do mundo dos negócios. Para os primeiros, que trabalham em produtos específicos em rede, o foco está em melhorar a mecânica dentro de seus domínios bastante particulares. No âmbito do compartilhamento de viagens, a discussão girava em torno de passageiros e motoristas, reduzindo os tempos de embarque, a tarifa dinâmica e um conjunto acumulado de vocabulário e conceitos especializados que se aplicam apenas ao transporte sob demanda. Para uma ferramenta de chat no local de trabalho, trata-se de canais, descobertas, notificações e plug-ins. Isso parece dissociado, mesmo que ambas as categorias de produtos tenham efeitos de rede profundos e sejam maneiras de conectar as pessoas. Deveria haver um conjunto de conceitos e teorias universais para falar sobre efeitos de rede, independentemente da categoria de produto.

Precisamos ser capazes de responder ao básico:

O que, de fato, são efeitos de rede? Como se aplicam à sua empresa? Como saber se seu produto o detém e quais outros produtos não? Por que são tão difíceis de criar, e como você os cria? É possível adicionar uma rede ao seu produto posteriormente? Como eles afetam suas métricas de negócios, a nível tático? A Lei de Metcalfe está mesmo correta, ou você deve aplicar algo mais à sua estratégia? Sua rede fracassará ou será bem-sucedida? Seu concorrente tem efeitos de rede e, em caso afirmativo, qual é a melhor maneira de competir com eles?

A consultoria de startups diz que tudo o que importa é criar um ótimo produto — afinal, é isso que a Apple faz. Mas por que tem sido tão fundamental lançar produtos da maneira certa? Colocar seu produto nas mãos de influenciadores, ou de estudantes do ensino médio, ou empresas ambiciosas de tecnologia — em um cenário B2B — se tudo o que importa é o produto? Qual é o caminho certo para o lançamento e qual é a sequência de modos de expansão?

Como criar efeitos de rede em seu produto? Como saber quando os efeitos de rede estão surtindo impacto e se são fortes o suficiente para criar defensabilidade? Como escolher as métricas certas para otimizar e alcançar crescimento viral, reengajamento, defensabilidade e outros efeitos desejados? Quais recursos do produto criar para amplificar os efeitos de rede?

Quando fraudadores, spammers e trolls inevitavelmente aparecem, qual é o recurso adequado? O que vimos outras redes fazerem no passado para combater os efeitos negativos de uma rede grande e próspera? E, de maneira mais geral, como você continua escalando uma rede já operante, especialmente em face da saturação, da concorrência e de outras dinâmicas negativas?

O que acontece quando dois produtos em rede competem — o que faz um player vencer o outro? Por que vimos redes grandes sucumbirem a menores? Como lançar novas redes em novas geografias e linhas de produtos, particularmente em mercados competitivos?

Essas são as perguntas mais fundamentais que podemos fazer sobre os efeitos de rede e, quando se procura as respostas — seja em livros ou online —, há apenas um conhecimento limitado de insights pragmáticos e acionáveis, embora haja uma abundância de estratégias de alto nível. Os melhores pensamentos vieram de operadores, startups e empresas maiores, que estiveram nas trincheiras, e foi a partir daí que comecei o processo de escrever meu livro.

Iniciei conduzindo mais de uma centena de entrevistas com os fundadores e as equipes que construíram o Dropbox, o Slack, o Zoom, o LinkedIn, o Airbnb, o Tinder, a Twitch, o Instagram, a Uber e muitos outros. Fiz perguntas a eles para aprender sobre os primeiros dias, quando eram apenas os cofundadores e um punhado de pessoas tentando dominar o mundo. Também pesquisei exemplos históricos que abrangem centenas de anos — voltando a correntes de e-mails, cartões de crédito e redes de telégrafos, vinculando seus sucessos a inovações modernas em Bitcoin, livestreaming e ferramentas colaborativas no local de trabalho. Tudo isso expôs um conjunto rico de dados qualitativos e quantitativos que formam a base deste livro.

Descobri que as pessoas estavam repetindo as mesmas ideias e conceitos, e observei que isso era recorrente em vários setores. É possível conversar com alguém que passou a carreira trabalhando em redes sociais e descobrir que essa pessoa tinha ideias igualmente aplicáveis a mercados. Da mesma forma, meu tempo na Uber me fez entender a dinâmica de uma rede de passageiros e motoristas parceiros, o que construiu minha visão de produtos como o YouTube e sua rede bilateral de criadores de conteúdo e espectadores, ou o Zoom, com seus organizadores de reuniões e participantes. Dezenas desses temas recorrentes ecoam em todo o setor, seja pensando em produtos B2B ou de consumo.

O Guia Definitivo para Efeitos de Rede

O Problema Cold Start é o ponto culminante de centenas de entrevistas, três anos de investigação e síntese e quase duas décadas de experiência como investidor e operador. Ele faz uso de muito do conhecimento e dos conceitos centrais orbitando a indústria de tecnologia e os enquadra no contexto do princípio, meio e fim do ciclo de vida de uma rede. Essa é a estrutura central que descreverei nas principais seções deste livro, juntamente com exemplos e proporcionando um roteiro acionável para seus próprios produtos.

Este é um tema crucial. Passei a enxergar efeitos de rede — e os modos de iniciá-los e escalá-los — como um dos segredos-chave do Vale do Silício. Existem apenas algumas dezenas de produtos de software com 1 bilhão de usuários ativos no planeta, e muitos deles compartilham linhagens de fundadores, executivos e investidores que têm experiência única. Esse conhecimento, por sua vez, foi desenvolvido na comunidade tecnológica ao longo de décadas de construção de redes sociais, plataformas de desenvolvedores, redes de pagamentos, marketplaces, aplicativos corporativos, e assim por diante. Essa comunidade de talentos de elite colabora e realiza polinização cruzada, mudando de uma categoria de produto para outra, reunindo todo esse saber. Vi isso em primeira mão, e minhas entrevistas com fundadores e especialistas na escrita de *O Problema Cold Start* ilustraram ainda mais a interconectividade desses conceitos.

Com base nas teorias fundamentais dos efeitos de rede, aprendi essas lições e me envolvi diretamente, focando meu capital de risco e investindo na a16z, em produtos que têm redes em seu núcleo. Eu me vejo mais cativado por novas startups nas quais as pessoas conectadas estão no coração do produto, seja para comunicação, socialização, trabalho ou comércio. Estou há três anos na indústria e investi mais de US$400 milhões em mais de duas dezenas de startups de marketplaces, aplicativos sociais, audiovisual, e muito mais. Descobri que meu aprendizado sobre os efeitos de rede se aplica amplamente em todo o setor — desde o Clubhouse, que busca construir um novo aplicativo social de áudio, até o Substack, que permite que os escritores publiquem e monetizem boletins informativos premium para os leitores. E até mesmo videogames, comida para viagem ou edtechs.

Meu objetivo é escrever o livro definitivo sobre efeitos de rede — que seja prático e específico o suficiente para se aplicar ao seu produto. Você deve ser capaz de usar sua estrutura central para descobrir em que passo da jornada seu produto se encontra e quais esforços são necessários para impulsioná-lo. Tentei descrever todo o ciclo de vida — desde a mecânica subjacente de como criar efeitos de rede, como dimensioná-los, até a melhor maneira de aproveitá-los —, tudo do ponto de vista de um especialista, indo muito além dos termos da moda e dos estudos de caso de alto nível que foram escritos.

A primeira fase da estrutura principal, naturalmente, é chamada de Problema Cold Start [Arranque a Frio, em tradução livre], que todo produto enfrenta no início, quando não há usuários. Estou pegando emprestado um termo para algo que acontece durante temperaturas congelantes — é muito mais difícil dar partida no seu carro! Da mesma forma, há um Problema Cold Start quando uma rede é lançada pela primeira vez. Se não houver usuários suficientes em uma rede social e ninguém com quem interagir, todos sairão. Se um produto de chat corporativo não tiver todos os colegas nele, ele não será adotado no escritório. Um marketplace sem compradores e vendedores suficientes terá produtos listados por meses sem serem vendidos. Esse é o Problema Cold Start e, se não for superado rapidamente, um novo produto morrerá.

Tudo isso é para ajudá-lo, leitor, seja você engenheiro de software, designer, empreendedor ou investidor. Talvez você tenha parceria com uma dessas empresas que menciono ao longo do livro, ou esteja vendo a tecnologia reinventar o seu setor na forma de redes. Os efeitos de rede são uma força poderosa e importantíssima no setor de tecnologia — à medida que toda a economia vem se reinventando cada vez mais, será ainda mais importante compreendê-los.

Mas não nos precipitemos. Antes de mais nada, o que é um efeito de rede?

PARTE I
EFEITOS DE REDE

PARTE I

EFEITOS DE REDE

1
AFINAL, O QUE É UM EFEITO DE REDE?

Na sua acepção clássica, um efeito de rede descreve o que acontece quando os produtos ficam mais valiosos à medida que mais pessoas os usam. Essa é uma definição simples, cuja estrutura será aprofundada em capítulos posteriores, mas é um bom ponto de partida. No caso da Uber, quanto mais usuários aderem ao app, será mais provável que encontrem rapidamente alguém que os leve do ponto A para o ponto B. Isso também implica que será mais fácil para os motoristas preencherem seu tempo com viagens, aumentando os respectivos ganhos. Embora aplicativos móveis, como o da Uber, possam criar efeitos de rede, o exemplo clássico dessas forças veio muito antes. Na verdade, é didático tratar do exemplo a seguir — um produto de tecnologia introduzido pela primeira vez há mais de cem anos e que ainda usamos diariamente: o telefone.

Em 1908, havia menos de 5 milhões de telefones para quase 90 milhões de pessoas nos Estados Unidos. A maioria desses aparelhos era operada pela American Telephone & Telegraph Company. Ainda era uma nova tecnologia, com apenas algumas décadas de idade, mas a empresa estava prosperando depois de ser fundada por Alexander Graham Bell, que inventou e patenteou o primeiro telefone funcional.

Hoje, é claro, conhecemos a American Telephone & Telegraph Company por seu nome moderno, AT&T.

O presidente da empresa na época era Theodore Vail, que escreveu observações incomumente abrangentes, perspicazes e filosóficas sobre seus negócios em seus relatórios anuais. No relatório anual de 1900 da AT&T, Vail faz referência ao conceito fundamental do efeito de rede — sem a denominação contemporânea:

> *Um telefone sem uma conexão do outro lado da linha não é nem mesmo um brinquedo ou um instrumento científico. É uma das coisas mais inúteis do mundo. Seu valor depende da conexão com o outro telefone e aumenta com o número de conexões.*[2]

Em última análise, a observação de Vail sobre o poder da rede pode ser igualmente aplicável a uma rede telefônica, uma rede social, ou mesmo à plataforma de chat que você usa no trabalho. Intuitivamente, isso faz sentido — se seus amigos, familiares, colegas de trabalho ou celebridades que você conhece não estão usando os mesmos apps que você, então a rede tem muito menos utilidade — ou talvez seja completamente inútil. Seja um app de compartilhamento de imagens no qual você gostaria de ver as fotos deles ou um serviço de compartilhamento de arquivos usado para acessar os documentos mais recentes de seus colegas de trabalho, as pessoas certas devem estar na rede com você. É uma ideia simples, com profundas implicações para tudo, desde o design do produto até o marketing e a estratégia de negócios.

Um ponto mais sutil, mas crucial, na declaração de Vail é que há uma dualidade fundamental em jogo — primeiro, um produto físico, o telefone — segundo, a rede de pessoas e o cabeamento que servem para interconectar os telefones. Muitas vezes me refiro a esses dois de forma intercambiável, ou em conjunto, na forma de "produto em rede" — mas a distinção é importante. Um efeito de rede bem-sucedido requer tanto um produto quanto sua rede, e isso valia na era da American Telephone & Telegraph Company, e continua valendo atualmente. Para a Uber, o "produto" é o app que as pessoas rodam em seus telefones, e a "rede" se trata de todos os usuários ativos a qualquer momento que estão se conectando à Uber como motoristas ou passageiros. (Neste caso, não há cabeamento.) Na linguagem contemporânea, o produto normalmente é composto de software, enquanto a rede normalmente é composta de pessoas.

Ambas as ideias — uma dualidade de produto e rede, e os benefícios positivos de uma rede maior — acabariam entrando na era dos computadores e softwares.

O Clube dos Bilhões de Usuários

Muitas décadas após o pronunciamento de Vail sobre o efeito de rede, a inovação fez uma transição de telefones para software. Nesta década, o software está devorando o mundo, e seu impacto é medido em bilhões.

A rede social que lidera os números mundiais tem mais de 2 bilhões de usuários ativos diariamente. Os consumidores assistem a mais de 1 bilhão de minutos por dia em vídeos enviados por milhões de criadores, empresas e propriedades de mídia individuais. Nossa força de trabalho profissional, seja situada em arranha-céus brilhantes do centro da cidade ou em cafés barulhentos, roda softwares para colaborar e compartilhar documentos e arquivos, todos construídos em uma indústria de software em nuvem de centenas de bilhões de dólares. A maior cadeia hoteleira do mundo — facilitando mais de 100 milhões de estadias por ano, gerando bilhões em reservas — não possui nenhum hotel. Em vez disso, construiu uma vasta rede de indivíduos que anunciam suas casas e atraem viajantes que estão à procura de um lugar para ficar. Tudo isso é alimentado por apps criados por desenvolvedores, que publicaram milhões de aplicativos que rodam em 2 bilhões de smartphones em todo o mundo, e que são utilizados por pessoas que vivem em aldeias remotas ou nos centros urbanos do mundo.

Essas empresas estão entre as organizações de tecnologia mais poderosas do planeta e se unem em razão da força de mercado mais poderosa da indústria tech: o efeito de rede.

Os efeitos de rede estão incorporados em muitos dos produtos tecnológicos mais onipresentes e bem-sucedidos ao nosso redor, em diferentes variações. Produtos como eBay, OpenTable, Uber e Airbnb são exemplos de redes de marketplace, incluindo compradores e vendedores. Dropbox, Slack e Google Suite são produtos de colaboração profissional criados a partir da rede de seus colegas de equipe e de trabalho. Instagram, Reddit, TikTok, YouTube e Twitter são redes de criadores e consumidores de conteúdo (e anunciantes!). Os ecossistemas de desenvolvedores, como Android e iOS, possibilitam que os consumidores descubram e paguem por apps e pelos desenvolvedores que os criam.

Na verdade, basta dar uma olhada nas empresas que entraram no "Clube dos Bilhões de Usuários". A Apple tem 1,6 bilhão de dispositivos iOS, enquanto o Google tem 3 bilhões. O Facebook tem 2,85 bilhões de usuários em suas redes sociais e apps de mensagens. A Microsoft tem mais de 1,5 bilhão de dispositivos executando o Windows e outro 1 bilhão executando o Office. No ecossistema de tecnologia chinês, as empresas por trás do WeChat, do TikTok e do AliPay desfrutam de ecossistemas que totalizam um bilhão de usuários cada. Esses são os produtos tecnológicos que compõem o pequeno clube que atingiu uma escala incrível e, o que talvez não seja surpresa, quase todos eles alavancam um efeito de rede.

Todos os produtos citados são muito diversos, com diferentes propostas de valor, clientes-alvo e modelos de negócios, e ainda assim todos compartilham um DNA comum — eles têm efeitos de rede para que seus produtos se tornem úteis à medida que mais pessoas os usam. Assim como telégrafos e telefones conectaram bilhões de pessoas em todo o mundo, esses produtos também o fizeram — para compra e venda, para trabalho coletivo, para comunicação e muito mais.

Quando o software conecta as pessoas dessa maneira, o efeito de rede pode ser definido dividindo o termo em suas partes constituintes — a "rede" e o "efeito".

A "rede" é definida por pessoas que usam o produto para interagir entre si. Para a rede telefônica da AT&T, ela consistia literalmente no cabeamento que se estendia entre as residências. Na era digital, para o YouTube, a rede é definida por software; consiste no conteúdo que os criadores carregam no site e nos espectadores que assistem a esse conteúdo — e a plataforma de software fica no meio, sugerindo e organizando o material com tags, recomendações e feeds — para que os vídeos certos apareçam para os consumidores certos. Adoramos usar redes quando as pessoas certas estão nelas, seja para vendedores de mercado que listam os produtos e serviços certos, para desenvolvedores de apps que estão criando nossos jogos favoritos ou nossas celebridades, escritores e amigos favoritos. Por sua vez, essas pessoas participam da rede porque nós e milhões de outros consumidores estamos nelas. É um fenômeno cíclico, pois, afinal, eles também precisam de um público e de uma base de clientes.

Essas redes são contraintuitivas, pois conectam as pessoas, mas não detêm os ativos subjacentes. A Airbnb não é proprietária dos seus quartos e os anfitriões são livres para anunciar seu patrimônio em outras redes — o valor reside em ligar os hóspedes aos seus anfitriões. A Apple não é proprietária dos desenvolvedores que publicam aplicativos em sua app store. E o YouTube não é proprietário de seus criadores, nem de seus vídeos. Embora as redes não detenham os recursos subjacentes, é a conexão que importa. Todo o ecossistema continua vivo porque o valor é reunir todos. Essa é a magia.

A parte "efeito" do efeito de rede trata-se de como o valor aumenta à medida que mais pessoas começam a usar o produto. Às vezes, o valor crescente se manifesta como um engajamento maior ou um crescimento mais rápido. Mas também é possível pensar nisso como um contraste — no início, o YouTube não tinha nenhum vídeo, nem os espectadores, nem os criadores o achariam valioso. Todavia, o YouTube atualmente tem quase 2 bilhões de usuários ativos assistindo a 1 bilhão de minutos de vídeo por dia, e isso, por sua vez, cria engajamento entre criadores e espectadores, entre os próprios espectadores, e assim por diante. As pessoas ficam na rede e usam mais, porque outras pessoas também estão usando mais.

Considerando essas definições, como saber se um produto tem um efeito de rede e, caso tenha, qual a sua intensidade? Deve-se fazer perguntas simples: primeiro, o produto tem uma rede? Ele conecta as pessoas umas com as outras, seja para comércio, colaboração, comunicação ou algo mais no núcleo da experiência? Segundo, a capacidade de atrair novos usuários, ou de se tornar mais atrativo, ou de monetizar, se torna ainda mais forte à medida que sua rede cresce? Há um Problema Cold Start para o usuário, no qual a retenção é baixa quando não há outros usuários? Observe que as respostas a essas perguntas não são binárias — geralmente não se resumem em sim ou não —, comportam nuances. E é isso que torna os efeitos de rede tão divertidos de estudar.

Os efeitos de rede são forças importantes, fundamentais para algumas das maiores empresas de tecnologia do planeta, que, por sua vez, estão se tornando as mais valiosas e importantes como um todo. Você pode ver essa lista de empresas de tecnologia com "bilhões de usuários" e tomá-las como inspiração — talvez você seja um empreendedor que quer construir a próxima grande startup, impulsionada e protegida por efeitos de rede, ou talvez faça parte do ecossistema de uma dessas gigantes e precise entender melhor suas motivações e estratégias, talvez seja parte de um player maior e já estabelecido, que está querendo competir em um setor definido por efeitos de rede. Seja qual for a motivação, é fundamental entender a dinâmica subjacente desses produtos — como são lançados, como crescem e escalam e como competem.

Para as empresas que não se esforçam para entender essas dinâmicas poderosas, as histórias de alerta são abundantes. Neste livro, explicarei como o Instagram superou toda uma geração de startups de fotos que o precederam. Ou como o software corporativo — historicamente uma categoria liderada por vendas e impulsionada por relacionamentos — foi reinventado por novos produtos usando efeitos de rede para impulsionar sua adoção no local de trabalho, seja WebEx versus Zoom ou Google Suite versus Office. O poder dos efeitos de rede aumenta à medida que a indústria de tecnologia cresce.

Lançar Novos Produtos Tecnológicos Atualmente É Incrivelmente Desafiador

Ao mesmo tempo que essas gigantes da tecnologia usaram o efeito de rede para se impulsionar para a estratosfera, não é um bom momento para lançar um novo produto. O ecossistema tecnológico é totalmente hostil a novos produtos — a concorrência é feroz, os imitadores são muitos e os canais de marketing são ineficazes.

Diante disso, as equipes que lançam novos produtos devem considerar as vantagens de novos produtos em rede e dominar o conjunto de conhecimentos e habilidades para construí-los e lançá-los. A mecânica dos efeitos de rede proporciona um caminho para novos produtos estourarem, pois muitas vezes são capazes de atrair novos usuários por marketing boca a boca e crescimento viral, bem como aumentar o engajamento e reduzir o churn* à medida que a amplitude e densidade da rede cresce. Quando esses tipos de serviços são bem-sucedidos, é difícil para empresas maiores e mais estabelecidas recuperar o atraso. Essas técnicas são aplicáveis a qualquer tempo e especialmente fundamentais durante um período em que o ambiente para novos produtos é hostil, e por que é tão hostil? Estamos atualmente em uma era de atenção de soma zero com o mínimo de defensibilidade para uma vasta gama de aplicativos móveis, produtos de software como serviço (SaaS) e plataformas web.

Lembre-se de que, em 2008, a plataforma de apps para iPhone foi lançada com apenas quinhentos aplicativos, e o ecossistema estava totalmente aberto para novas startups empreendedoras. A tela inicial dos telefones estava quase vazia — convocando novos usuários a instalar jogos, ferramentas de produtividade e aplicativos de compartilhamento de fotos. (E aplicativos de lanterna e de barulho de pum!) Os desenvolvedores tinham uma concorrência tranquila — somente precisavam construir experiências que fossem mais interessantes do que atividades como esperar na fila ou pegar o metrô, ou mais convincentes do que reuniões chatas no trabalho.

Pouco mais de uma década depois, isso não é mais verdade. Começando com algumas centenas de aplicativos no início, a App Store agora tem vários milhões de apps e todos competem pela atenção do consumidor. Como resultado, os desenvolvedores de aplicativos estão travados em uma competição frenética. Não basta ser um aplicativo bom e útil — ele precisa tirar ativamente a atenção de outros aplicativos hiperviciantes que foram otimizados ao longo dos anos para engajar os usuários. É um jogo de soma zero entre os milhões de aplicativos na Apple App Store e na Google Play Store. Não é de admirar que os principais rankings de aplicativos raramente mudam atualmente, e são dominados principalmente por produtos grandes e consolidados.

Isso é intrigante, porque novas startups têm muitas vantagens em comparação com anos passados, pelo menos na construção de

---

* Churn é uma métrica para quantos usuários cancelam a assinatura ou param de usar um determinado produto. (N. do T.)

software. Há atualmente uma comunidade em constante crescimento desenvolvendo software de código aberto em vez de criar ou comprar software proprietário, que era a regra há uma década. As equipes podem utilizar uma das novas plataformas de nuvem, como AWS ou Azure, em vez de operar o próprio data center. Para atrair novos usuários, investe-se em anúncios pagos por clique, com accountability, em vez de contratar publicidade tradicional, como comerciais de TV, de forma irresponsável. Há ferramentas SaaS prontas para uso, como uma alternativa ao desenvolvimento de quantidades substanciais de ferramentas internas. Existem app stores para uma distribuição global eficiente, permitindo o acesso a literalmente bilhões de novos usuários. Isso tudo parece excelente, mas não só para você, como também para sua concorrência. A maioria dos produtos atuais é de baixo risco técnico — o que significa que eles não darão problemas devido à impossibilidade de execução por parte das equipes no âmbito da engenharia —, contudo geralmente também são de baixa defensibilidade. Quando algo dá certo, outros podem seguir esse sucesso — e rápido.

Embora o software venha sendo mais fácil de se desenvolver, o crescimento dos produtos não ficou mais fácil. Os produtos em rede também têm fortes vantagens referentes a atrair novos usuários, alavancando seus usuários para que indiquem outros — isso é fundamental, pois os canais de mercado para públicos potenciais se tornaram altamente competitivos. Voltando ao lançamento inicial dos smartphones, quando havia menos apps e desenvolvedores, os canais de marketing, como anúncios para dispositivos móveis e programas de indicação, eram eficazes e acessíveis. Plataformas de publicidade modernas, como Google e Facebook, são baseadas em leilões, e as empresas fazem lances entre si para ter acesso aos mesmos clientes-alvo. Assim, quanto menos concorrentes, melhor — todavia, previsivelmente, isso não durou muito tempo. À medida que os apps aprenderam a monetizar de forma eficaz e o financiamento por capital de risco jorrou para dentro do sistema, os leilões de publicidade se tornaram mais competitivos. Os canais que atuavam anteriormente agora são caros e, conforme vão amadurecendo e os consumidores vão se adaptando a eles, estes acabam clicando em menos anúncios e reduzindo as taxas de resposta.

Os efeitos de rede são uma das únicas barreiras de proteção em uma indústria na qual a concorrência é feroz e as barricadas defensivas são fracas. Embora o Instagram tenha sido capaz de copiar recursos do Snapchat, como os stories ou mensagens fotográficas instantâneas em alguns meses, é difícil alterar o comportamento de milhões de consumidores para que façam a transição. Concorrentes maiores muitas vezes são capazes de copiar o produto, mas têm dificuldade em capturar a rede. O esforço de engenharia necessário para criar software agora é relativamente bem compreendido e, além disso, muitas vezes há uma ênfase na simplicidade, o que pode limitar a complexidade e, portanto, o custo.

Essas dinâmicas começaram no setor de startups de consumo — dentro de mercados, comunicação, redes sociais, nos quais os efeitos de rede sempre foram notadamente importantes —, mas também se infiltraram no software corporativo. Profissionais intelectuais têm cada vez mais as mesmas expectativas nesse tipo de software: "ele atende ao seu propósito", e o mesmo vale para o que usam em casa. Isso quer dizer que a empresa está se tornando cada vez mais "consumerizada" com software que é adotado por indivíduos e, em seguida, se espalha dentro da rede da empresa — com efeitos de rede. Tratarei posteriormente sobre o Zoom, o Slack, o Dropbox e outros pioneiros neste espaço, muitos dos quais gerando lucros executivos na casa dos bilhões de dólares, tão grandes quanto a valuation de qualquer startup de consumo.

Todos os motivos citados — atenção restrita dos usuários, concorrência intensa, canais de marketing limitados para acessar novos usuários, concorrentes baseados em rede e plataformas de aplicativos futuras pouco claras — criam uma pressão intensa sobre o setor. Há muita coisa em jogo. Quando um novo produto aproveita um efeito de rede para construir um ecossistema em torno dele, as indústrias adjacentes podem quebrar rapidamente. À medida que a tecnologia reinventa indústria após indústria, a oportunidade geral continua a aumentar. A tecnologia ficará mais e mais arraigada no nosso dia a dia. A interseção dessas duas pressões — uma da concorrência e outra da imensa oportunidade de mercado — torna ainda mais importante que fiquemos mais conscientes sobre o impacto dos efeitos de rede no setor de tecnologia.

O PROBLEMA COLD START

Falei sobre a AT&T e a noção de efeitos de rede em telefones de 1908 e sua importância hoje, mas há uma peça faltando que ajudará a formalizar nosso entendimento: o boom das "pontocom" do final dos anos 1990. Embora os efeitos de rede tenham sido reconhecidos já na virada do século, nossa concepção moderna disso decorre do trabalho feito há algumas décadas, no início da era da internet.

2
UM BREVE HISTÓRICO

O Boom das Pontocom

Em 1995, no início da web, quando milhões de consumidores começaram a experimentar a internet pela primeira vez em toda a sua glória discada, os primeiros sites comerciais do mundo começaram a surgir. Esses sites foram construídos por startups, não apenas por pesquisadores acadêmicos, e eles inauguraram uma era de prosperidade impulsionada pela tecnologia. A partir de 1995, a Nasdaq subiu 400%, com dezenas de IPOs de startups em poucos anos: Yahoo, Netscape, eBay, Amazon, Priceline. Hoje, muitas dessas empresas ainda estão por aí, e valem bilhões.

Em 1996, com o boom das pontocom a pleno vapor, apenas 20 milhões de usuários tinham acesso à internet, principalmente por meio de modems dial-up. No início dos anos 1900, quando Theodore Vail teve o insight de que o valor das redes residia no número de conexões, toda a rede da American Telegraph & Phone Company consistia em apenas alguns milhões de telefones. Hoje, o tamanho das redes é medido em bilhões.

Mesmo com esses números iniciais e pequenos, havia uma tremenda empolgação com o valor comercial potencial dessas startups. Uma nova geração de jargões pontocom proliferou, incluindo termos como:

"o vencedor leva tudo", "vantagem de pioneiro" e "gráfico taco de hóquei". A teoria era que, se uma startup se tornasse a primeira e maior rede — seja conectando compradores e vendedores ou usuários ao conteúdo —, ela se tornaria (teoricamente) imparável. Traria mais valor aos usuários, compraria seus concorrentes e, além disso, dominaria sua indústria, assim como a AT&T fizera há um século. Não é de admirar que, em seu auge, a AOL tenha sido avaliada em mais de US$224 bilhões e tenha sido uma das empresas mais valiosas do mundo.

Claro, olhamos para trás e tudo parece um pouco bobo. É por isso que, às vezes, o "boom das pontocom" é regularmente chamado de "bolha das pontocom"— muitas startups insatisfeitas fizeram IPO prematuramente com base nessas ideias e quebraram alguns anos depois, quando o financiamento secou.

No entanto, as ideias que dominavam o pensamento pontocom ainda existem. A indústria de tecnologia ainda fala sobre mercados em que o vencedor leva tudo e vantagens de pioneiro, quando, na prática, são mitos e, em termos práticos, foram refutados. Veja a realidade: as vantagens de ser o primeiro são fracas, já que a startup vencedora geralmente entra no jogo depois. E o vencedor normalmente não leva tudo, em vez disso tem que lutar contra uma série de outros produtos em rede pelo controle de diferentes geografias e segmentos de clientes. Então, por que o entusiasmo desenfreado sobre os efeitos de rede? Aprofunde-se na literatura e verá que uma teoria-chave popularizada na era das pontocom apresenta uma visão ousada, mas altamente falha, dos efeitos da rede. Essa teoria é a Lei de Metcalfe.

A Lei de Metcalfe

Caso você pesquise a literatura, levará apenas um instante para que a Lei de Metcalfe surja como um pilar central no estudo dos efeitos de rede — ela foi popularizada no boom das pontocom e usada para justificar as enormes valorizações das startups na época. Ao contrário da citação de Vail, ela dá uma explicação quantitativa (embora simples) do valor de uma rede à medida que mais nodos se juntam a ela. A seguir, define-se a lei:

> *O valor sistêmico de dispositivos se comunicando em compatibilidade cresce em razão do quadrado do número de dispositivos* [3]

Explicando melhor, cada vez que um usuário se cadastra em um app com uma rede por trás dele, o valor deste app é aumentado para n^2. Isso significa que, se uma rede tem cem nodos e depois dobra esse número para duzentos, seu valor mais do que duplica — quadruplica.

Originalmente formulada na década de 1980 por Robert Metcalfe, um pioneiro das redes de computadores, essa teoria define o valor de uma rede como uma função matemática baseada no número de dispositivos conectados (aparelhos de fax, telefones etc.). Ela foi originalmente derivada das experiências de Metcalfe vendendo a Ethernet, um protocolo de rede de computadores pré-internet.

No fim da década de 1990, tornou-se popular invocar a Lei de Metcalfe para justificar e marcar as valuations de "pioneiras" na indústria, no contexto das novas empresas de internet que estavam surgindo, as pontocom. As implicações executivas de acreditar nesse modelo de mundo eram profundas; você estaria crendo que as startups pontocom dos anos 1990 estavam construindo as maiores redes novas do planeta, e que esse valor seria exponencial. Entre no jogo cedo, e entre logo, porque o valor dessas startups explodirá em breve.

No entanto, olhando em retrospecto, não fica claro por que a Lei de Metcalfe deve se aplicar à criação de sites. Ela não permite pensar em, digamos, compradores e vendedores no eBay — esses usuários são o mesmo que "dispositivos se comunicando em compatibilidade"? O eBay é uma tecnologia de rede de computadores equivalente à Ethernet, a invenção original de Bob Metcalfe? Na euforia do boom das pontocom, isso era irrelevante — essa "lei" foi reembalada como o valor de um site crescendo não linearmente à medida que adicionava usuários e se tornava uma parte fundamental da discussão.

As Falhas de Metcalfe

Se você parasse de ler este livro bem aqui, teria absorvido quase todo o pensamento estratégico de alto nível que é comumente referenciado sobre efeitos de rede. Falei um pouco de história, expliquei um punhado de jargões, joguei alguns estudos de caso em que uma rede grande espanca uma pequena, uma definição para a Lei de Metcalfe e algumas implicações estratégicas. No entanto, isso não chega nem perto do suficiente para quem está na indústria e procura criar, escalar e concorrer usando essa força poderosa. Para os gerentes de produto, engenheiros, designers e executivos que precisam mapear uma estratégia em torno dos efeitos da rede em seus próximos roteiros trimestrais, certamente não será!

Quem já construiu um produto em rede a partir do zero dirá que, infelizmente, a Lei de Metcalfe é dolorosamente irrelevante. Embora inteligente para o seu tempo, ela não envelheceu bem. A Lei de Metcalfe exclui fases importantes da construção de uma rede, como o que você faz logo no início, quando ninguém está usando seu produto. Também não leva em conta a qualidade do envolvimento do usuário e a multifacetação de muitas redes — compradores e vendedores, por exemplo, nem a diferença entre "usuários ativos" e pessoas que simplesmente se inscreveram, nem a experiência degradada de um produto quando muitos usuários começam a superlotar uma rede. Isso está muito além do modelo simples "mais nodos é melhor". A Lei de Metcalfe é um modelo acadêmico simples que reprova no teste do caos da vida real.

Lei do Suricato

Se a Lei de Metcalfe está quebrada, qual se aplica melhor? Um dos objetivos centrais deste livro é apresentar uma teoria mais adequada, e acho que encontrei uma, elaborada com base na matemática das populações animais. Começa com o estudo de suricatos — sim, você deve conhecer um deles: Timão, do filme *O Rei Leão*, junto com seu amigo Pumba, o javali.

Uma teoria mais adequada para entender os efeitos de rede vem dos meus anos de faculdade na Universidade de Washington em Seattle. No meu último ano, tive uma série de aulas sobre a matemática subjacente ao estudo da ecologia, em particular sobre os números que regem as populações de plantas e animais. É a matemática dos animais sociais — como suricatos, sardinhas, abelhas e pinguins — que me fez pensar no efeito de rede.

Existem muitos tipos de animais sociais que se beneficiam vivendo juntos — seja coordenando a caça, encontrando companheiros ou resistindo a predadores. É melhor ter mais nodos nessas redes. No entanto, se por qualquer motivo a população desses animais sociais diminuir, os benefícios podem desaparecer rapidamente, tornando-os mais suscetíveis ao colapso. Porém, se a população crescer muito rapidamente e houver muitos animais vivendo em um espaço bastante pequeno, então a superpopulação para de proporcionar suas vantagens — e isso a faz entrar em um platô estável. Isso parece familiar? Sim, é verdade: os animais sociais também têm efeitos de rede.

A Matemática dos Suricatos

Os suricatos são uma ilustração perfeita. Eles são animais hipersociais que vivem na parte sul da África e, quando vivem juntos em grupos de trinta ou cinquenta animais, são chamados de "bandos" ou "gangues". Eles gostam de andar em bando porque se um deles vê um predador se aproximando, fica de pé sobre as duas patinhas traseiras e vocaliza um conjunto complexo de sons de alarme para o grupo, um aviso contra predadores. Eles latirão ou assobiarão para indicar se um predador aéreo ou terrestre está próximo e se esse predador é de baixa, média ou alta urgência. Isso ajuda a manter o grupo seguro.

Essas dinâmicas foram descritas pela primeira vez na década de 1930 por Warder Clyde Allee, um professor da Universidade de Chicago e um pioneiro da ecologia norte-americana. Seu artigo *Studies in animal aggregations: mass protection against colloidal silver among goldfishes*[†4] observou que os peixes-dourados crescem mais rapidamente e podem resistir à toxicidade da água quando estão em grupos. Assim como os pássaros se reúnem para confundir e resistir mais facilmente aos predadores, e bandos de suricatos alertam uns aos outros sobre o perigo, os peixes-dourados compartilham a mesma dinâmica. Isso se tornou um conceito importante em biologia porque foi o primeiro a captar a noção de que havia um ponto de virada — chamado de "limiar de Allee" — no qual os animais seriam mais seguros e, portanto, cresceriam mais rápido se compusessem uma população. Em outras palavras, as curvas populacionais de Allee descrevem uma espécie de versão ecológica do efeito de rede.

---

† "Estudos sobre agregações animais: proteção coletiva contra a prata coloidal em peixes-dourados", em tradução livre.

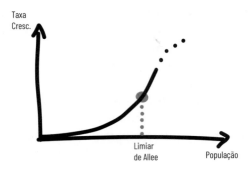

Figura 2: O limiar de Allee

Quando não há suricatos suficientes em um bando para avisar uns aos outros do perigo, é mais provável que um indivíduo seja pego por um predador. Depois disso, é uma dinâmica circular, porque com ainda menos suricatos, eles são ainda menos capazes de se proteger, levando a uma população cada vez menor. Essa população animal abaixo do limiar de Allee tende a desaparecer.

A metáfora do produto de tecnologia aqui é óbvia — se um aplicativo de mensagens não tiver pessoas suficientes, alguns usuários o excluirão. E à medida que a base de usuários encolhe, torna-se mais provável que todos os usuários saiam, causando inatividade e colapso da rede. E isso aconteceu com o MySpace quando o Facebook começou a levar embora seus usuários, ou quando consumidores e desenvolvedores de aplicativos se afastaram do BlackBerry e entraram no Google ou nos smartphones da Apple.

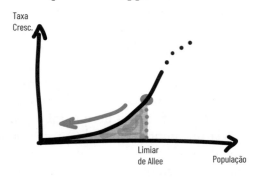

Figura 3: Colapso, se o limiar de Allee não for atingido

Por outro lado, o que acontece quando há um bando saudável de suricatos? Eles continuam crescendo, se reproduzindo e talvez criando múltiplos bandos. Se o limiar de Allee for ultrapassado, a população crescerá, porque os indivíduos podem manter o bando seguro e protegido. Então, mais suricatos geram ainda mais suricatos, e mesmo que os predadores ocasionalmente devorem um ou dois indivíduos, a população geral continuará crescendo, desde que permaneça grande.

Entretanto, isso não dura para sempre, porque os recursos — como insetos e frutas, que suricatos adoram — que sustentam uma população finita também são finitos. À medida que a população aumenta, há de se chegar a um limite natural baseado no ambiente — comumente chamado de capacidade de carga. Para animais sociais, como suricatos e peixes-dourados, a superpopulação se comporta de um modo parecido com os gráficos a seguir, começando plana, depois atingindo um ponto de virada antes de crescer rapidamente e depois saturar e entrar em queda mais uma vez:

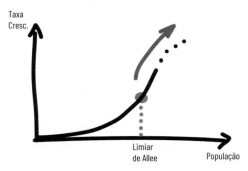

Figura 4: Crescendo além do limiar de Allee

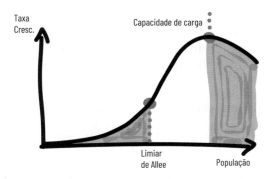

Figura 5: Capacidade de carga à medida que a superpopulação se desenvolve

A versão disso para o efeito de rede na indústria de tecnologia acontece quando há "superlotação" de muitos usuários. Para apps de comunicação, pode ocorrer quando se recebe muitas mensagens. Para produtos sociais, pode haver muito conteúdo em feeds, ou para mercados, muitos anúncios fazendo com que encontrar a coisa certa se torne uma tarefa árdua. Se você não aplicar detecção de spam, feeds algorítmicos e outras ideias, rapidamente a rede se tornará inutilizável. Todavia, adicione os recursos certos que auxiliem na descoberta, no combate a spam e no aumento da relevância na UI e você pode aumentar a capacidade de carga para os usuários.

Quando as Populações (e Redes) Colapsam

Quando há sobrepesca nos oceanos, a população de sardinha, atum e outros peixes pode despencar, colapsando em apenas alguns anos. Os produtos de tecnologia com efeitos de rede se iniciam da mesma forma — perdem um pouco da utilidade quando os amigos dos usuários saem, mas depois entram em colapso total quando ficam abaixo do ponto de virada.

A versão ecológica dessa ideia pode ser vista claramente em uma visita a uma linda cidadezinha chamada Monterey, na Califórnia, que fica cerca de uma hora ao sul de onde moro, em São Francisco. A cidade é famosa tanto por sua pesca abundante quanto por ser a cidade natal de John Steinbeck, autor clássico norte-americano. No início dos anos 1900, quando a pesca se tornou industrializada, construíram várias fábricas de sardinha em lata em uma rua inteira, apropriadamente chamada Cannery Row [Rua dos Enlatados, em tradução livre]. A indústria pesqueira de Monterey começou a pescar centenas de milhares de toneladas de sardinhas a cada ano. Sendo um peixe pequeno, pesando alguns gramas, no máximo, estamos falando de um valor na ordem de 5 bilhões de sardinhas capturadas por ano no auge da indústria.

O ramo se tornou um sucesso, apoiando uma cidade de dezenas de milhares de pessoas — até que, de repente, parou. Em um ano da década de 1950, as sardinhas desapareceram misteriosamente. A cidade esperou pacientemente até o ano seguinte para que o peixe voltasse a aparecer, mas isso não aconteceu. E no ano seguinte ocorreu a mesma coisa, e no seguinte também. As sardinhas sumiram. Nos primeiros anos, uma pesca de sardinha totalizava quase 800 milhões de toneladas — apenas algumas décadas depois, ela caiu para 17 toneladas.[5]

A sobrepesca, combinada com a dinâmica complexa da população animal, foi o fim da indústria pesqueira de Monterey. As fábricas de sardinhas em lata fecharam em seguida, e hoje servem como um maravilhoso destino turístico celebrando Steinbeck, bem como o estudo da vida marinha no Monterey Bay Aquarium. Você ainda pode visitar as antigas fábricas atualmente e ver nelas placas e gráficos documentando a ascensão e a queda das sardinhas de Monterey.

As sardinhas têm efeitos de rede, e as curvas de Allee são úteis para pensar em como as redes podem se desfazer e entrar em colapso. Assim como cruzar o "limiar de Allee" é importante para um cardume de sardinhas deixar de ter crescimento baixo/negativo para se tornar uma população autossustentável, quando elas são pescadas de forma mais agressiva, isso pode fazê-las ficar abaixo do limiar.

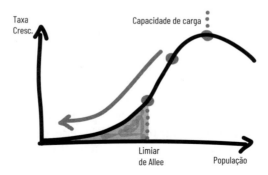

Figura 6: Ficando abaixo do Limiar de Allee

Tal como as sardinhas, as redes de produtos tecnológicos também podem colapsar. Por que usar um app de mensagens que nenhum de seus amigos está usando? Se você abrir um app muitas vezes e nunca vir ninguém nele, também o abandonará. Logo os efeitos da rede vão se desfazer, conforme ela acelera em direção ao colapso.

A Curva de Allee na Uber

Estudei as ideias do professor Allee sobre ecologia matemática na Universidade de Washington, mas, assim como muita coisa que aprendi na faculdade, as esqueci logo assim que me formei. Anos depois, estava de frente a um quadro branco na sede da Uber em São Francisco, tentando visualizar como adicionar mais motoristas a uma cidade mudaria a experiência dos usuários. Quanto mais eu pensava e esboçava, mais surgia uma curva conhecida.

Quando há poucos motoristas em uma cidade, leva muito tempo para conseguir uma viagem — chamamos isso de ter um ETA alto [estimated time of arrival — tempo estimado de chegada]. Como resultado, as taxas de conversão são baixas, porque quem tem tempo para esperar trinta minutos para obter uma viagem? Assim, até que você tenha algumas dezenas de motoristas — para este exemplo, vamos de cinquenta — o valor para o usuário é quase zero. Eles não vão usar de fato o aplicativo, e os motoristas também não ficarão ativos por muito tempo, então toda a rede vai entrar em colapso por conta própria.

No entanto, uma vez superado o ponto de virada, as coisas começam a dar certo. Os usuários começam a conseguir viagens em quinze minutos, e isso ainda é um pouco inconveniente, mas é uma espera possível. Fica ainda melhor se esse tempo reduzir para dez, ou até mesmo cinco minutos. Quanto maior a rede de motoristas, mais conveniente fica. A rede de viagens compartilhadas em uma cidade começa a ver o efeito de rede clássico!

Contudo, posteriormente deve-se levar em conta o valor dos platôs de rede — há um retorno decrescente se a densidade de motoristas é muito grande. Não importa se há um motorista chegando até você em quatro minutos, dois, ou até mesmo se ele está na sua porta instantaneamente. Na verdade, é até meio inconveniente, já que você precisa de um pouco de tempo para pegar suas chaves e sair para encontrá-lo.

Trace esta curva, e ficará assim:

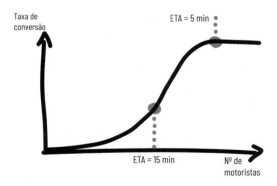

Figura 7: Taxa de conversão da Uber com base no número de motoristas parceiros

Parece familiar?

Lei do Suricato versus Lei de Metcalfe

A matemática dos suricatos, que rege os animais sociais, também se aplica a nós. Afinal, os humanos são animais sociais, conectando-se uns com os outros por meio de compartilhamento de fotos e projetos de trabalho, venda de tênis colecionáveis e divisão da conta do jantar. Em vez de caçar e acasalar, nossas redes nos ajudam a fazer as compras do mês e marcar encontros.

A mesma dinâmica subjacente une os nossos grupos e as gangues de suricatos, e há muitas ideias que podem ser polinizadas de forma cruzada entre as duas espécies. Assim como uma rede social precisa de um número mínimo de pessoas para se tornar engajante, o mesmo ocorre com um bando de suricatos. Assim como um app de mensagens crescerá continuamente até saturar seu mercado, o crescimento dos animais também diminui à medida que começam a superpovoar seu ambiente. Embora os termos sejam diferentes, os conceitos centrais e a matemática são os mesmos:

O efeito Allee → O efeito de rede
Limiar de Allee → Ponto de virada
Capacidade de carga → Saturação

Nos próximos capítulos, enquanto eu uso o jargão de negócios — efeitos de rede, pontos de virada e saturação do mercado — dou crédito ao professor Allee e a seus modelos matemáticos de ecologia pelas ideias por trás deles. Os ecólogos criaram modelos populacionais animais durante séculos para prever a rapidez com que crescem, quando se tornam superpopulados e sua dinâmica complexa. Eu me aproprio das mesmas ideias para descrever como os produtos de tecnologia podem lançar, escalar e defender seus mercados com efeitos de rede.

Essas ideias dão uma base teórica mais robusta do que a noção comum de que os produtos de tecnologia têm ou não efeitos de rede. A indústria de tecnologia pode criar um vocabulário mais granular e mais preciso, que é necessário para que se atinja o próximo nível de pesquisa, a fim de que conceitos e métricas concretas possam, em última análise, estar vinculados à estratégia do produto.

O que a indústria precisa é de um framework unificado que una um conjunto de conceitos relacionados e vocabulário. Este framework é o coração do *Problema Cold Start*.

3
TEORIA DO COLD START

O Framework

O framework central descrito neste livro é uma nova maneira de pensar sobre os efeitos da rede — dividida em etapas, cada uma com seus próprios desafios, metas e melhores práticas. Meu objetivo não é simplesmente descrever o que acontece à medida que uma rede cresce e evolui, mas descrever como, de fato, agir e impulsionar um produto de uma etapa para outra.

Eu chamo esse framework de *Teoria do Cold Start*, nome dado em razão da primeira e mais importante etapa no desenvolvimento de efeitos de rede.

A Teoria do Cold Start estabelece uma série de etapas que cada equipe de produto deve percorrer para aproveitar totalmente o poder dos efeitos de rede. A curva representa o valor da rede à medida que se desenvolve ao longo do tempo e tem a forma de uma curva S, com uma queda no final.

Existem cinco etapas principais:

1. Problema Cold Start
2. Ponto de Virada

3. Velocidade de Escape
4. O Teto
5. O Fosso

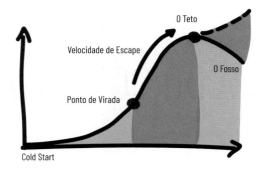

Figura 8: As etapas do framework de Cold Start

Descreverei o framework, etapa por etapa, antes de passar a uma dissecção mais detalhada no decorrer do livro.

1. O Problema Cold Start

A maioria das redes novas dá errado. Se um novo app de compartilhamento de vídeo for lançado e não houver um acervo amplo de conteúdo desde o início, os usuários o deixarão. O mesmo se aplica aos marketplaces, às redes sociais e a todas as outras variações de produtos de consumo (até ao B2B) — se os usuários não encontrarem quem ou o que querem, irão embora. Isso leva a um loop destrutivo autorreforçado. Em outras palavras, na maioria dos casos, os efeitos de rede que as startups amam tanto causam bastante dano a elas. Eu os chamo de "efeitos antirrede", porque essas dinâmicas são completamente destrutivas — especialmente nos estágios iniciais, quando uma empresa está começando a funcionar. Resolver o Problema Cold Start demanda que se obtenha todos os usuários e conteúdo certos na mesma rede ao mesmo tempo — o que é difícil de executar em um lançamento.

Esse é o Problema Cold Start, e para resolvê-lo, olho para uma série de exemplos — examino os criadores de conteúdo mais prolíficos da Wikipédia, a invenção do cartão de crédito e como o Zoom lançou um produto incrível. A partir desses estudos de caso, descrevo uma abordagem que se concentra na construção de uma "rede atômica"— ou seja, a menor rede possível, que é estável e pode crescer por conta própria. Por exemplo, a rede de videoconferência do Zoom pode funcionar com apenas duas pessoas, enquanto a do Airbnb exige que centenas de anúncios de aluguel ativos em um mercado se tornem estáveis. Eu vejo a ideia do produto no coração de cada efeito de rede e as semelhanças que muitas startups usaram para escolher seus recursos. Também pergunto quem são os primeiros, os usuários mais importantes para entrar em uma rede nascente, e por quê, e como você semeia a rede inicial para que ela cresça da maneira que você quiser.

2. O Ponto de Virada

É preciso um enorme esforço para construir a primeira rede atômica, mas obviamente não é suficiente ter apenas uma. Para conquistar um mercado, é importante construir muito mais redes para expandir para o mercado — mas como isso acontece em escala? Felizmente, uma dinâmica importante entra em ação: à medida que uma rede cresce, cada nova rede começa a entrar em virada cada vez mais rápido, para que todo o mercado seja mais facilmente capturado. Esta é a segunda fase do framework, o Ponto de Virada. Eu uso o Tinder como exemplo, mostrando como seu lançamento inicial bem-sucedido na Universidade do Sul da Califórnia destravou outras faculdades próximas. Seguiram-se cidades como Los Angeles, depois regiões mais amplas e mercados inteiros, incluindo a Índia e a Europa.

Imagine um lançamento de rede como derrubar uma fileira de dominós. Cada lançamento torna o próximo conjunto de redes adjacentes mais fácil, e o seguinte mais fácil, o próximo mais fácil ainda, até que o impulso se torne imparável — mas tudo isso irradia de uma pequena vitória no início. É por isso que vemos os efeitos de rede mais bem-sucedidos crescerem com tanta frequência cidade por cidade, empresa por empresa ou campus por campus, como ocorre com as viagens compartilhadas, com os aplicativos corporativos e as redes sociais. Os produtos SaaS geralmente crescem dentro das empresas — pousando e expandindo —, também saltando entre organizações à medida que os funcionários compartilham produtos com empresas parceiras e consultores. É aí que um mercado atinge o ponto de virada.

3. Velocidade de Escape

Quando uma empresa como o Dropbox, o Slack ou a Uber consegue escalar, pode parecer que os efeitos de rede fazem efeito, e a próxima fase é fácil, mas não é. Pelo contrário, é quando as empresas de tecnologia começam a contratar milhares de pessoas, lançar uma série de novos projetos ambiciosos e tentar continuar a rápida trajetória do produto. A etapa de Velocidade de Escape está relacionada a trabalhar freneticamente para fortalecer os efeitos da rede e sustentar o crescimento.

É neste ponto que a definição clássica de um "efeito de rede" está errada. Eu a redefino de modo que não seja um efeito singular, mas sim três forças básicas distintas: o Efeito de Aquisição, que permite que os produtos acessem a rede para impulsionar a aquisição de usuários de baixo custo e altamente eficiente por meio do crescimento viral; o Efeito de Engajamento, que aumenta a interação entre os usuários à medida que as redes se preenchem; e, finalmente, o Efeito Econômico, que melhora os níveis de monetização e as taxas de conversão à medida que a rede cresce.

Ao entender como essas forças funcionam, podemos acelerar os sistemas que as alimentam. Por exemplo, o Efeito de Aquisição é alimentado pelo crescimento viral e por uma experiência inicial positiva do usuário que incentiva um conjunto de usuários a convidar outras pessoas para a rede. Os programas virais de indicação do PayPal ou as recomendações de contatos do LinkedIn são dois exemplos de táticas que aumentam o poder por trás do Efeito de Aquisição.

O Efeito de Engajamento se manifesta pelo aumento do engajamento à medida que a rede cresce — isso pode ser desenvolvido ainda mais no plano conceitual, fazendo com que os usuários subam degraus na "escada de engajamento". Isso é feito apresentando às pessoas novos casos de uso por meio de incentivos, marketing/comunicações e novos recursos do produto. A Uber aplicou isso fazendo os usuários subirem de nível pedindo viagens para o aeroporto, restaurantes e para se deslocar diariamente.

E, finalmente, o Efeito Econômico — que afeta diretamente o modelo de negócios de um produto — também pode ser melhorado ao longo do tempo, aumentando as conversões nos principais fluxos de monetização e aumentando a receita por usuário, à medida que a rede cresce. Para um produto como o Slack, por exemplo, é mais provável que uma empresa se converta em um cliente pagante à medida que mais equipes adotam o software. No caso de jogos como o Fortnite, que vendem roupas e armas personalizadas para cada personagem, eles monetizarão melhor se os amigos de um jogador se juntam a ele para jogar.

Todos esses efeitos se combinam em um flywheel que pode alimentar redes nos bilhões de usuários.

4. O Teto

Em muitas narrativas sobre efeitos de rede, quando um produto chega ao Ponto de Virada, o conto de fadas da empresa se encerra — ela venceu. No entanto, pergunte aos operadores dentro de uma empresa e você ouvirá uma história diferente: uma rede em crescimento veloz quer crescer e se destruir ao mesmo tempo, e há enormes forças em ambas as direções.

É quando uma rede "atinge o teto" e o crescimento para. Isso é movido por uma variedade de forças, começando com os custos de aquisição do cliente, que muitas vezes aumentam devido à saturação do mercado e à medida que o crescimento viral fica mais lento. Da mesma forma temos a Lei dos Péssimos Clickthroughs, que reduz o desempenho dos loops de aquisição e engajamento ao longo do tempo, à medida que os usuários abandonam os canais de marketing obsoletos. Temos fraudadores, superlotação e colapso do contexto — todos os resultados naturais de uma rede que cresce e amadurece. E muitas outras forças negativas que aumentam junto com seu crescimento.

No mundo real, os produtos tendem a crescer rapidamente, depois atingem um teto e, conforme a equipe aborda os problemas, vem outro surto de crescimento. E então vem outro teto, e outro ciclo depois disso, todos se tornando sucessivamente mais complexos de se resolver ao longo do tempo, conforme os problemas se tornam mais basilares.

Para esse cenário, analiso uma série de estudos de caso de como os principais produtos atingiram períodos de desaceleração do crescimento: desde a implosão dos grupos de discussão da Usenet nos primeiros dias da internet até a desaceleração dos negócios do eBay nos

EUA e as origens dos golpes do príncipe nigeriano. Às vezes esses exemplos são facilmente resolvidos e às vezes destroem a rede ao longo do tempo. As soluções são difíceis — um produto bem-sucedido vem inerentemente com vários níveis de spam e trolls. São problemas a serem gerenciados, não totalmente resolvidos.

5. O Fosso

A etapa final da estrutura enfatiza o uso de efeitos de rede para afastar os concorrentes, o que costuma ser o foco ao passo que a rede e o produto amadurecem. Embora esse não seja o único fosso — marca, tecnologia, parcerias e outros também entram na conta —, é um dos mais importantes do setor de tecnologia.

No entanto, há um problema — usar os efeitos de rede para competir com os concorrentes é complicado quando todos na mesma categoria de produto são capazes de aproveitar a mesma dinâmica. Toda colaboração no local de trabalho é capaz de alavancar o crescimento viral impulsionado pela rede, a maior aderência e a monetização intensa com a chegada de mais usuários. O mesmo vale para marketplaces, apps de mensagens e assim por diante.

Essa dinâmica move uma forma única de rivalidade — "competição baseada em rede" — que não se trata apenas de melhores recursos ou execução, mas de como o ecossistema de um produto pode desafiar o de outro. O Airbnb enfrentou esse problema na Europa quando um forte concorrente local chamado Wimdu surgiu com uma enxurrada de financiamento, centenas de funcionários e, em tese, mais tração em seu mercado doméstico. O Airbnb teve que combater seu concorrente europeu competindo pela qualidade da rede e dimensionando os seus efeitos — não manejando vetores competitivos tradicionais, como preços ou recursos.

Como todos os produtos de uma categoria provavelmente têm o mesmo tipo de efeitos de rede, a concorrência acaba sendo assimétrica, alavancando as mesmas forças. Uma rede maior e uma menor em qualquer mercado têm estratégias claramente diferentes — pense nisso como uma estratégia de Davi versus uma estratégia de Golias. O iniciante deve selecionar segmentos de nicho dentro de uma rede maior e construir redes atômicas que sejam altamente defensáveis com os principais recursos do produto e, quando aplicável, ter economia e engajamento melhores. O operador consolidado, por outro lado, usa seu tamanho maior para impulsionar uma maior monetização e valor para seus principais usuários, além de rapidamente seguir quaisquer nichos que pareçam estar crescendo rapidamente. Também examinarei a Uber e a Lyft, o eBay China e o Alibaba, e a estratégia da Microsoft de agregar novos produtos para aprofundar a forma como as redes competem.

Cinco Etapas

Essa é a Teoria do Cold Start. Ela é composta de cinco etapas para criar, escalar e defender o efeito de rede e visa fornecer um roteiro para qualquer equipe nova de produtos — em uma startup ou empresa maior — para alavancar seu trabalho.

Os empreendedores devem começar do início, já que o Problema Cold Start ataca o lançamento de novos produtos e novas empresas. Por outro lado, as equipes que trabalham em produtos estabelecidos encontrarão os capítulos intermediários mais relevantes — atingir a Velocidade de Escape e otimizar todos os seus loops de crescimento é tarefa diária para produtos bem-sucedidos que tentam chegar ao próximo nível.

A Teoria do Cold Start deve ser aplicada a um grande conjunto de empresas do setor de tecnologia: plataformas de vídeo, mercados, ferramentas de colaboração no local de trabalho, produtos SaaS de bottom-up, redes sociais, apps de comunicação e muito mais. Ao longo do livro, também me baseio em exemplos históricos — cupons, cartões de crédito e protocolos iniciais da internet. Existem dinâmicas compartilhadas surpreendentes entre formas arcaicas de comunicação que usamos há centenas de anos e os aplicativos modernos que usamos hoje.

Nessa jornada, espero que você passe a visualizar os padrões que estão por trás das redes, além dos produtos de tecnologia. Muitas dessas ideias são gerais, vão além do mundo dos aplicativos de celular, como meu amigo Naval Ravikant, um notável investidor e empreendedor, observou:

> *Os humanos são a espécie em rede. As redes nos permitem cooperar quando, de outra forma, estaríamos sozinhos. E as redes alocam os frutos da nossa cooperação. O dinheiro é uma rede. A religião é uma rede. Uma corporação é uma rede. Estradas são uma rede. Eletricidade é uma rede.*[6]

Além disso, os riscos de construir e controlar redes de sucesso são altos:

> *As redes devem ser organizadas de acordo com regras. Elas exigem que os Líderes as apliquem contra trapaceiros. E os Líderes dessas redes se tornam as pessoas mais poderosas da sociedade.*

A Teoria do Cold Start visa unificar essas ideias em uma estrutura que seja universal e acionável. Ao longo da obra, cada capítulo apresenta um novo conjunto de vocábulos para descrever os desafios e objetivos de cada etapa — com exemplos, entrevistas e pesquisas de produtos icônicos de nossa indústria.

Vamos lá! Para abrir nossa discussão, começo com a primeira etapa: o Problema Cold Start, a fase inicial e crucial que dá nome ao livro.

PARTE II
O PROBLEMA COLD START

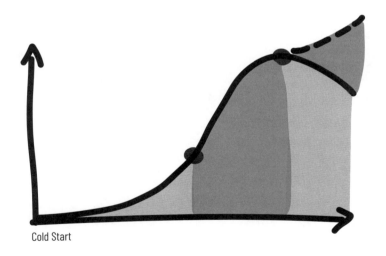
Cold Start

4
TINY SPECK

Quando você inicia um novo produto com efeitos de rede, o primeiro passo é construir uma rede única e minúscula que seja autossustentável. Você só precisa de uma para começar. No entanto, construir até mesmo uma única rede é muito difícil. Então vou começar contando a vocês a história de um produto — e sua rede — que falhou.

Demorou quatro anos e dez meses da fundação da startup ao encerramento do produto principal. Era um time de estrelas que tinha alcançado o sucesso no passado, construindo e vendendo uma empresa por dezenas de milhões e, como tal, fez todas as coisas certas. Ele teve um lançamento emocionante, enviando uma versão beta com pompa para os usuários depois de dois anos, trabalhando em estreita colaboração com eles para adicionar os recursos certos, para corrigir bugs, e assim por diante. Fora da empresa, arrecadou US$17 milhões de investidores importantes, contratando 45 pessoas muito talentosas para construir um produto peculiar, divertido e maravilhoso. A startup se chamava Tiny Speck, e o produto era um jogo multiplayer chamado Glitch.

Julgando apenas por sua descrição, o Glitch pode parecer um pouco "excêntrico". Era um jogo multiplayer no navegador, e a experiência ocorria dentro das cabeças de onze gigantes, com nomes como Humbaba, Lem e Friendly, que estavam sonhando com um novo mundo que passou a existir pela força do sonho deles. Os personagens, os cenários e a arte pareciam um crossover de "Monty Python e Dr. Seuss sob efeito de ácido". Usuários andavam pelo mundo do jogo, clicando em objetos no ambiente e aprendendo habilidades como escovar raposas, fazer poções, jardinagem e teletransporte.

Infelizmente, as críticas iniciais não foram boas: "A premissa [do jogo], envolvendo onze gigantes que sonharam com a existência do mundo do jogo, é, em sua maior parte, estúpida", segundo o AV Club. Os usuários também não foram gentis: "Depois de todo o hype de pré-lançamento sobre mudar a indústria de jogos para sempre, ele ficou terrivelmente chato — você basicamente anda por aí e clica nas coisas. Descrevi o jogo para um amigo como 'um FarmVille onde você não tem sua própria fazenda'", afirmou o usuário dgreensp no site de discussão na internet Hacker News.

No fim, os usuários não permaneceram — anos depois, em uma entrevista, o CEO da empresa lamentou a retenção ruim: "A maioria das pessoas, como 97% das que se inscreveram, sairia em cinco minutos. A coisa que o matou foi um simples leaky bucket — ou seja, algo muito clássico; você poderia colocar isso no Excel em cinco minutos, e ver que não daria certo." Claro, como um jogo multiplayer, o Glitch só se tornaria divertido quando muitas pessoas estivessem jogando e conversando umas com as outras, e o produto nunca alcançou escala suficiente para desbloquear essa experiência social.

Esse não é um insight único nem um resultado notável para uma startup. Afinal, muitos produtos novos passam por uma longa jornada apenas para terminar em fracasso — exceto um, que tomou um rumo estranho. Anos depois, a Tiny Speck ressurgiria com um segundo produto — o Slack. E agora, você deve saber o final da história, porque, no momento em que este livro era escrito, o Slack estava sendo usado por mais de 20 milhões de usuários ativos diários e por quase um milhão de empresas. A Tiny Speck, uma startup que seria uma perda completa, virou a Slack Technologies Inc., que foi adquirida por US$26 bilhões pela Salesforce, enquanto gerava mais de US$800 milhões em receita. O CEO da empresa, Stewart Butterfield, e seus cofundadores, Eric Costello, Cal Henderson e Serguei Mourachov, conseguiram realizar com sucesso uma das reviravoltas mais incríveis da indústria de startups.

É fácil imaginar produtos como o Slack, que alcançaram o status de popularidade absoluta, como a epítome do sucesso imediato — mas os produtos em rede geralmente não são assim. No caso da Slack, levou quase quatro anos da fundação do Glitch até a desistência do primeiro produto, com quase todo o financiamento da empresa gasto e os funcionários demitidos. Demorou mais dois longos anos para que se repetisse a árdua jornada de ir do zero a um: escolher um novo produto, encontrar clientes beta, anunciar o novo produto amplamente, reconstruir a equipe, mudar o nome para Slack e angariar fundos para a nova estratégia. Isso foi o oposto de um sucesso imediato. Na verdade, demonstrarei em vários estudos de caso que a construção de um produto com efeitos de rede pode ser difícil e lenta. Mas há um padrão para o seu sucesso que pode ser estudado e repetido.

A questão no caso do Slack é: o que aconteceu entre o momento em que a empresa formalmente iniciou o Slack e o momento em que parecia que estava realmente dando certo? O que pode ser aprendido com isso? O que pode ser replicado?

Felizmente, a Tiny Speck foi apoiada por Andreessen Horowitz muitos anos atrás — desde o início, na formação da empresa —, pelo meu colega John O'Farrell, e ele me colocou em contato com Stewart Butterfield e o Ali Rayl, um funcionário antigo, para me relatarem a história. Isto foi o que eles me disseram.

Primeiro, vamos voltar ao início, em 2009, quando a equipe ainda estava criando o Glitch. Stewart e seus cofundadores atraíram dezenas de engenheiros de todo o lugar, incluindo San Francisco e Vancouver (onde inicialmente moravam os fundadores). Hoje, reconheceríamos isso como uma importante previsão de uma tendência mais ampla e transformadora em torno do trabalho remoto. Mas naquele momento o trabalho remoto era apenas incipiente, o que significava que as ferramentas que apoiavam esse tipo de trabalho também eram inexistentes.

Para ajudar a equipe a trabalhar em conjunto, eles usaram uma ferramenta para conversar uns com os outros. Não era o tipo de produto bonito que você e eu usaríamos hoje. Era tudo por mensagem de texto. Tinha comandos engraçados que começavam com um "/" porque era baseado em uma antiga tecnologia, o Internet Relay Chat (IRC), originalmente criado por Jarkko Oikarinen, um funcionário finlandês de universidade. O IRC foi criado pela primeira vez em 1988, durante uma fase anterior na internet, quando a facilidade de uso não era uma prioridade. Assim, para os novatos, o IRC era praticamente inutilizável, e como Stewart descreveria mais tarde:

O IRC antecede a Web alguns anos. E por ser tão antigo, ele não tem um monte de recursos que agora são considerados apenas padrão.[7]

O IRC não tinha ferramenta de busca. Não salvava mensagens antigas. Era confuso encontrar o conjunto certo de canais e pessoas com quem conversar — você tinha que baixar um dentre os diversos apps de IRC, se conectar a um servidor de IRC e entrar no canal certo.

Assim, a equipe do Tiny Speck construiu uma ferramenta de chat com base no IRC, desenvolvendo a capacidade de armazenar mensagens e fotos antigas e de tornar as conversas facilmente pesquisáveis. Essa foi a ferramenta que uniu alguns fluxos de trabalho importantes e, nos primeiros anos, nem sequer tinha um nome, muito menos Slack. O serviço era hospedado internamente em irc.tinyspeck.com e foi muito útil, pois permitiu o compartilhamento fácil de imagens, animações e registros de servidores. Muitos dos funcionários não técnicos não estavam confortáveis com o IRC e, em vez disso, estavam integrados no app esquisito de chat da empresa. Essa ferramenta sem nome — que o então funcionário Ali Rayl chamou de "frankentool", por fazer praticamente de tudo — permitiu a colaboração em toda a equipe e se tornou parte do fluxo de trabalho principal da Tiny Speck.

Quando ficou claro que o Glitch não daria certo, a equipe precisou de uma nova ideia. Stewart, Cal e os cofundadores decidiram que o próximo passo era trabalhar no que estava bem na frente deles — pegar a ferramenta interna funcional, mas normal, e redesenhá-la para que qualquer um pudesse usá-la. A ferramenta logo ganhou o codinome Linefeed, pelo menos por alguns dias. Depois, foi chamada Honeycomb, depois Chatly.io, e de muitas outras denominações.

Seja lá como fosse chamado, o produto que se tornaria o Slack foi redesenhado para permitir que qualquer empresa o usasse, não apenas a Tiny Speck. Foi reconstruído com back end próprio, não em cima do IRC. Ele suportava conversas pesquisáveis, fotos hospedadas e outros ativos facilmente e fazia backup automático de conversas, resolvendo todos os problemas que o IRC tinha. Com esses recursos principais, escolheram o nome "Slack", um acrônimo de "Searchable Log of All Conversation and Knowledge" [Registro Pesquisável de Todas as Conversas e Todo o Conhecimento, em tradução livre]. Embora alguns membros do conselho não gostassem do nome, achando estranho que os usuários do produto fossem chamados de "Slackers" [preguiçosos], o produto logo foi lançado.

O segundo passo foi um período de teste beta privado com amigos da empresa, no qual Stewart tentaria pessoalmente fazê-los usar o Slack e iterar para adicionar recursos e melhorar a experiência. Perguntei ao Stewart se ele teve o cuidado de focar a base inicial de clientes, e ele respondeu:

Não, de jeito nenhum. Eu tinha amigos em outras empresas e eu tentaria convencê-los a usar. Não tínhamos nenhuma equipe de demanda geral, marketing de campo, ou qualquer outra coisa na época — apenas eu. Às vezes, eram necessárias dezenas de reuniões para convencer as pessoas de que o Slack era um produto legal.[8]

Ele tinha amigos em startups como Rdio, Wantful e Cozy e conseguiu cadastrar 45 empresas no total. As equipes que adotaram tendiam a ser outras startups, por uma razão muito boa:

As startups de tecnologia adotaram o Slack logo no início, porque têm a crença, ingênua ou não, de que software pode melhorar suas vidas. Essas startups eram como nós. Muitas das primeiras equipes tinham menos de dez pessoas, assim como o Slack.

Stewart e Ali Rayl, que geriam a experiência do cliente, lidaram pessoalmente com todo o feedback nas redes sociais e nos tickets de suporte ao cliente. Mesmo depois que o Slack foi lançado publicamente, Stewart lidou pessoalmente com a maior parte: 10 mil tweets por mês e 8 mil tickets de suporte ao cliente.

Cada um desses clientes beta formou uma rede atômica — um grupo estável e autossustentável de usuários que pode gerar um efeito de rede. Com a formação da rede atômica em um de seus testadores beta, o Slack adicionaria usuários continuamente, se tornaria mais útil, aumentaria o engajamento e, finalmente, se tornaria o método de comunicação efetivo dentro de seus locais de trabalho. O número mínimo de pessoas a serem definidas como equipe, ainda hoje no Slack, é de três. Contanto que você tenha três pessoas, pode ser estável. Mas é ainda melhor se houver uma equipe com mais de cinquenta pessoas em uma unidade orgânica — como um departamento — ou uma empresa inteira, com milhares usando o produto, então ele vai crescer cada vez mais.

A equipe do Slack aprendia mais coisas à medida que o produto era testado com redes maiores. "O padrão era compartilhar o Slack com grupos progressivamente maiores. Nós dizíamos: 'Ah, essa grande ideia não é tão boa afinal.' Ampliamos o feedback que recebemos em cada estágio adicionando mais equipes", disse Butterfield, em uma entrevista na *Fast Company*.

A equipe aprendeu como grupos de 120 pessoas, como o da Rdio, usariam um produto e como ele se espalharia — partindo dos desenvolvedores de front-end para a engenharia e depois para toda a empresa. No início, uma equipe de dez pode ter apenas alguns canais. Mas uma equipe de centenas de pessoas de repente criava quatro canais diferentes, a maioria vazios, para atividades como caminhadas, assim como faziam na Rdio. Descobriu-se um problema: ajudar os usuários a descobrir canais. Uma organização ainda maior pode precisar de ajuda com recursos como um "diretório de equipe" para saber quem trabalhava na empresa e o que faziam. Cada aumento no tamanho da equipe exigia repensar o design a fim de formar redes atômicas estáveis que crescessem.

Como muitos dos exemplos que darei posteriormente, o Slack é uma rede de redes. Dentro de uma empresa maior, uma infinidade de redes atômicas surge espontaneamente e começa a crescer por conta própria. Stewart me descreveu como uma grande empresa pode ter dezenas de milhares de espaços de trabalho, cada um com seu próprio conjunto de canais. Cada espaço de trabalho pode ser uma unidade de negócios ou subsidiária, e cada equipe menor pode, independentemente, ter um líder ou um cliente precoce que configurou o produto, convidou colegas de trabalho e começou a iniciar conversas com outras pessoas.

Nos últimos anos, quando a empresa adicionou uma equipe de vendas corporativas, eles visaram grandes clientes que adotaram o Slack e perguntaram se queriam ir "de fora a fora", trazendo toda a empresa em troca de recursos adicionais de segurança/corporativos, bem como preços menores. As vendas corporativas se tornaram um grande catalisador alguns anos após o lançamento da empresa.

Muitas dessas ideias para aumentar a adoção por meio do crescimento viral são emprestadas de produtos de consumo. Isso vale não apenas para o Slack, mas também para muitos dos novos produtos B2B desenvolvidos em épocas parecidas, como Zoom e Dropbox. Essas empresas foram pioneiras em um novo estilo de crescimento "de baixo para cima", no qual colaboradores semearam a adoção de um produto dentro de uma empresa cliente. O Slack estava no início dessa fase do mercado e teve que inventar muitos dos seus paradigmas. No entanto, essa equipe entendia profundamente sobre ele. Na startup anterior dos fundadores, o Flickr, um dos maiores sites de compartilhamento de fotos da era Web 2.0, eles popularizaram o que se tornaria a marcação de fotos e streams comunitárias de conteúdo organizado em tópicos e eventos. Como estudante universitário, Stewart foi um usuário apaixonado de alguns dos precursores mais antigos de apps sociais para a internet: a Usenet, que são fóruns de discussão da velha escola; os MUDs/MOOs, que são mundos virtuais baseados em texto; e, claro, o IRC.

Posteriormente, a Tiny Speck foi rebatizada como Slack Technologies e seu novo produto principal foi lançado para o mundo. Em agosto de 2013, quando o Slack estreou, 8 mil empresas entraram na lista de espera para experimentar o produto. Dentro de duas semanas, ela cresceu para 15 mil. No ano seguinte, o Slack teria 135 mil assinantes pagantes e 10 mil novos usuários se inscrevendo por dia. Logo depois disso, 1 milhão de usuários ativos diários, depois dois, depois três e assim por diante. Stewart e a empresa — agora 100% focados no Slack — aumentariam a rodada de investimentos seguinte em abril de 2014, completando totalmente sua transição.

O Slack tem uma história incrível, e há muito a aprender com ela. No entanto, para o propósito deste livro, a jornada da ferramenta IRC sem nome de Linefeed a Slack é mais notável pelo exemplo de como pensar sobre começar do zero: eles incubaram um produto incrível, resolvendo um problema a partir de uma necessidade de sua própria equipe e um exemplo de como a Tiny Speck construiu redes estáveis individuais, reunindo uma rede de redes em empresas maiores. Este é um dos melhores exemplos de como resolver o Problema Cold Start.

Apresentando o Cold Start

O livro tem o nome da primeira etapa porque, francamente, é a mais importante. Novos produtos morrem quando entram no mercado, e suas redes entram em colapso antes mesmo de começarem. Cada produto em rede, incluindo o Slack, começa com apenas uma única rede. Os próximos capítulos são sobre como construir a primeira, usando as histórias de lançamento da Wikipédia, os primeiros cartões de crédito, o Tinder e o Zoom.

Primeiro, começo com o dilema principal, que chamo de "Efeitos Antirrede". Os efeitos de rede não são forças inteiramente poderosas e positivas — muito pelo contrário, isso é um mito. Redes pequenas e em subescala naturalmente querem se autodestruir, porque quando as pessoas começam a usar um produto e nenhum de seus amigos ou colegas de trabalho faz o mesmo, elas naturalmente o abandonam. O que resolve isso? "A Rede Atômica"— a menor rede em que haja pessoas suficientes a ponto de ninguém abandoná-la.

Essas redes geralmente têm "lados", sejam compradores e vendedores ou criadores de conteúdo e consumidores. Geralmente é mais fácil atrair um lado da rede — o chamaremos de "easy side" [lado fácil]. No entanto, a parte mais importante de qualquer rede inicial é atrair e reter o "hard side" [lado difícil] — a pequena porcentagem de pessoas que normalmente acabam fazendo a maior parte do trabalho dentro da comunidade. Por exemplo, a maior parte da Wikipédia foi escrita por uma pequena porcentagem de editores prolíficos. Um pequeno grupo de motoristas, cerca de 5% dos usuários da Uber, transporta a maior parte dentro do mercado de viagens compartilhadas. Os usuários são numerosos, mas engajam com menos frequência e intensidade. Para atrair o hard side, você precisa "Resolver um Problema Difícil" — projetar um produto que seja suficientemente atrativo para o subconjunto principal de sua rede. O Tinder fez isso para os usuários mais atraentes de sua rede, que usarei como exemplo.

O produto não somente precisa apelar para o hard side da rede, mas como discuto em "O Produto Incrível", os apps de rede mais bem-sucedidos às vezes também são simples. Eles evitam uma longa lista de recursos e, em vez disso, enfatizam as interações entre as pessoas que usam o app. O Zoom é apenas um exemplo. Embora houvesse uma longa lista de potenciais investidores e os especialistas do setor estivessem céticos em relação a um produto tão simples, o Zoom é um ótimo exemplo de um produto incrível que aproveita os efeitos da rede.

Quando o Problema Cold Start é solucionado, um produto é capaz de criar "momentos mágicos" de forma consistente. Os usuários abrem o produto e encontram uma rede pronta, o que significa que eles geralmente podem encontrar quem e o que eles estão procurando. Os efeitos de rede surgem e o mercado atinge o Ponto de Virada quando os usuários começam a chegar até você.

5
EFEITOS ANTIRREDE

Sucessos como o Slack cativam nossa imaginação — é incrível ouvir sua história de origem como uma startup de games fracassada e a jornada subsequente para uma aquisição de US$27 bilhões. No entanto, para cada lançamento bem-sucedido como o Slack, há muitos mais fracassos — e eles geralmente acontecem logo no início.

Os efeitos antirrede são a força negativa que leva as novas redes a falharem. Embora a indústria tenda a se concentrar nos resultados positivos dos efeitos de rede, no início eles são uma força destrutiva, impulsionada por um círculo vicioso — não virtuoso — em que novos usuários desistem do produto porque ainda não há usuários suficientes. No caso do Slack, não faz sentido usar esse produto até que seus colegas também estejam na plataforma. Já para o Uber, não é possível usar o serviço até que haja um número suficiente de motoristas parceiros, que não conseguirão aceitar corridas até que haja viagens suficientes. Essa primeira fase da criação de uma rede é a mais difícil, e alguns vão chamá-la de "dilema do ovo e da galinha" ou a necessidade de fazer "bootstrap" em uma comunidade. Eu a chamo de "Problema Cold Start".

Na mitologia clássica do sucesso de startups, um pequeno grupo de jovens fundadores está trabalhando em algum lugar, talvez em um loft no distrito comercial de um tech hub litorâneo descolado. Eles criam um produto incrível, que fornece uma nova maneira de as pessoas interagirem, seja um app de comunicação, uma forma de compartilhar documentos ou de comprar e vender um serviço. Quer eles saibam ou não, o produto tem uma rede e, portanto, efeitos de rede. Nessa mitologia, eles obviamente lançam o produto para o mundo, e a curva taco de hóquei é imediata. Ele gera um buzz incrível na imprensa de tecnologia e na comunidade mais ampla da internet. Futuramente, ele se espalha pelo mundo e é usado por muitos milhões de pessoas.

Essa mitologia convenientemente ignora a parte da história em que a rede está em subescala e carece de atividade. A realidade é que os novos produtos muitas vezes são recebidos por um bom pico inicial de usuários, mas isso cai a quase zero quando o hype passa. Talvez haja outro empurrão, que novamente não dá em nada. As pessoas não usarão o produto a menos que seus amigos estejam nele. Adicionam-se recursos fervorosamente, redobram-se os esforços de marketing, mas a rede nunca sai do lugar, e a equipe finalmente fica à deriva. Eles não resolveram o Problema Cold Start, e o resultado é o fracasso.

O Problema Cold Start é o primeiro desafio que as novas redes devem enfrentar. Vencer esse desafio inicial é muito difícil. Basta olhar para as métricas: existem dezenas de milhares de startups sociais, de comunicação e de mercado, mas apenas algumas dezenas se tornaram grandes empresas independentes. Já é difícil começar uma nova empresa, mas há ainda mais dificuldade nas dinâmicas de "o vencedor leva tudo" dessas categorias de produtos.

Ou então observe as startups de marketplace como uma subcategoria de produtos. Em uma análise recente de Andreessen Horowitz das cem principais startups do mercado, apenas quatro dos principais produtos geram 76% de toda a receita bruta — há uma imensa concentração no topo. Outras categorias, como redes sociais e ferramentas de colaboração funcionam da mesma forma, em que apenas um punhado de produtos criou um público de mais de 1 bilhão de usuários. No entanto, essas categorias permanecem atraentes porque produzem as empresas mais valiosas do mundo e moldam a indústria de tecnologia em que vivemos e trabalhamos. Compreender essas dinâmicas é a chave para entender o futuro.

Quanto É Suficiente?

A experiência do primeiro usuário do Slack em um local de trabalho não será boa se não houver outros usuários. Mas e se eles acharem outro colega de trabalho usando o Slack? Isso basta, ou será que precisarão de mais um? De quantos você realmente precisa? Stewart Butterfield, CEO da Slack, respondeu a essa pergunta para mim:

> *O Slack funciona com apenas duas pessoas, mas é preciso três para fazê-lo operar efetivamente. Existem grupos que estão há muito tempo com três pessoas e que são estáveis — esse é o mínimo necessário para ser chamado de cliente.*

E também importa a forma como os usuários do Slack engajam. Não basta se inscrever, também precisam interagir. Eventualmente eles atingirão um limiar no futuro — para o Slack, foram aproximadamente 2 mil mensagens — e então não abandonarão mais o produto e o continuarão utilizando:

> *"Com base em nossa experiência de quais empresas permaneceram conosco e quais não, decidimos que qualquer equipe que tenha trocado 2 mil mensagens em sua história tentou de fato usar o Slack", afirma Butterfield. "Para uma equipe de cerca de 50 pessoas, isso significa cerca de 10 horas de mensagens. Para uma equipe-padrão de 10 pessoas, isso é talvez uma semana de mensagens. Mas nos ocorreu que, independentemente de qualquer outro fator, após 2 mil mensagens, 93% desses clientes ainda estão usando o Slack hoje."* [9]

Essa ideia pode ser generalizada para uma ampla variedade de produtos além do Slack.

Sua rede precisa de quantos usuários para que a experiência do produto se torne boa? Um jeito de responder a isso: as empresas devem fazer uma análise sobre o tamanho de suas redes (no eixo X) plotadas em relação a um conjunto de métricas de engajamento importantes (no eixo Y). Para a Uber, esse gráfico mostrou que mais motoristas geralmente implicavam um tempo de espera menor e, portanto, em mais usuários — pelo menos até certo ponto. A diferença entre dois minutos para conseguir um carro ou um minuto para obter um carro gera retornos decrescentes em um certo ponto. A famosa máxima de crescimento do Facebook, "10 amigos em 7 dias", é uma expressão da mesma ideia.

Os usuários que entram com amigos têm maior retenção, então o ideal é maximizá-la, pelo menos até um ponto de retornos decrescentes. Analise o suficiente e alguns padrões interessantes aparecerão — você verá a dobra na curva que informa quanta densidade de rede é necessária para aumentar efetivamente o uso. Todo produto tem esse limiar, embora alguns exijam números mais altos e outros, mais baixos. O Zoom também é uma ferramenta de comunicação no local de trabalho e tem um requisito de limite baixo para formar uma rede estável. Eric Yuan, CEO da Zoom, me disse:

> *Você só precisa de duas pessoas. Aquele que quer ligar para alguém e aquela que quer falar — isso é o suficiente para que o Zoom seja útil para ambas as pessoas e para que elas continuem a usá-lo.*[10]

O Airbnb e a Uber, por outro lado, são mercados bilaterais que exigem mais de uma ou duas partes envolvidas, dadas as restrições hiperlocais. Para esses casos, a escolha é muito importante — talvez seja preciso conferir dezenas de anúncios diferentes do Airbnb ou solicitar carros de muitos bairros diferentes da cidade. Como resultado, os números para chegar a uma boa experiência de produto são muito maiores — para o caso do Airbnb, Jonathan Golden, um funcionário antigo da empresa, comentou:

> *Nate Blecharczyk, o cofundador, é altamente quantitativo e determinou que trezentos anúncios, com cem avaliados, eram o número mágico para ver o crescimento decolar em um mercado.*[11]

A Uber tenta otimizar com base na rapidez com que os clientes recebem os seus veículos, com base na métrica de ETAs — a hora de chegada estimada. Chris Nakutis Taylor, um dos primeiros gerentes gerais da Uber, descreve sua importância:

> *A princípio, as ETAs sempre eram terríveis. Mais de 15 minutos em algumas áreas, especialmente nos bairros residenciais. Havia outra métrica-chave; ter ETAs abaixo de 3 minutos em média, o mais rápido possível, em toda a cidade.*
>
> *Se for possível controlar as ETAs, os pedidos não atendidos e escalar isso rapidamente, o mercado será saudável.*[12]

William Barnes, outro ex-gerente geral (um dos primeiros cinquenta funcionários e lançou Los Angeles), descreve o cálculo ad hoc inicial:

> *A estratégia era: "vamos colocar um monte de carros na estrada" e tentar colocar suas ETAs e a taxa de conversão de solicitações (a % que completa uma viagem) em níveis razoáveis. Em LA e em outras grandes cidades, o objetivo era tentar colocar 15–20 carros online na estrada ao mesmo tempo. O lançamento de LA foi notoriamente caro, porque trabalhamos duro para conseguir fazer isso tudo em West Hollywood no lançamento.*[13]

Quanto maiores os requisitos, mais difícil é começar, mas o produto será mais defensável em longo prazo. No caso da Uber, por mais que os críticos tenham argumentado aqui e acolá que a empresa não tem defensibilidade e efeitos de rede, hoje ela sustenta uma grande vantagem sobre os iniciantes que não conseguem mais resolver o Problema Cold Start da mesma maneira.

Conceitualmente, entender que um produto tem um limiar crítico é útil, mas, falando pragmaticamente, o que fazer com essa métrica? Para novos produtos, é importante ter uma hipótese para o tamanho da rede antes mesmo de começar. Os apps de comunicação podem ser 1:1, então a rede é pequena e é possível planejar de acordo. Compare isso com produtos altamente assimétricos, com criadores e espectadores de conteúdo, ou mercados com compradores e vendedores — é provável que eles exijam um número muito maior para atingir o limiar e um esforço muito maior para começar. O tamanho de uma rede inicial ajuda a determinar uma estratégia de lançamento.

O Antídoto para o Problema Cold Start

Resolver o Problema Cold Start requer que uma equipe inicie uma rede e crie densidade e amplitude suficientes para que a experiência do usuário possa melhorar velozmente. No caso do Slack, é possível pensar como é provável que a pessoa que você está procurando dentro de sua empresa use o produto e qual é a probabilidade de ela responder. Se a rede for pequena e esparsa, pode não ser possível enviar uma mensagem para quem você quer ou quando quer, porque essas pessoas o usam com pouca frequência, não respondem rapidamente. Seu colega de trabalho apenas perguntará por que você não enviou um e-mail.

Se adicionar mais pessoas, mas as pessoas erradas, então ainda não será suficiente. Você precisa das pessoas certas na rede. Dez pessoas usando o Slack, todas da mesma equipe, são melhores do que dez pessoas aleatórias em uma empresa maior. Densidade e interconectividade são fundamentais.

No futuro, depois de adicionar usuários suficientes à rede do Slack, ele se torna a maneira-padrão de entrar em contato com alguém no escritório. Você pode usá-lo para mensagens individuais, mas comece a usá-lo também para compartilhar agendas de reuniões em teleconferências, resumir resultados, e uma infinidade de outras formas de utilização. O engajamento, a retenção e a monetização aumentam. Não é mágico — não é um interruptor binário que o leva de uma rede de subescala para uma funcional. Em vez disso, parece uma série gradual de melhorias nas métricas principais à medida que a rede se preenche.

A solução para o Problema Cold Start começa por entender como adicionar um pequeno grupo de pessoas certas ao mesmo tempo que usem o produto da maneira correta. Tirar essa rede inicial do chão é a chave, e a chave é a "rede atômica" — a menor rede estável a partir da qual todas as demais redes podem ser construídas.

6
A REDE ATÔMICA

Cartões de Crédito

Se você estudar o lançamento de produtos com efeitos de rede, verá que um dos tópicos mais comuns é que eles geralmente começam pequenos, em uma única cidade, campus universitário ou em pequenos testes beta em empresas individuais — como foi com o Slack. Eles só conseguirão ganhar tração ao longo do tempo e conquistar o mundo assim que conseguirem estabelecer uma rede pequena.

Se for possível criar uma rede estável e engajada que possa se sustentar — uma rede atômica —, provavelmente será possível construir uma segunda rede adjacente à primeira. E se der para construir uma, e então duas, provavelmente dará para construir dez ou cem redes. Copie e cole isso muitas vezes, e será possível construir uma enorme rede interconectada que abrange todo o mercado.

Para empresas como a Uber, que existem tanto offline quanto online, pode parecer óbvio que uma abordagem cidade a cidade seja a estratégia certa. Mas há uma história de produtos como o Tinder e o Facebook crescendo a partir de comunidades universitárias unidas, bem como empresas B2B como o Slack que crescem de equipe a equipe dentro de uma empresa maior. Há uma razão para isso, e neste capítulo vou explicar por que, começando com uma das invenções mais importantes do século passado.

O Lançamento do Primeiro Cartão de Crédito

Há um exemplo fantástico de rede atômica que não vem da indústria de tecnologia, mas, sim, do financiamento ao consumidor: a invenção do primeiro cartão de crédito, em 1958.

Alex Rampell, meu colega na Andreessen Horowitz focado em fintech, foi quem me contou pela primeira vez sobre a criação do cartão. Em um ensaio sobre o tema, Alex escreve:

> *Cartões de crédito e de pagamento são indiscutivelmente a rede mais valiosa do mundo, com pelo menos US$1 trilhão de valor de mercado negociado publicamente. Em 18 de setembro de 1958, tudo começou na pequena cidade de Fresno, Califórnia.*
>
> *Na época, havia "cartões de cobrança", como o Diner's Club, mas ele não fornecia "crédito". Para os consumidores, as linhas de crédito eram específicas de um comerciante (como a Sears) ou eram concedidas em um processo cansativo. Se alguém quisesse um empréstimo, tinha que ir ao banco pessoalmente.*[14]

Os cartões de crédito têm efeitos de rede pelas mesmas razões que os mercados: agregam consumidores, comerciantes e outras instituições financeiras como uma rede multifacetada. Todos na rede se beneficiam, particularmente o consumidor, que pode fazer compras sem levar dinheiro físico. Comerciantes e bancos também ficam satisfeitos. E quanto maior a rede fica — o que implica mais consumidores, mais lugares onde os cartões de crédito são aceitos etc. —, mais útil é a rede. Isso, por sua vez, leva novos comerciantes e consumidores a adotá-la.

O Bank of America inventou o cartão de crédito e escolheu Fresno, Califórnia, como o primeiro local de teste, e focaria apenas essa cidade. Por quê?

> *Fresno foi escolhida como o primeiro local de teste, em parte por causa de seu tamanho — tendo uma população em torno de 250 mil, a cidade ofereceu a massa crítica que o banco considerava necessária para fazer um cartão de crédito funcionar — e em parte porque 45% das famílias de Fresno, um número impressionante, faziam negócios com o Bank of America.*[15]

Para fazer o produto chegar às mãos dos consumidores, Joseph Williams, do Bank of America, que liderou o projeto, conduziu o primeiro envio em massa de cartões de crédito não solicitados do mundo. Alex descreve isso mais detalhadamente:

> *Em 18 de setembro, o banco enviou a 60 mil residentes de Fresno um BankAmericard. Não houve processo de cadastro. O cartão simplesmente chegou à caixa de correio, pronto para uso. As taxas de cartão de crédito para os comerciantes foram fixadas em 6% e os consumidores receberam entre US$300 e US$500 em crédito instantâneo. Havia uma certa genialidade por trás dessa postagem para 60 mil pessoas: no dia 1, os titulares de cartões simplesmente existiam. Isso permitiu que o Bank of America cadastrasse todos os comerciantes que ainda não tinham programas de cartão de crédito. O BofA se concentrou em pequenos comerciantes de bens de consumo rápido, como a Florsheim Shoes, não gigantes como a Sears. Mais de 300 comerciantes de Fresno se cadastraram.*
>
> *Em três meses, o Bank of America expandiu sua base de clientes para Modesto, no norte, e Bakersfield, no sul. Em um ano, acrescentou São Francisco, Sacramento e Los Angeles. Treze meses após a postagem inicial de Fresno, o banco emitiu 2 milhões de cartões e integrou 20 mil comerciantes.*

O conceito de uma rede atômica está evidente. Embora o Bank of America tenha atendido a Califórnia inteira, não se concentrou em tentar lançar em todo o estado de uma só vez, mas, sim, em Fresno, uma cidade onde eles tinham um alto grau de penetração. Além disso, eles se concentraram em um momento no tempo — o Bank of America emitiu todos os cartões de crédito no mesmo dia, para que houvesse um ponto de virada em que pessoas estivessem com os cartões em suas carteiras, prontas para usá-los. E depois de colocá-los nas mãos dos consumidores, se concentrou em um segmento específico de pequenos comerciantes no corredor do centro da cidade para completar o outro lado da rede. Esses movimentos simultâneos foram combinados para criar a primeira rede atômica de cartões de crédito, iniciando uma das redes mais valiosas de todos os tempos.

A Rede Atômica

Seja para cartões de crédito, jogos multiplayer ou software de colaboração empresarial, a "rede atômica" é a menor rede necessária que pode existir por conta própria. Ela precisa ter densidade e estabilidade suficientes para romper os primeiros efeitos antirrede e, em última análise, crescer por conta própria. Eu a comparo a um átomo, porque é a unidade sobre a qual redes maiores são construídas. Se você pode construir uma, e depois outra, pode construir o resto da rede — essa é a unidade base para montar todo o resto.

No caso do Slack, a rede atômica era bem pequena. O limiar era apenas a equipe — menos de dez pessoas em uma única empresa pode ser suficiente —, e haveria chat suficiente para sustentar o engajamento do usuário. Compare isso com o cartão de crédito, que precisava ser lançado em uma cidade inteira para dar certo. No fim das contas, eles teriam que contar com uma massa crítica de varejistas e consumidores, e fez sentido trazer a maior parte de um distrito comercial do centro como parte da estratégia.

Para construir uma rede atômica é preciso uma mistura de diferentes ferramentas. Temas comuns aparecem quando você observa o forte lançamento da rede do Slack, bem como os sucessos em marketplaces, redes sociais, plataformas de desenvolvedores e dezenas de outras categorias. Muitos deles são contraintuitivos: o produto em rede deve ser lançado em sua forma mais simples possível — sem completude de recursos — para que ele tenha uma proposta de valor simples. O objetivo deve ser construir uma rede atômica minúscula — a menor possível, mas que faça sentido — e focar a construção de densidade, ignorando a objeção de "tamanho do mercado". E, finalmente, a atitude na execução do lançamento deve ser "fazer o que for preciso" — mesmo que seja não escalável ou não lucrativo — para obter impulso, sem se preocupar com como escalar.

Incorporada à estratégia do Slack e à estratégia de muitos produtos em rede em estágio inicial, está uma série de estímulos de curto prazo — muitas vezes chamados de "growth hacks" — que são importantes na formação das redes atômicas iniciais. No caso do Slack, foi o seu incrível buzz dentro da comunidade de startups que o adotaram no início, e o seu lançamento apenas por convite. Há outros exemplos famosos: a taxa de indicação de US$5 que acelerou a rede original do PayPal ou o vídeo de demonstração do Dropbox no Hacker News que criou uma enorme fila de pessoas entusiasmadas para experimentar o produto mágico de armazenamento em nuvem. Ou as promoções do "Uber Ice Cream", que permitiram que as pessoas pedissem sorvete sob demanda pelo app de viagem compartilhada. Nos primeiros dias, os jornais locais e as mídias sociais costumavam cobrir a promoção do sorvete, e isso ajudou a construir a rede de compartilhamento de viagens. Cada um desses growth hacks deu um impulso importante e rápido que estabeleceu uma rede atômica, iniciando o crescimento futuro.

Assim que surge a possibilidade de se construir uma única rede atômica, torna-se simples construir muitas outras repetindo o mesmo padrão. Para o Slack, uma equipe que o adotasse no início poderia começar a usar o produto regularmente até que ele começasse a crescer organicamente dentro da empresa. Posteriormente, toda a empresa se atualiza como um cliente pagante. E isso se repetia. Os primeiros clientes do Slack eram outras startups, mas depois redes atômicas começaram a se formar dentro de clientes maiores, como a IBM ou outras empresas da Fortune 500. Uma vez que o Slack pudesse construir uma rede densa que sustentasse uma única equipe, poderia cobrir a empresa toda.

Por que Começar com um Nicho Funciona

A rede atômica é um ponto de vista complementar à Teoria da Disrupção, de Clayton Christensen. Essas pequenas redes geralmente crescem em nichos, crescendo lentamente para assumir todo o mercado. Chris Dixon, meu colega da a16z, resumiu a ideia em um ensaio intitulado, apropriadamente, "The next big thing will start out looking like a toy" [A próxima "grande coisa" a princípio parecerá um brinquedo, em tradução livre].

> *As tecnologias disruptivas são tratadas como brinquedos porque, quando são lançadas pela primeira vez, "subestimam" as necessidades do usuário. O primeiro telefone só podia levar vozes a menos de dois quilômetros. A principal empresa de telecomunicações da época, a Western Union, não quis adquirir o telefone porque não viu como ele poderia ser útil para empresas e ferrovias — seus principais clientes. O que eles não conseguiram antecipar foi a rapidez com que a tecnologia e a infraestrutura de telefonia melhorariam (a adoção da tecnologia geralmente não é linear, devido aos chamados efeitos de rede complementares). O mesmo era válido sobre como as empresas de mainframe viam o PC (microcomputador) e como as empresas de telecomunicações modernas viam o Skype.*[16]

Eu acho que Chris está certo, mas eu estenderia essa ideia ainda mais para o público-alvo. Não é só o produto que a princípio parecerá um brinquedo, mas como um corolário da Teoria da Disrupção, há um enorme benefício em escolher um ponto de partida menor e mais direcionado. Monte esta rede de nicho inicial, estabeleça uma rede atômica e cresça a partir daí. Em outras palavras:

> *A próxima grande coisa, a princípio, parecerá útil a uma rede de nicho.*

Os produtos em rede geralmente parecem brinquedos e, além disso, brinquedos para um nicho estranho. É por isso que são fáceis de subestimar. As redes atômicas se formam em públicos de nicho como adolescentes ou jogadores, e captam um monte de buzz, mas ainda não fica claro se serão interessantes para o mainstream. Porém isso pode mudar em breve, à medida que a rede é construída. Enquanto isso, você não está no público-alvo, e tudo bem.

Subestimar novos produtos dessa forma é a maneira número um de fazer previsões idiotas na indústria de tecnologia. É o que leva os especialistas a dizer que um produto não funcionará, que não é interessante ou que tem um pequeno tamanho de mercado — e em seguida esse produto prova que eles estão errados em apenas alguns anos. Essas previsões errôneas são compreensíveis, porque é difícil para um produto fazer eco quando sua rede não inclui você, amigos ou colegas. O mercado endereçável parecerá pequeno e até que as pessoas relevantes comecem a usá-lo, parecerá que o produto não foi feito para você. Não é que mudanças de produto sejam necessárias — é que a rede precisa ocupar espaço até o ponto em que as pessoas e o conteúdo sejam relevantes.

Escolhendo Sua Rede Atômica

O primeiro passo para lançar uma rede atômica é ter uma hipótese sobre como ela pode ser. Meu conselho: a primeira rede atômica do seu produto é provavelmente menor e mais específica do que você pensa. Não um segmento enorme de usuários, nem um segmento de cliente específico, nem uma cidade, mas algo minúsculo, talvez na ordem de centenas de pessoas, em um momento específico no tempo. Foi assim para a Uber; hoje falamos de suas redes como "São Francisco" ou "Nova York", mas nos primeiros dias, o foco foi em momentos breves e efêmeros, algo como "17h na estação de Caltrain na 5th com a King St." Os gerentes gerais e o setor de Driver Operations tinham uma ferramenta interna chamada Starcraft — referindo-se ao game de estratégia em tempo real popular na época — que lhes permitia clicar em um grupo de carros, enviar uma mensagem de texto dizendo "Vão para o trem, muitos passageiros!" e direcioná-los em tempo real.

Uma vez que as viagens começam a acontecer de forma consistente nesses momentos, a discussão pode mudar e se concentrar na rede mais ampla definida pelos 11 quilômetros quadrados da cidade e, em seguida, adicionar os bairros residenciais de East Bay e do Vale do Silício como o próximo passo. Anos depois, uma empresa pode falar sobre cobrir países inteiros ou megarregiões, como Europa, Oriente Médio e África ou Ásia-Pacífico, mas nos primeiros dias, é sobre algo muito mais focado; construir o menor grupo possível.

Considerando que nosso jargão típico de negócios gira em torno de agregações de milhões de pessoas — geralmente é isso que queremos dizer quando falamos de "mercados", "segmentos" e "demografia" —, a linguagem de lançar novas redes deve ser focada em agrupamentos de um punhado de pessoas, com a intenção certa, na situação certa, no momento certo. Isso vale para apps de namoro, mercados, até mesmo em produtos voltados ao local de trabalho. Um exemplo seria "O ciclo de planejamento Q2 na equipe de produtos no Chase Bank".

Quanto mais usuários você precisar para chegar a uma rede atômica, mais difícil será criá-la. Existem produtos em rede com pequenos requisitos de tamanho, por exemplo, o telefone, um produto de comunicação como Snapchat ou Zoom para videoconferência. Isso torna muito mais fácil começar — porque desde que você consiga que cada novo usuário encontre um amigo que já esteja na rede ou convide um amigo, ela dará certo. Não é de admirar que esses também sejam alguns dos produtos mais populares e de crescimento mais rápido. Mas também há desvantagens, porque o que é mais fácil para você será mais fácil para seus concorrentes — eles também só precisam de alguns usuários para começar, e é por isso que existem tantos apps de mensagens e recursos de chat dentro de produtos maiores.

Vamos olhar para a outra extremidade do espectro sobre o tamanho da rede. Existem produtos empresariais como o Workday (uma ferramenta de gestão financeira de RH), que exigem que a empresa os implemente antes que haja qualquer valor. Para esses casos, uma estratégia de crescimento viral é difícil, porque não é suficiente conseguir alguns usuários de cada vez. Se você precisar de centenas de usuários na mesma plataforma ao mesmo tempo, é necessária uma coordenação em toda a empresa. Nessa situação, uma venda corporativa de cima para baixo que obtenha uma empresa que exija que todos usem o seu produto pode funcionar melhor.

O Poder das Redes Atômicas

Crescer de cidade a cidade, campus a campus ou equipe a equipe é uma estratégia surpreendentemente poderosa. Isso leva a conexões densas e orgânicas de usuários que fortalecem os efeitos de rede em várias dimensões: o engajamento aumenta, porque os usuários são mais propensos a encontrar outros usuários relevantes. O crescimento viral aumenta quando os usuários potenciais de um produto veem que amigos e colegas estão usando o serviço. No exemplo anterior, do lançamento do cartão de crédito do Bank of America, concentrar-se em uma cidade de cada vez tornava mais provável que os clientes encontrassem comerciantes locais que aceitassem esse novo método de pagamento. Compare isso com o fato de que quando você amplia seus esforços em toda uma indústria ou região, as partes ativas da rede se dissipam rapidamente à medida que os efeitos antirrede surgem, porque uma rede de mil usuários aleatórios do Slack terá menos retenção do que mil usuários dentro da mesma empresa.

O conceito de redes atômicas é poderoso porque, se você pode construir uma, provavelmente pode construir duas. Cada criação subsequente se torna mais fácil, porque cada rede pode se entrelaçar com a próxima — o sucesso do Slack dentro de uma empresa pode ajudá-la a se tornar bem-sucedida em outra, à medida que os funcionários se movimentam e apresentam o produto a novos locais de trabalho. Os primeiros lançamentos do Facebook no campus se tornaram mais fáceis com o tempo, à medida que os amigos dos alunos em diferentes universidades começaram a exigir cada vez mais o produto. Construa algumas redes atômicas e, em breve, poderá copiá-las e colá-las em muitos mercados.

Há uma grande questão no centro de tudo isso: primeiramente, o que é preciso para construir uma rede atômica? Por que é tão difícil? Para responder a isso, começarei com um subsegmento importante de cada rede que precisa ser atingido para que funcione.

7
O HARD SIDE
Wikipédia

Mesmo no início de uma rede atômica, há uma dinâmica importante e surpreendente em jogo que só aumenta com o tempo: há uma minoria de usuários que cria valor desproporcional e, como resultado, tem poder desproporcional.

Esse é o "hard side" da sua rede. Eles trabalham mais e contribuem mais para sua rede, mas são muito mais difíceis de adquirir e reter. Para as redes sociais, frequentemente são os criadores de conteúdo, que geram a mídia que todos consomem. Para lojas de apps, são os desenvolvedores, que criam os produtos. Para aplicativos corporativos, são os gerentes que autorizam e criam documentos e projetos e que convidam colegas de trabalho a participar. Para os marketplaces, geralmente são os vendedores e provedores que passam o dia inteiro atraindo usuários com seus produtos e serviços.

Às vezes, o hard side é óbvio, mas encorajo você a pensar profundamente sobre qual lado é qual, porque isso pode ter nuances. Por exemplo, os mercados de oferecimento de vagas de emprego em larga escala são invertidos em comparação com a maioria dos outros mercados. As empresas que procuram contratar — os compradores — é que são o hard side, enquanto a oferta de talentos é geralmente mais fácil de adquirir.

Você pode olhar para um produto e pensar que sua rede não tem lados. Às vezes, isso aparece na indústria como redes unilaterais, como apps de mensagens e redes sociais. Mas mesmo nesses casos há usuários ativos e extrovertidos que iniciam conversas e organizam encontros, e há quem não faça isso. Quase todas as redes têm, e o hard side deve estar satisfeito para que a rede funcione. Quando isso dá certo, eles geram o que os acadêmicos costumam chamar de "efeitos de rede cruzados" — quando mais usuários de um lado da rede beneficiam o outro lado. Na Uber, mais motoristas ajudam a reduzir os preços e as estimativas de chegada dos usuários e mais passageiros contribuem para o ganho de mais dinheiro para o outro lado.

Não é necessário dizer que conquistar o hard side da rede e mantê-lo satisfeito é fundamental para manter uma rede atômica. Para entender as motivações desses usuários, vamos descrever um dos maiores produtos em rede já construídos — a Wikipédia.

Os Voluntários que Construíram a Wikipédia

A Wikipédia é um dos maiores sites da internet, muitas vezes ranqueado como na oitava ou nona posição, dependendo do mês, logo acima da Amazon e da Netflix, e bem acima do eBay e do LinkedIn. Ele gera mais de 18 bilhões de visualizações de página e 500 milhões de visitantes únicos por mês, com artigos em uma enorme variedade de tópicos. É um produto em rede, com visitantes procurando conteúdo e editores contribuindo com artigos. E os editores contribuíram imensamente — desde a fundação da Wikipédia em 2001, mais de 55 milhões de artigos foram escritos no site. A própria Wikipédia lista alguns fatos sobre seu tamanho em comparação com as enciclopédias em papel:

> *Atualmente, só a Wikipédia inglesa tem mais de 6.308.342 artigos de qualquer tamanho, e as Wikipédias combinadas em todos os outros idiomas excedem em muito a Wikipédia inglesa em tamanho, somando mais de 29 bilhões de palavras em 55*

milhões de artigos em 309 idiomas. Só a Wikipédia inglesa tem mais de 3,9 bilhões de palavras, e tem mais de 90 vezes mais palavras que a Encyclopaedia Britannica *de 120 volumes em sua versão em inglês.*[17]

Pode surpreendê-lo saber que toda a Wikipédia — com mais de 55 milhões de artigos — foi escrita por um pequeno grupo de usuários. Não apenas pequeno, na verdade, mas minúsculo. Embora existam centenas de milhões de usuários, há apenas cerca de 100 mil colaboradores ativos por mês, e quando se olha para o pequeno grupo de escritores que fazem mais de 100 edições em um mês, são cerca de 4 mil pessoas. Em proporção, isso significa que os colaboradores ativos representam apenas 0,02% do conjunto total de espectadores.

Vale a pena estudar as motivações desses colaboradores. Dentro do grupo mais hiperativo de editores está um colaborador chamado Steven Pruitt, um oficial de registros e informações para a Alfândega e Proteção de Patrulha de Fronteira dos EUA. Steven edita a Wikipédia em seu tempo livre, mas quando digo tempo livre, é quase como um trabalho a tempo parcial. A CBS News cobriu suas contribuições para a Wikipédia em 2019, como o editor com mais edições na Wikipédia em inglês:

> *Steven Pruitt fez quase 3 milhões de edições na Wikipédia e escreveu 35 mil artigos originais. Isso lhe rendeu não apenas elogios, mas um status quase lendário na internet.*
>
> *Pruitt foi nomeado uma das pessoas mais influentes na internet pela revista Time em parte porque um terço de todos os artigos em língua inglesa na Wikipédia foram editados por Steven. Uma façanha incrível, inflamada por um fascínio por sua própria história.*
>
> *Extraindo conteúdo de livros, revistas acadêmicas e outras fontes, ele passa mais de três horas por dia pesquisando, editando e escrevendo.*[18]

E quanto ele ganha fazendo isso? Nada. É um editor voluntário. Embora possa parecer estranho para alguns de nós passar horas por dia escrevendo na Wikipédia, quando se observa produtos gerados por usuário, essa é a norma, não a exceção. Há quase 100 milhões de usuários na Uber, mas apenas alguns milhões de motoristas parceiros. Existem 2 bilhões de usuários ativos no YouTube, mas apenas alguns milhões fazem upload de vídeos. Pense até mesmo em todas as pessoas que escrevem documentos e fazem apresentações em comparação com quem apenas os visualiza ou realiza pequenas edições. Essa relação existe em todos os lugares.

Easy Side versus Hard Side

Por que há um hard side em tudo? Eles existem porque há tarefas em qualquer produto em rede que simplesmente exigem mais trabalho, seja vendendo produtos, organizando projetos ou criando conteúdo. Os usuários do hard side têm fluxos de trabalho complexos, esperam benefícios de status, resultados financeiros e testarão produtos competitivos para compará-los. Como resultado, suas expectativas são maiores e é difícil engajá-las e retê-las.

A boa notícia é que o hard side da rede cria muito mais valor. Como exemplo extremo, é possível olhar para uma plataforma como a Steam, da Valve, que permite que os usuários comprem e baixem jogos — essa é uma espécie de rede bilateral em que o hard side da rede são os desenvolvedores de jogos. O melhor desenvolvedor de jogos da plataforma pode criar um único conteúdo que é baixado milhões de vezes e requer dezenas de milhões de dólares de investimento e centenas de pessoas para criar. Num exemplo menos extremo de criação de valor, os melhores motoristas da Uber trabalharão muitas vezes mais horas do que o motorista médio (que trabalha em meio período), mas a diferença não é tão acentuada como com um bem digital, como conteúdo ou um app. Em ambos os casos, porém, os desenvolvedores de jogos e motoristas têm que empenhar muito mais esforço do que os consumidores de ambos os serviços. Este segundo grupo geralmente compõe o easy side de uma rede e é normalmente mais barato e fácil atraí-los e retê-los.

Como o hard side é de importância fundamental, é imperativo ter hipóteses sobre como um produto atenderá a esses usuários desde o primeiro dia. Um novo produto bem-sucedido deve ser capaz de responder a perguntas detalhadas: quem é o hard side da rede e como usará o produto? Qual é a proposta de valor única para o hard side (e, por sua vez, para o easy side da rede)? Como eles ficam sabendo do app e em que contexto? Para os usuários do hard side, por que eles o usarão com mais frequência e se envolverão mais conforme a rede se expande? O que os torna adeptos da sua rede, de modo que fiquem com o seu produto mesmo se uma nova rede surgir? Estas são respostas difíceis e requerem uma compreensão profunda das motivações dos usuários.

As motivações do hard side dependem da categoria do produto — os criadores de conteúdo têm objetivos diferentes dos vendedores do mercado. Quem utiliza ferramentas de colaboração no local de trabalho tem mais um conjunto de motivações. Compreender esses diversos pontos de vista facilita atendê-los.

O Hard Side dos Apps de Conteúdo Social

Os criadores de conteúdo são o núcleo de uma ampla classe de produtos em rede cuja base é criar, compartilhar e consumir conteúdo. Esses são alguns dos produtos de crescimento maior e mais rápido no mundo, com bilhões de usuários ativos mensais, como o TikTok, a Twitch, o YouTube e o Instagram. Como abordei anteriormente, a Wikipédia também se enquadra nessa categoria — e eles são uma pequena fatia de uma rede muito maior de usuários.

Em um ensaio famoso chamado "Creators, Synthesizers and Consumers" [Criadores, sintetizadores e consumidores, em tradução livre], Bradley Horowitz, agora vice-presidente de produtos do Google, descreveu o 1% dos usuários que criam em comparação com todos os outros:

- 1% da população de usuários pode iniciar um grupo (ou um segmento dentro de um grupo).

- 10% da população de usuários pode participar ativamente e, na verdade, ter conteúdo autoral, seja iniciando uma thread ou respondendo a uma em andamento.
- 100% da população de usuários se beneficia das atividades dos grupos acima (lurkers)[19].

Isso é frequentemente chamado de regra 1/10/100, e não é surpresa que os 1% dos usuários altamente engajados sejam extremamente valiosos. Para o YouTube, o Instagram e outras plataformas de compartilhamento de conteúdo, há uma curva similar à "lei de potência" na qual 20% dos principais influenciadores e criadores de conteúdo ficam com a grande maioria do engajamento. Eles atraem milhões de seguidores e criam conteúdo que gera dezenas de milhões de visualizações.

Isso descreve o que acontece, mas não o porquê. Mais recentemente, Evan Spiegel, CEO e cofundador da Snap, descreveu sua compreensão da pirâmide de criação de conteúdo para o Snap e o Instagram versus o TikTok:

Você pode imaginar uma pirâmide, se quiser, de tecnologia de internet ou tecnologia de comunicação, cuja base é a autoexpressão e a comunicação. E é disto que se trata o Snapchat: falar com seus amigos, o que é algo que todos se sentem confortáveis em fazer. Eles apenas expressam como se sentem.

À medida que a pirâmide fica mais estreita, você tem a próxima camada, que é o status. A mídia social em sua construção original trata-se basicamente de status, de mostrar quem você é, de as pessoas o acharem legal, de receber curtidas e comentários, esse tipo de coisa. E isso é menos acessível à ampla base da humanidade, e tem uma base mais estreita de atratividade. [Há uma] frequência mais limitada de engajamento, porque as pessoas só fazem coisas legais uma vez por semana ou uma vez por mês, e não todos os dias.

> *No topo da pirâmide, que eu acho que é representado pelo TikTok, está o talento de verdade. Pessoas que passaram algumas horas aprendendo uma nova dança ou pensam em uma nova maneira criativa engraçada de contar uma história. Eles estão realmente criando mídia para entreter outras pessoas. Acredito que esse grupo é ainda mais estreito...*[20]

Na pirâmide de Spiegel, as pessoas têm necessidades emocionais — seja autoexpressão, status ou comunicação — e criam diferentes formas de conteúdo para atendê-las. Enviar uma foto efêmera é fácil, particularmente uma selfie, qualquer um pode fazer isso. Mas gastar horas para aprender uma nova dancinha no TikTok é difícil, e nem todos podem fazê-lo. Quanto mais difícil for o trabalho necessário para fazer parte do hard side de uma rede, menor será a porcentagem de usuários que participarão.

Para o Snapchat, há a simples proposta de valor de se comunicar com seus amigos e aprofundar o relacionamento com eles ao longo do tempo — essa é a utilidade. No entanto, em muitas outras plataformas, particularmente apps de "transmissão", nos quais se compartilha vídeos ou fotos amplamente, a proposta de valor é ostentar status. Não é de admirar que nossos feeds do Instagram sejam fotos de aventuras em viagens, de carros, shows, exercícios e assim por diante. Os usuários se tornam viciados no "loop de feedback social" — você publica conteúdo e outros o veem e engajam na forma de curtidas, compartilhamentos e comentários. Quando esse feedback é positivo, ele leva o criador a gerar ainda mais conteúdo.

O loop de feedback social é um conceito central porque a rede criador/espectador é tão onipresente quanto uma estrutura de rede. Também vemos essa estrutura em categorias além do compartilhamento de conteúdo. Podemos observar essas motivações entre indivíduos que organizam chats em grupo no WhatsApp, eventos em plataformas como a Eventbrite, escritores que enviam newsletters por e-mail, clientes que gostam de avaliar seus restaurantes favoritos no Yelp e assim por diante. Dentro dessas plataformas, basta perguntar a si mesmo: "Se um conteúdo fosse criado e ninguém o visse, o criador ficaria desapontado?" Se a resposta for sim, o feedback social é um valor fundamental. A combinação de ferramentas, agregação de público e um produto em rede é o que é necessário para desbloquear o hard side dessas redes — é tudo sobre os criadores de conteúdo.

Os criadores de conteúdo são apenas um exemplo do hard side. Eles também existem nos marketplaces, ferramentas de colaboração no local de trabalho, jogos multiplayer e outras categorias. As motivações de cada conjunto são idiossincráticas para suas respectivas categorias — vendedores em um marketplace podem se concentrar na criação de receitas enquanto jogos multiplayer podem ser orientados em torno de status e diversão. É importante se concentrar nessa pequena fatia de usuários para que as mensagens, a funcionalidade do produto e o modelo de negócios estejam todos alinhados para atendê-los. Sem esse grupo, a rede atômica entrará em colapso — uma rede social não pode existir sem seus criadores de conteúdo, e um mercado não pode existir sem vendedores.

O Hard Side Nanico da Wikipédia

O hard side da rede da Wikipédia é minúsculo — apenas 0,02% dos usuários altamente motivados criam o conteúdo para o resto da rede. Não é a pirâmide 1/10/100 que citei anteriormente, mas algo ainda mais extremo. Atrair e reter criadores de conteúdo é fundamental. Suas motivações podem parecer incomuns — certamente não são econômicas, pois os editores da Wikipédia não são pagos. Também não são relacionadas à utilidade, uma vez que existem maneiras mais fáceis e simples de publicar conteúdo online. Seria fácil e superficial atribuir seus esforços ao tédio, mas não é provável que isso aconteça.

Em vez disso, usando as estruturas apresentadas neste capítulo, darei um palpite educado: da mesma forma que ocorre com os criadores de conteúdo do Instagram e do YouTube, os criadores de conteúdo da Wikipédia provavelmente são motivados pela própria comunidade. O feedback social, o status e outras dinâmicas da comunidade incentivam os editores a continuar criando conteúdo. Os wikipedianos, como eles se chamam, podem mostrar sua experiência em um tema mantendo páginas escritas de forma didática e as pessoas dentro da comunidade vão agradecê-los e elogiá-los. Isso gera um status. Eles podem fazer edições para corrigir os outros, o que oferece outra forma de status e satisfação. Há trabalho em equipe e um sentimento de camaradagem que criam laços que retêm os usuários ao longo de meses e anos. Steven Pruitt, o prolífico wikipediano, pode ter apenas um trabalho normal durante o dia, mas à noite e nos fins de semana ele é um dos contribuintes mais importantes para um dos maiores sites do mundo.

É importante entender o hard side de uma rede, não apenas para a Wikipédia, mas para qualquer novo produto que busque lançar sua rede atômica. Sem esse grupo fundamental, uma rede atômica terá dificuldades para sair do chão. É possível até mesmo dizer que eles são o grupo mais importante de usuários a princípio, e é importante ter uma tese sobre por que seu produto será atrativo para eles a partir do primeiro dia.

8
RESOLVA UM PROBLEMA DIFÍCIL

Tinder

O problema mais difícil de resolver na criação da primeira rede atômica é atrair o hard side. Concentre-se em atrair criadores de conteúdo para uma nova plataforma de vídeo, ou vendedores para um novo marketplace, ou os gerentes de projeto dentro de uma empresa para um novo app no local de trabalho. O outro lado da rede os acompanhará. A questão reside em saber como fazê-lo.

A resposta é construir um produto que resolva uma necessidade importante para o hard side. Vejamos o namoro online, que evoluiu ao longo do tempo para resolver melhor o problema que atormenta a humanidade desde o início dos tempos: encontrar um parceiro. Os apps de namoro são produtos orientados por efeitos de rede que crescem cidade a cidade, e quanto mais pessoas se juntam à rede, melhores são as chances de as pessoas encontrarem pares. Mas essa experiência foi terrível na gênese do namoro online, especialmente para o hard side da rede.

O Problema de Muitas Cartas de Amor

O namoro online foi inventado na origem da web, no início da década de 1990. Ele foi projetado como classificados de jornal, nos quais homens e mulheres navegavam em grandes bancos de dados de perfis e podiam enviar mensagens uns aos outros se estivessem interessados. O Match.com e o JDate foram pioneiros de sucesso nessa categoria que deu certo, apesar de suas falhas. O design baseado em classificados criou uma experiência de produto ruim; os membros populares — particularmente as mulheres — ficavam sobrecarregados com um grande número de mensagens e tinham dificuldade em responder. Em um bar ou clube, os pretendentes em potencial podiam ser dissuadidos se vissem uma fila de pessoas esperando para falar com um homem ou mulher atraente, mas no meio online não havia tal indicativo. Então a experiência para os demais também acabou sendo precária, porque parecia que ninguém os responderia.

Sem surpresa alguma, a lição é que pessoas atraentes — particularmente mulheres — são o hard side da rede de encontros online. Alguns anos depois, a próxima geração de namoro online surgiria, liderada por produtos como eHarmony e OKCupid. Esses produtos usaram questionários e algoritmos de pareamento para que o sistema pudesse decidir quem dava match e com que frequência. Isso garantiu que as mulheres recebessem menos mensagens e, esperançosamente, mais certeiras. E os homens receberam mais respostas também, para que não parecesse que tudo estava se transformando em um grande "copia e cola" de mensagens.

Foi só em 2012, no início da explosão dos apps móveis, que mais uma geração de apps de namoro surgiria. Esses apps, exemplificados pelo Tinder, inovariam ainda mais para o hard side da rede. Conversei com Sean Rad, cofundador do Tinder, sobre como o app inovou na geração anterior de produtos. Ele descreveu a combinação de novas ideias:

Os sites de namoro mais antigos faziam parecer que você estava trabalhando, como se estivesse dentro do escritório. Você redigia e-mails de trabalho durante o dia, depois ia para casa e escrevia mais mensagens à noite só que em vez de colegas de trabalho agora eram possíveis dates. O Tinder foi diferente. Tornou a busca por encontros divertida. Você podia se inscrever sem preencher um monte de formulários. Ele é visualmente intuitivo, você apenas desliza para a esquerda e para a direita, e pode fazer isso nos cinco minutos em que está em uma fila ou algo assim. É uma forma de entretenimento.[21]

O outro problema era como ver todas as respostas. Na vida real, você é frequentemente apresentado a potenciais parceiros românticos por meio de amigos ou tem um contexto compartilhado — como trabalho ou faculdade — para ajudar a filtrar. Nos encontros online, os membros mais atraentes de uma rede precisam de alguns sinais adicionais para ajudar a classificar seus matches. O Tinder fez isso integrando-se ao Facebook, e Sean também explicou como o app foi capaz de construir confiança:

O Tinder começou fazendo com que todos conectassem seu Facebook, para que pudéssemos mostrar o número de amigos em comum que você tinha, o que gerava confiança. Também fizemos isso para que só fosse possível dar match com pessoas que moram ao seu redor — usamos o GPS do telefone para isso, algo novo. Você encontra pessoas que têm amigos em comum e que moravam perto, o tipo de pessoa que você poderia conhecer na vida real! Conectar-se com o Facebook também garante que você nunca apareça para amigos, ou vice-versa, se isso o preocupasse. Tudo isso cria confiança. O Tinder também tem um sistema de mensagens nativo para que você não precise dar seu número de telefone. Se a conversa não render, a pessoa pode simplesmente desfazer o match sem se preocupar em ser assediada.

E, claro, a mecânica de deslizar é uma maneira de garantir que as pessoas não se sintam sobrecarregadas. Enquanto os homens tendem a deslizar para a direita (isto é, para indicar interesse) em cerca de metade dos perfis das mulheres — em torno de 45%, para ser exato

—, as mulheres fazem isso em apenas 5% dos perfis que veem. Como resultado, dão match principalmente com os caras que escolhem. No entanto, se sentirem que estão em muitas conversas, podem parar de procurar novos matches por um tempo e se concentrar apenas nas mensagens dos já existentes. Todos esses insights tornaram o Tinder uma experiência muito melhor para o lado mais importante de sua rede, resolvendo um dos obstáculos mais importantes no Problema Cold Start.

O Hard Side para os Marketplaces Geralmente É o Lado da Oferta

Os marketplaces tendem a girar em torno dos vendedores. Eu vi em primeira mão a dificuldade de gerenciar o hard side nas corridas por app. Para a Uber, em qualquer mercado, os chamados "power drivers" [motoristas potentes, em tradução livre] constituem 20% da oferta, mas originam 60% das viagens. Eles fazem parte do grupo de usuários mais valiosos do planeta, pois são o núcleo de negócios da Uber.

Os motoristas parceiros da Uber são apenas um exemplo de um conjunto mais amplo de colaboradores que impulsiona a maioria das empresas do mercado. Para as redes de marketplaces, o hard side geralmente é o lado de "oferta", que se refere aos trabalhadores e às pequenas empresas que fornecem tempo, produtos e esforço e estão tentando gerar renda na plataforma. Eles usam marketplaces digitais como um side hustle [trabalho extra, em tradução livre], vendendo colecionáveis ou sessões de coaching. Eles muitas vezes fazem isso como uma alternativa aos empregos por hora, dos quais há quase 80 milhões nos Estados Unidos. Essas pessoas geralmente vivem no meio do país, trabalhando em empregos de varejo com rotatividade de 100% ano após ano e estão batalhando por uma renda extra. As startups de marketplace geralmente oferecem oportunidades a esse grupo.

Para resolver o Problema Cold Start nos marketplaces, muitas vezes o primeiro passo — como foi para a Uber — é trazer uma massa crítica de oferta para o marketplace. Para um marketplace como o eBay, você começa com vendedores de colecionáveis. Para um como o Airbnb, é possível iniciar com pessoas que têm alguns quartos extras em casa. Para uma plataforma social como o YouTube, podem ser criadores de vídeos. Para uma categoria mais específica, como o GitHub, é útil trazer alguns projetos de código aberto proeminentes e desenvolvedores-chave. Contudo, uma vez que a oferta tenha chegado à rede, é hora de trazer a demanda — compradores e usuários que formarão a maior parte da rede. Quando isso estiver funcionando, tudo volta a girar em torno da oferta novamente. Assim, a ordem das operações, pelo menos para a maioria dos marketplaces voltados para o consumidor, é "oferta, demanda, oferta, oferta, oferta". Embora essa possa ser fácil de entrar na rede logo no início por meio de subsídios, eventualmente se tornará o gargalo. O hard side de uma rede é, por definição, difícil de escalar.

A Uber teve de ser criativa para desbloquear o hard side da sua rede, os motoristas. Inicialmente, o foco da Uber estava nos serviços de carros de luxo e limusines, que têm licenças específicas e são relativamente incontroversos. No entanto, ocorreu uma mudança sísmica quando a Sidecar, empresa do app rival, inovou recrutando motoristas comuns em sua plataforma. Esse foi o modelo "peer-to-peer" que criou milhões de novos motoristas de viagens compartilhadas e foi rapidamente copiado e popularizado pela Lyft e, em seguida, pela Uber. Jahan Khanna, cofundador/diretor de tecnologia da Sidecar, falou de sua origem:

> *Era óbvio que deixar qualquer pessoa se cadastrar como motorista seria um grande problema. Com mais deles, as viagens ficariam mais baratas e os tempos de espera mais curtos. Isso foi discutido em muitos brainstorms no Sidecar, mas a pergunta sempre foi: qual é a estrutura regulatória que permite que isso funcione? Quais foram os exemplos anteriores que não foram descartados imediatamente? Depois de fazer uma tonelada de pesquisas, chegamos a um modelo chamado Homobiles, que estava ativo há anos em São Francisco e era conduzido por uma pessoa chamada Lynn Breedlove; esse modelo respondeu à nossa pergunta.*[22]

É um fato surpreendente, mas a primeira versão da ideia de compartilhamento de corridas não veio de uma startup apoiada por investidores, mas de uma organização sem fins lucrativos chamada Homobiles, administrada por um membro proeminente da comunidade LGBTQ na Bay Area chamada Lynn Breedlove. O serviço tinha como objetivo proteger e servir a comunidade LGBTQ, ao mesmo tempo que lhes fornecia transporte para conferências, bares e entretenimento, e também obter cuidados de saúde, ao mesmo tempo que enfatizava a segurança e a comunidade.

A Homobiles tinha construído seu próprio nicho e descobriu o básico: Breedlove recrutara, ao longo do tempo, cem motoristas voluntários que responderiam a mensagens de texto. Haveria circulação de dinheiro, só que sob a forma de doações, para que os motoristas pudessem ser remunerados pelo seu trabalho. A empresa operou por vários anos, a partir de 2010 — vários anos antes do Uber X — e forneceu o modelo para o que se tornaria um setor de receita bruta de US$100 bilhões. A Sidecar aprendeu com a Homobiles, implementando seu modelo quase que inteiramente, embora em formato digital: baseado em doações, no qual o usuário e o motorista sentavam juntos na frente, como se um amigo desse carona. Com isso, o mercado de corridas compartilhadas foi inaugurado.

Noites e Fins de Semana

O principal insight nas histórias da Homobiles ou do Tinder é: como perceber um problema em que o hard side de uma rede está envolvido, mas suas necessidades não são atendidas? A resposta é olhar para hobbies e side hustles.

Existem milhões de criadores de conteúdo, desenvolvedores de apps, vendedores de marketplace e motoristas de meio período que impulsionam o hard side das redes. Eles são inteligentes, motivados e clientes iniciais que estão encontrando oportunidades para se tornarem úteis. Eles são os desenvolvedores por trás do movimento de código aberto que construíram o Linux, o WordPress, o MySQL e muitas outras tecnologias que sustentam a internet moderna. Eles são os milhões de vendedores do eBay que criaram empregos e empresas comprando e vendendo bens que as pessoas querem. Para produtos de compartilhamento de fotos e mensagens, como Instagram e YouTube, eles são os inúmeros fotógrafos e videógrafos amadores que gostam de gravar viagens, ocasiões especiais, arquitetura, pessoas bonitas e tudo mais.

O que as pessoas estão fazendo em suas noites e fins de semana representa todo o tempo e energia subutilizados no mundo. Se esse tempo for utilizado de uma forma boa, pode se tornar a base do hard side de uma rede atômica. Às vezes, esse exército é formado por pessoas com excesso de tempo, mas às vezes também é formado por pessoas com ativos subutilizados. As redes de transporte por aplicativo, por exemplo, dependem fundamentalmente da subutilização de carros, que geralmente ficam ociosos na maioria das vezes, exceto pelo deslocamento diário e pelas tarefas ocasionais. O Airbnb baseia-se na subutilização de quartos de hóspedes e segundas casas, combinada com o tempo e o esforço dos anfitriões. A Craigslist e o eBay têm como base permitir que as pessoas vendam seu "lixo" — as coisas que não têm mais serventia para eles — para novos proprietários.

Normalmente, o hard side continuará a usar o Airbnb ou o TikTok porque é onde a demanda se encontra e, portanto, aqueles estão presos aos efeitos positivos da rede nessas plataformas. No entanto, o truque é olhar mais de perto — segmentar o hard side da rede e descobrir quem está sendo prejudicado. Às vezes, é um nicho, como uma subcomunidade apaixonada de criadores de conteúdo de maquiagem ou unboxing, que pode ser melhor atendida com recursos adicionais de comércio. Pode ser uma parte da comunidade amadora, de vídeos de produção barata, como os desafios da semana, que se beneficiariam de ferramentas básicas de edição de vídeo. Para redes que são derivadas de ativos subutilizados, pode ser o nicho dos que fazem side hustles todos os fins de semana para ter uma renda online. Ou talvez em breve ocorra uma nova mudança na plataforma que pareça um nicho, mas que pode atrapalhar todo o ecossistema.

A ideia é começar com esses segmentos carentes, cujos usuários podem não ser clientes muito interessantes por si só — e aplicar a Teoria de Disrupção de Clayton Christensen. Os novos produtos muitas vezes causam disrupções nos mercados, começando em um ponto de mais baixo custo, fornecendo uma funcionalidade "aceitável", subindo ao nível médio e, futuramente, atingindo o mercado principal dos operadores estabelecidos. Recentemente, houve a tendência oposta — produtos como a Uber e a empresa de e-mail Superhuman começaram no topo do mercado como produtos de luxo e foram descendo de nicho.

Quando combinamos a teoria da disrupção com os efeitos de rede, isso fica ainda mais evidente — as redes atômicas em um nicho de mercado geralmente começam com funcionalidades mais baratas. Mas quando se estabelece uma rede atômica, seu hard side está disposto a estender as ofertas e serviços para o setor mais caro. Isso atrai mais ainda as camadas mais caras, que por sua vez estimulam o hard side a se estender ainda mais, e o ciclo continua! O Airbnb pode ter começado com aluguel de bed and breakfasts, mas os mesmos anfitriões que alugam um desses podem querer alugar seu quarto ou seu apartamento inteiro. Isso muda a natureza potencial da oferta no mercado, atraindo um lado de demanda mais cara, que por sua vez atrai um inventário de ofertas de custo mais alto. Não surpreende que hoje o Airbnb hospede uma grande variedade de ofertas de alto custo, desde coberturas de luxo a quartos de hotéis boutique. Dessa forma, os efeitos de rede podem desempenhar um papel fundamental na disrupção de novos setores — criando o ímpeto para que uma rede atômica de baixo custo se desenvolva lentamente em ofertas de ponta ao longo do tempo.

O Hard Side dos Apps de Namoro

Vamos voltar ao namoro online por um momento — quando vistos como produtos em rede, os apps reúnem dois lados em um contexto romântico. Dessa forma, Tinder, Bumble, Match, eHarmony, HotOrNot e outros apps de namoro refletem algo que tem sido um comportamento humano por eras. Há muito tempo é um hobby de casamenteiros amadores apresentarem seus amigos solteiros. Há uma demanda profunda para esse serviço — mas ele requer habilidade. Na era moderna, digitalizamos o namoro, usando algoritmos para combinar pessoas, montar perfis que facilmente possam visualizar e escolher milhares de pessoas ao mesmo tempo e mandar mensagens em tempo real para facilitar a comunicação.

É importante ressaltar que essas melhorias ajudam a atrair e reter os membros mais desejáveis de uma rede de encontros — o hard side. Os algoritmos de pareamento também precisam achá-los atraentes, e os perfis pelos quais essas pessoas navegam devem ajudá-las a decidir entre príncipes e sapos. A experiência de mensagens no app deve atender às necessidades, com a opção de sair do chat rapidamente, se necessário. Sem esses tipos de recursos, as pessoas desejáveis trocarão de produto, degradando a rede e piorando a experiência para os demais.

Os apps de namoro — na verdade, todos os produtos em rede — precisam dar uma proposta de valor para o hard side da rede; e quanto a todos os outros usuários? Bem, é um grande desafio, mas também é preciso achar a experiência perfeita para eles. É preciso criar um "produto incrível".

9
O PRODUTO INCRÍVEL

Zoom

Quando comecei a usar o Zoom, as pessoas achavam que era uma péssima ideia. Estive com Eric Yuan, CEO da Zoom, conversando e comendo comida mediterrânea de um restaurante indescritível em um hotel em San Jose perto dos escritórios da empresa. Eric descreveu os primeiros dias:

> *O Zoom foi originalmente chamado de Saasbee. Quando o Saasbee estava começando, enviei um pitch deck para meus amigos e investidores anjo. Muitos deles decidiram me financiar apenas porque me conheciam e não se importavam muito com o que eu estava trabalhando. Se tivessem visto o deck, odiariam a ideia e não a financiariam!* [23]

No entanto, nos anos seguintes, a ideia do Zoom se tornaria algo incrível. A ideia do produto é importante. Nos capítulos anteriores, concentrei-me principalmente na construção de uma rede atômica, mas não abordei diretamente a ideia do produto no centro de tudo. O que torna uma ideia para um produto em rede boa? E por que a ideia inicial do Zoom não era boa de uma forma tão evidente?

A Zoom foi fundada em 2011 e, dez anos depois, durante a pandemia da Covid-19 em 2021 (época em que este livro foi escrito), tornou-se essencial para viabilizar o trabalho remoto para milhões de profissionais. Isso aconteceu muito rapidamente — o produto cresceu de 10 milhões de participantes anuais no final de 2019 para mais de 300 milhões apenas alguns meses depois. Isso catapultou a valuation da Zoom para US$90 bilhões.

Conheci Eric durante almoços e cafés nos vários anos em que trabalhei na Uber, porque éramos um cliente grande e antigo deles. Eu queria conversar com ele, pois seu produto era muito impressionante. A Uber geria, por meio do Zoom, a mão de obra global de dezenas de milhares de colaboradores amplamente distribuídos. Não importava a filial — eu mesmo passei um tempo nos escritórios da Uber em Sydney, Amsterdã, Nova York e São Francisco —, as salas de conferência e os espaços de all-hands mostravam as próximas reuniões do Zoom. Uma lista de reuniões em um fundo azul familiar ficava em exibição em iPads montados nas paredes. Era uma parte essencial da cultura de trabalho da Uber.

Mesmo assim, no início as pessoas não entenderam a ideia por trás do Zoom — por quê? De acordo com Eric, tudo parecia simples demais, literalmente. Um produto de videoconferência mais fácil de usar não era uma ideia óbvia quando produtos como WebEx, GoToMeeting, Skype e outros já haviam conquistado o mercado. O Zoom não tinha mais recursos por si só, mas na verdade tinha o recurso mais importante de todos, o "ele funciona".

A proposta de valor da Zoom reforçou os efeitos de rede dentro de uma equipe e entre empresas, ao permitir reuniões sem entraves. Permitiu que os participantes entrassem com um único clique em um link, em vez de digitar códigos de reunião e números de discagem. A imagem em alta qualidade implicava que a adoção por algumas pessoas no ambiente de trabalho se expandiria rapidamente de forma viral para mais equipes dentro do escritório. Além disso, havia um ecossistema de fornecedores e consultores trabalhando com a Zoom. Em outras palavras, o uso simples criou um design no qual seus efeitos de rede eram mais fortes. Ele adquiria usuários com mais facilidade em sua rede e mantinha o engajamento contínuo alto. O Zoom é uma plataforma em rede que tem um produto incrível e os mecanismos para construir a rede em torno de si, ela e o produto estão entrelaçados de uma forma em que um reforça o outro.

É fácil pensar na simplicidade do Zoom como uma vantagem competitiva, mas esse tipo de simplicidade é muito difícil de se implementar na prática. Os clientes pedem recursos infinitos e os concorrentes aparecem com uma lista ainda mais longa de funcionalidades. No entanto, observo que fazer apenas uma coisa muito bem é uma qualidade distinta de produtos em rede.

O que torna o Zoom especial e como selecionar uma ótima ideia para um produto em rede? Em que essas ideias diferem de um produto de software convencional?

Produtos em Rede versus Todo o Resto

Os produtos em rede têm uma experiência muito diferente dos produtos tradicionais — os primeiros facilitam as experiências que os usuários têm uns com os outros, enquanto os produtos tradicionais enfatizam como os usuários interagem com o próprio software; eles crescem e prosperam adicionando mais usuários, o que cria efeitos de rede, enquanto os produtos tradicionais crescem criando melhores recursos e dando suporte a mais casos de uso. É por isso que produtos como o Twitter, o Zoom e outros parecem tão simples e são criticados como "recursos, não produtos" que parecem triviais a princípio. Eles têm uma única experiência mágica. Compare isso com produtos tradicionais que preenchem o bingo de requisitos dos softwares empresariais, mas perdem o concurso de engajamento real dos consumidores finais.

Os produtos em rede devem equilibrar as necessidades dos vários lados dessa rede — não apenas o dos consumidores, mas também o dos vendedores. Não apenas os criadores de conteúdo, mas também os espectadores. E os recursos mais importantes em produtos em rede geralmente giram em torno de como os usuários se encontram e se conectam, seja pela marcação de fotos, por permissões de compartilhamento ou "Pessoas que você talvez conheça". Isso é o que permite que os usuários se conectem com pessoas e conteúdo relevantes na plataforma, seja o seu streamer de videogame favorito, a área de projeto certa para sua equipe ou algo além. Esse é um conceito que os produtos de software tradicionais não têm; a riqueza e a complexidade da experiência dependem de quem está na rede e não do conjunto de recursos.

Ao contrário de seus antecessores, a simplicidade do Zoom desbloqueou novas redes atômicas — afinal, apenas duas pessoas são necessárias. Isso permitiu que a empresa expandisse os casos antigos de aplicação de videoconferências em webinars e chamadas de vendas para uma utilização diária constante e múltipla. Essa simplicidade é um ponto forte quando se trata da capacidade da empresa expandir sua rede. Quando o conceito e o valor do produto são simples de descrever, isso facilita sua dispersão de usuário para usuário, algo muito parecido com o "meme", conceito criado pelo famoso biólogo Richard Dawkins em um dos meus livros favoritos, *O Gene Egoísta*. É fácil demais, basta copiar e colar um link do Zoom.

Não é nenhuma surpresa que os produtos em rede atraentes muitas vezes pareçam um meme. A ideia parece ser realmente básica, pois em uma ou duas ações principais, eles se espalham. Toda a experiência do produto existe em apenas algumas telas, com um pequeno conjunto de recursos focados. Por exemplo, o Snapchat permite enviar fotos para amigos. O Dropbox é uma pasta mágica que sincroniza arquivos. O Uber permite apertar um botão e fazer uma viagem. O Slack é um chat para colegas de trabalho. O YouTube permite assistir a vídeos. Eles são muito simples de usar, mas também fáceis de explicar para amigos e colegas de trabalho.

A natureza ultrassimples desses produtos leva a críticas por falta de diferenciação ou defensibilidade tecnológica. É raro ver patentes ou até propriedade intelectual profunda como parte da estratégia central. Na verdade, quando me reúno com startups de consumo, um empreendedor se gabando de patentes é um desvio. Às vezes, isso é um erro — a interface simples e polida de um produto na verdade esconde muito bem os fundamentos técnicos. Esse é o caso do investimento da Zoom em codecs de vídeo, compressão e muito mais. Mas muitas vezes essa percepção é verdadeira. A equipe de engenharia inicial do Twitter foi frequentemente criticada por ser inexperiente, resultando na infame tela de erro da baleia nos primeiros anos. Tanto o Snapchat quanto o Facebook foram criados por estudantes universitários. Inicialmente, o app da Uber foi terceirizado para o México, de modo que quando engenheiros se juntaram posteriormente à empresa, precisaram receber dicionários de espanhol para inglês para entender os comentários e o código-fonte. Nesses casos em que o produto atinge a escala, as equipes de engenharia somente são atualizadas tardiamente.

Essa tendência de produtos virais e fáceis de usar começou no espaço do consumidor, mas com o tempo também entrou no cenário do software corporativo. Alguns produtos, como o Dropbox, são inicialmente voltados para o consumidor até que se tornam tão populares em locais de trabalho que a estratégia muda para um alvo corporativo. Outros, como o Slack, são produtos corporativos iniciados por empreendedores com origens no software de consumo. Em uma pesquisa recente da a16z que examinou as startups corporativas mais populares, a maioria foi iniciada por fundadores de empresas de consumo, como Airbnb, Uber, Yahoo e assim por diante. As mesmas habilidades que podem criar produtos em rede bem-sucedidos no setor de consumo são aplicáveis às categorias empresariais.

Essa polinização cruzada de conjuntos de habilidades ajuda as ideias e os recursos do produto a saltarem de um setor para outro. Observou-se que existe uma "cadeia de suprimentos de software de internet" que une diferentes segmentos de clientes e localidades. Um exemplo é a linha direta que pode ser traçada pela história dos emojis — eles foram inventados em 1997 para telefones celulares japoneses, adotados por adolescentes em mensagens instantâneas e SMS, emergiram no mainstream por meio de smartphones e agora aparecem em produtos corporativos "consumerizados", como o Slack. Transmissões ao vivo, formatos de vídeo como os dos stories do Snapchat e do Instagram e mercados sob demanda estão em vários pontos da grande cadeia de suprimentos de software — e isso conecta tendências de consumo de nicho ao uso generalizado em toda a empresa e no mainstream.

O Zoom tinha muitas dessas mesmas características impulsionadas pelo consumidor desde o início. Embora a equipe inicial tenha vindo do mundo empresarial, nos primeiros dias a empresa, então chamada de Saasbee, também tinha aspirações de realizar com sucesso chamadas em grupo de consumidores. A experiência do produto parecia muito minimalista. E embora houvesse uma tecnologia robusta por baixo — afinal, Eric construiu e dirigiu grande parte da equipe de engenharia na WebEx — isso estava a serviço da user experience sem dificuldades. No entanto, muitos investidores iniciais recuaram com o fato de que o Zoom lidava com o que eles achavam ser um problema resolvido. A semelhança entre todos esses produtos em rede é que eles ofereciam novas maneiras de as pessoas interagirem e, com o tempo, a rede se tornava a defensibilidade.

Em outras palavras, o produto ideal para gerar efeitos de rede combina ambos os fatores: a própria ideia do produto deve ser a mais simples possível — facilmente compreensível por qualquer pessoa assim que a vir. E ao mesmo tempo deve reunir uma rede de usuários forte, complexa e infinita que seja impossível de copiar pelos concorrentes.

O Zoom, é claro, é um exemplo fantástico desse ideal.

Por que os Produtos em Rede Adoram Ser Gratuitos

O fato de muitos dos produtos mais valiosos do mundo terem um modelo de negócios que enfatize a "gratuidade" parece um paradoxo. As redes sociais e os apps de comunicação são gratuitos e os produtos SaaS tendem a ser freemium. Usar os serviços de empresas de marketplace e navegar na plataforma delas é gratuito, embora, obviamente, a compra e venda de serviços ou produtos não seja. Isso faz parte de seu DNA compartilhado porque afeta a rapidez com que os produtos incríveis podem se espalhar. Eric pensa extensivamente na experiência sem dificuldades do Zoom para seus membros, e isso inclui os preços. Segundo ele:

> *Eu queria que o Zoom fosse gratuito, pelo menos na experiência básica, para que as pessoas pudessem ver por que era muito melhor. Primeiro pensei que talvez devesse ser limitado com base*

O PRODUTO INCRÍVEL   103

nos membros. Talvez três membros pudessem se reunir, mas para ter quatro na mesma sala, seria preciso pagar. Porém isso não parecia certo. Estudei a estratégia de preços do Dropbox e me perguntei: por que eles começaram a cobrar 2 gigabytes em vez de 1? Ao pensar sobre isso, percebi que isso dava mais tempo de uso do Dropbox e quanto mais ele era usado, aumentava a probabilidade do cliente atingir o limite de armazenamento e ter que pagar. Eu queria que o Zoom fosse da mesma forma, então estabeleci o limite de quarenta minutos por reunião, mas a experiência completa do produto estaria disponível. Dessa forma, se a qualidade fosse boa e agradasse, o cliente acabaria pagando.

Mesmo nos primeiros dias, essas decisões-chave de produtos causaram um grande impacto na trajetória do Zoom. O produto combinava um app fácil de usar que permitia que as reuniões começassem rapidamente, tinha uma proposta de valor simples de explicar e grátis, pelo menos inicialmente. Eric mencionou que os clientes ativos surgiram imediatamente:

Durante o lançamento beta, o produto era apenas um botão de download em uma página da web. Mas o pessoal do Programa Stanford Continuing Education o testou e queria pagar por ele! Eu não sabia nem o que cobrar ainda, então eles acabaram nos dando um cheque de US$2 mil. Aconteceu por volta do Natal daquele ano, e guardei uma cópia do cheque comigo.

Após o primeiro cliente, o crescimento viral continuou:

O próximo conjunto de clientes foram as várias outras faculdades da região. O produto envolvia os clientes e eles entravam em contato querendo pagar. Desde então, tem havido muitos leads. Nos primeiros quatro anos eu nem tinha equipe de marketing!

Essa estratégia de tornar o Zoom um negócio freemium significava que era mais fácil para a rede crescer. Oferecer um plano gratuito é algo recorrente em muitos produtos em rede: alguns têm anúncios (como plataformas de vídeo e redes sociais), outros têm recursos premium desbloqueados por assinatura (como ocorre com outros produtos de local de trabalho/B2B) e outros são alimentados por microtransações (como marketplaces, jogos e plataformas de transmissão ao vivo).

Em todos os modelos de negócios isso é um tema frequente, por causa do Problema Cold Start. Cobrar diretamente dos clientes é uma maneira direta de gerar receita, mas adiciona atrito em cada novo ingresso de usuário na rede. Já é difícil construir uma rede atômica; por que erguer barreiras e dificultar ainda mais? Sem ser capaz de construir uma rede rapidamente, canais de crescimento, como a viralidade, são mais abafados. Se o Zoom cobrasse todos os usuários, sem ter um plano gratuito, isso poderia ter gerado mais receita no curto prazo, mas provavelmente geraria mais gastos em marketing e vendas para compensar.

O freemium é uma parte essencial da atratividade e da capacidade de crescimento do Zoom. E uma vez que a empresa teve os ingredientes certos — um produto simples e incrível — em seguida, seu modelo de negócios deu a receita e as diretrizes para alavancar o crescimento viral.

Novas Transições em Comportamentos e Plataformas de Computador

O Zoom é apenas um exemplo de um produto incrível surgindo no momento certo, à medida que o mundo mudava. A videoconferência indo parar no mainstream foi uma combinação de banda larga abrangente, trabalho remoto e mais profissionalizado, tudo isso catalisado pela pandemia. Em outros tempos, o mundo muda quando surge uma nova plataforma de computação que redefine o comportamento do cliente. Nas décadas anteriores, isso foi iniciado com a introdução do computador pessoal com uma interface de linha de comando baseada em texto. Logo depois disso, o Macintosh trouxe a user interface gráfica para o mundo. Depois disso, veio a internet e o navegador da web, seguidos por nossa geração atual de smartphones. Nos próximos anos, podem ser dispositivos de voz, realidade aumentada e virtual, o metaverso ou algo totalmente diferente.

Novas tecnologias permitem novos comportamentos de clientes. Existem novos paradigmas de interface, como deslizar ou tocar, que possibilitam novas ideias de produtos. Isso cria uma correria desenfreada em grandes empresas e startups para descobrir o que as pessoas querem e construir rapidamente o próximo produto incrível no grande reset que uma nova transição tecnológica impulsiona. Algo similar a isso ocorre com os apps de desktop do Microsoft Office evoluindo para produtos baseados na web, como Google Suite, Notion ou Airtable. Da mesma forma, sites de namoro como o Match foram subsumidos por interfaces fáceis de usar e com comandos de toque, como o Tinder, e o Flickr foi substituído pelo Instagram, que se integrou fortemente a telefones celulares e redes sociais.

Essas transições computacionais nos trazem alguns dos novos produtos incríveis mais óbvios. Quando o smartphone surgiu com uma câmera de alta resolução e localização integrada, bem como com a App Store, tivemos uma longa sequência de sucessos, como o Snapchat, o Uber e o TikTok. Quando a web surgiu tivemos o mecanismo de pesquisa, o e-commerce, os marketplaces e muito mais. A era dos computadores Windows e Macintosh nos trouxe o Office, a editoração eletrônica e uma série de casos de uso para o computador pessoal. Em outras palavras, quando há uma nova mudança de plataforma, as empresas que desenvolvem os produtos incríveis muitas vezes criam algumas das companhias mais valiosas do setor.

É importante ressaltar que essas novas transições também criam enormes oportunidades para startups. Em uma reinvenção de plataforma, todos — incumbentes ou insurgentes — precisam recomeçar e enfrentam o Problema Cold Start. Na transição de sites para dispositivos móveis, por exemplo, os produtos precisavam ser espremidos em uma user interface muito menor que pudesse ser operada por dedos grandes e desajeitados e não pela destreza do pequeno ponteiro do mouse. Poderiam ser implementadas novas ideias que aproveitassem a tecnologia única do telefone: câmeras, localização, notificações, e assim por diante. Não era possível simplesmente passar seu site em um app móvel; primeiro era preciso pensar nos dispositivos móveis.

O Zoom pegou carona em muitas dessas tendências tecnológicas. Ele se beneficiou da internet de alta velocidade, que tornava viável o uso generalizado de videoconferências. O produto foi adotado juntamente com uma série de outros produtos pelos usuários finais em um movimento "de baixo para cima", no qual os funcionários de escritório podem simplesmente escolher os serviços que desejam usar, em vez de aceitar o que a TI os impõe. A opção da empresa por um modelo de negócios simples e freemium fez com que ele estivesse apto para viralizar. E embora a Zoom já fosse uma empresa madura e valiosa no momento em que o coronavírus estourou, em 2020, todos os fatores acima certamente a colocaram no lugar exato para acelerar explosivamente. Quaisquer locais de trabalho ou contextos em que o Zoom ainda estivesse enfrentando o Problema Cold Start — onde ainda não havia sido implementado — instantaneamente passaram a usar o serviço.

É claro que o produto incrível é apenas um ingrediente para resolver o Problema Cold Start. Também era importante para a Zoom achar rapidamente suas primeiras redes atômicas, descobrindo que organizações como o Programa Stanford Continuing Education e pequenas faculdades da Bay Area poderiam adotar o produto de forma independente. Se o primeiro adotá-lo, outros logo o seguirão, pois as pessoas que usam o produto naturalmente o espalharão para outras. Uma vez que o produto incrível e as primeiras redes atômicas são construídas, uma empresa começa a criar "momentos mágicos".

10
MOMENTOS MÁGICOS

Clubhouse

É óbvio quando um produto resolve o Problema Cold Start — a experiência começa a funcionar de fato. Quando você abre um app de colaboração no local de trabalho durante uma reunião, todas as tarefas relevantes estão lá e seus colegas de trabalho estão conversando sobre os próximos passos. Quando você abre um app social, o feed mostra um conteúdo envolvente e divertido. Você tem notificações porque seus amigos já comentaram sobre suas fotos novas. Talvez passe a parecer que um app de marketplace tem tudo, como se fosse totalmente abrangente. Pesquise por qualquer produto e dezenas de anúncios relevantes são exibidos — e os produtos são baratos, de alta qualidade e podem ser enviados no mesmo dia.

Quando a rede está totalmente preenchida, ativa e as pessoas estão conectadas da maneira certa, a experiência do produto pode ser simplesmente brilhante. Este é o Momento Mágico — quando um produto pode entregar seu valor principal — seja conectando pessoas no trabalho, para entretenimento, namoro, jogos ou para outra finalidade qualquer. Um produto que ainda não resolveu seu Problema

Cold Start não conseguirá entregar magia alguma em seus primeiros dias. Muitas vezes, a rede parecerá vazia, como uma cidade fantasma. Mas assim que ela se forma, os Momentos Mágicos começam a acontecer o tempo todo — é quando o produto está pronto para expandir. É quando você sabe que o Problema Cold Start foi resolvido.

Eu vi essa transformação em primeira mão como um dos primeiros usuários do Clubhouse, o primeiro app social de áudio. O produto foi lançado em 2020 por Paul Davison e Rohan Seth, e quando me inscrevi para o teste beta, ele tinha um pequeno número de usuários — oficialmente, eu era o nº 104. O Clubhouse começou como um app simples que permitia que você fizesse login e falasse com outros usuários, tudo em uma única "sala". Muitas vezes, havia apenas Paul na sala; eu entrava, conversava com ele e outros amigos, e era isso.

Em seus primeiros dias, o Clubhouse ainda não havia resolvido o Problema Cold Start — quando abria-se o app, muitas vezes estava vazio. Não haveria conversas ativas e ninguém com quem conversar — nem mesmo Paul poderia estar lá 24 horas por dia, 7 dias por semana. O produto, na época, também carecia de características-chave. Ele não tinha perfis de usuário nem uma rede na qual você pudesse seguir outros usuários. Adicionar todos os recursos sociais e permitir várias conversas simultâneas em salas diferentes só aconteceu mais tarde.

Porém havia alguns lampejos de magia: às vezes eu aparecia e começava a ter uma conversa maravilhosa com amigos que não via há meses — afinal, era durante o ano da pandemia da Covid-19. Ou podia apenas ouvir outras pessoas tendo uma conversa fascinante sobre robótica, Bitcoin, a história da tecnologia ou algum outro tópico nerd. Eu fiquei viciado. Quando o produto tinha apenas alguns milhares de usuários, liderei o investimento da Série A da a16z no Clubhouse e entrei em seu conselho de administração. Isso aconteceu durante meu segundo ano como investidor de risco, e eu valorizei a empresa no que parecia ser uma soma ultrajante — quase US$100 milhões — quando havia apenas dois funcionários.

Menos de um ano após seu lançamento, o Clubhouse adicionaria milhões de usuários por mês. Um grupo de redes grande e diversificado começou a se formar em cada região. Sempre que eu abria o app durante a minha rotina noturna, havia várias salas no Clubhouse de que eu gostaria de participar — algumas celebridades em uma, alguns especialistas políticos em outra. Um novo reality show, em formato de áudio. Além disso, a a16z gerenciava uma ou duas salas sobre startups e tecnologia. Os Momentos Mágicos começaram a acontecer o tempo todo e toda vez que você abrisse o app, havia algo que valesse a pena ouvir. O Clubhouse rapidamente se tornou um dos 10 melhores apps em mais de 20 países e alcançou uma valuation de US$1 bilhão, depois US$4 bilhões, tudo dentro de 1 ano de nosso investimento inicial.

Essa é uma trajetória incrível. O que aconteceu? E mais importante, por que aconteceu?

A História do Clubhouse

Pode parecer um acidente que o Clubhouse tenha sido lançado em 2020, em meio à pandemia, onde o desejo de se conectar com outras pessoas foi uma parte muito importante de nossas vidas. No entanto, não foi isso, já que o Clubhouse foi uma das muitas iterações em novas ideias de apps de áudio de Paul e Rohan, que estavam animados com as tendências em podcasts e dispositivos de áudio.

Antes do Clubhouse, havia outros apps focados em conectar as pessoas por meio de áudio. Anos antes, Rohan havia trabalhado no Phone-a-friend, um app para conectar grupos de amigos por áudio. Em seguida, juntos, eles trabalharam no Uncalendar — para preencher momentos vagos com chamadas rápidas — e, em seguida, mais tarde e com mais vigor, no Talkshow, que tornou a produção de podcasts muito mais fácil. As pessoas podem iniciar muito rápido um podcast, gravar com apresentadores, editar e publicar, tudo no mesmo app. O Talkshow tinha todas as ferramentas em um só lugar. No entanto, por causa da natureza do podcasting, ainda era estranho e difícil de usar. Quando perguntei a Paul e Rohan por que o Talkshow não deu certo, eles descreveram os obstáculos:

> *O app era muito complicado para os criadores. Um usuário chamava: "Venha ao meu Talkshow" e as pessoas acabariam tratando-o como um podcast. O conteúdo resultante parecia muito artificial e as gravações acabavam soando como um podcast de*

baixa qualidade. O conteúdo nunca parecia único o suficiente para ser consumido. O app era muito direcionado aos apresentadores e nunca pareceu um espaço em que pessoas pudessem simplesmente ouvir podcasts.[24]

Em outras palavras, o produto não atingiu seu objetivo bem e não conseguiu a experiência ideal para o hard side — os apresentadores do podcast. Foi preciso muita preparação e muito trabalho para chegar a qualquer coisa que parecesse um Momento Mágico.

Paul e Rohan aprenderam com a experiência e fizeram a pergunta-chave: como chegar a algo mágico mais rápido?

Depois de trabalhar por meses no Talkshow, a dupla percebeu que precisava simplificar radicalmente. Para garantir que os criadores tivessem uma experiência leve, seria ideal criar conteúdo facilmente com pessoas já presentes no app — isso evitaria o problema organizacional de chamar todos os seus amigos para um app ao mesmo tempo. O Clubhouse não é gravado, então espera-se que seja mais como uma chamada e menos como um podcast — isso faz com que a pressão de falar seja menor. E para os usuários que não querem falar, há uma experiência fácil: "apenas ouvir", desde o primeiro dia. Mesmo depois que o app foi lançado, quase um ano de trabalho foi dedicado à adição de perfis de usuários, a capacidade de seguir pessoas, um feed para descobrir salas e assim por diante.

Ótimos produtos levam tempo para serem descobertos, e com o Clubhouse não foi diferente. Foi um sucesso da noite para o dia que levou anos para acontecer.

Logo no início, a rede atômica inicial se formou com o pessoal da área de tecnologia que adotou o app — amigos de Paul e Rohan —, milhares de pessoas. Eu fiz parte dessa primeira onda. Esse pequeno grupo já era suficiente, criando Momentos Mágicos consistentemente como amigos na indústria de tecnologia conectados entre si durante a pandemia. Mas quem levou o Clubhouse para o mainstream foram as 50 mil pessoas que ingressaram depois. A comunidade criativa negra radicada em hotspots de entretenimento e mídia, como Atlanta, Chicago, Nova York e Los Angeles, começou a se juntar à rede de forma importante em meados de 2020. Isso foi impulsionado

MOMENTOS MÁGICOS

por músicos, comediantes, influenciadores e criadores que realizavam shows regularmente. Parte dessa atividade foi catalisada diretamente pela a16z, mas grande parte também aconteceu organicamente. Isso desbloqueou o conjunto de usuários seguinte até o final de 2020, chegando a milhões de pessoas em todo o mundo.

Na época, a experiência de abrir o Clubhouse tornou-se mágica — não apenas para mim, mas para milhões de pessoas em todo o mundo. O produto começou a sustentar números de retenção e engajamento muito altos, comparáveis ao Instagram ou ao WhatsApp.

Também é inegável que o Clubhouse foi lançado em um momento de transições na tecnologia e no comportamento do consumidor — este último, é claro, moldado pela pandemia da Covid-19. Bubba Murarka, um ex-funcionário do Facebook e um amigo próximo, foi um dos primeiros investidores e consultores do Clubhouse. Ele viu de perto os estágios iniciais da empresa, trabalhando com a equipe desde a sua fundação, e observando-os iterar nas primeiras versões do produto até o seu lançamento explosivo.

Foi Bubba quem me apresentou a Paul há muitos anos, e fez uma observação sobre os primeiros dias do Clubhouse:

O consumo de conteúdo de áudio já era um hábito diário para todos, mas estava ficando ainda maior. AirPods, Alexas e software automotivo, como o CarPlay, estavam criando dezenas de milhões de horas de áudio reproduzido. Podcasts estavam se tornando mainstream e entrando em produtos como o Spotify e o Audible. Quando o Clubhouse foi lançado, havia momentos mágicos o tempo todo para a comunidade inicial. Ele tinha todos os benefícios do conteúdo de áudio, como a experiência passiva e tranquila que permite que você engaje enquanto cozinha, faz tarefas e dirige, mas também tornou cem vezes mais fácil criar conteúdo. É preciso apenas falar, como se fosse uma chamada telefônica. Todo mundo fala! O Clubhouse apareceu quando estávamos em busca de conexões humanas enquanto estávamos em lockdown lutando contra a pandemia da Covid-19.

> *O conteúdo de áudio e, particularmente, a voz humana preencheram um vazio importante em um momento em que precisávamos dela. O Clubhouse nos uniu.*[25]

Combine um produto incrível com um lançamento no momento certo e o Problema Cold Start será resolvido rapidamente.

O Oposto do Momento Mágico

O Momento Mágico é um conceito agradável, mas seria ainda mais útil se fosse possível medi-lo. A melhor maneira de fazer isso pode ser surpreendente — comece com o oposto da magia, os momentos em que a rede quebra, e então resolva o problema a partir daí.

Na Uber, chamamos esses momentos de Zeros. Um zero na Uber era a pior experiência possível, quando um usuário abre o app com a intenção de fazer uma viagem a um determinado endereço, mas não há motoristas parceiros na região! Isso é um zero. Quando o objetivo do produto é interagir com outros participantes da rede, um zero significa que seu valor não pode ser atingido, o que significa que os usuários vão abandoná-lo e possivelmente nunca mais voltarão. Fica muito óbvio quando não há usuários, anúncios ou vídeos suficientes para tornar um produto envolvente.

Isso não é um problema apenas para a Uber ou marketplaces — cada categoria de produto tem sua própria versão de um zero. Para uma ferramenta de colaboração no local de trabalho, como um wiki, pode ser uma fonte oficial obsoleta ou inexistente para um artigo que ninguém se deu ao trabalho de editar. Para o Slack, pode ser que o usuário para o qual você quer enviar uma mensagem ainda não se cadastrou no app, o que pode ser desmotivador, levando você a voltar para o e-mail. Para uma rede social, um zero pode ser quando um usuário entra e nenhum de seus amigos ou conteúdo favorito aparece nela, fazendo com que ele leve sua preciosa atenção para outro lugar. Para produtos orientados à demanda, como o Airbnb, o Yelp ou o eBay, um zero pode acontecer quando nenhum anúncio é entregue ao cliente potencial que está pesquisando por algo.

Um zero é uma experiência terrível, mas o pior de tudo é que resolvê-lo não é fácil. Adicionar apenas um motorista à rede da Uber não garante que os zeros não aconteçam, e o mesmo vale para adicionar mais um colega a um espaço de trabalho do Slack. Para garantir consistentemente que as pessoas nunca experienciem zeros, a rede precisa ser construída substancialmente e também precisa estar ativa! Os motoristas de uma rede têm de responder quando há um pedido de viagem e se não estiverem utilizando o app ativamente, temos um pedido não atendido, o que é apenas outra forma de zero. Quando uma mensagem é enviada no Slack, o receptor precisa responder — se ele se cadastrou, mas não instalou os apps, isso não acontecerá.

O custo efetivo de um zero não se dá apenas no momento em que é experimentado, mas, sim, nos efeitos destrutivos posteriores. Usuários que são "zerados" muitas vezes saem do produto e, pior, chegam a acreditar que o serviço não é confiável. Não é possível manter uma rede forte quando uma grande porcentagem de usuários está saindo do produto, mas, infelizmente, por definição, o padrão para novas redes é ter muitos zeros. Até que se lide com essa força destrutiva, a rede não será capaz de sair do chão.

Pensar em zeros e em pedidos não atendidos foi um conceito tão útil na Uber que o inserimos em muitos dos nossos painéis mais comuns, divididos por cidade e região, para que pudéssemos entender com que frequência isso acontecia. Encorajo as equipes de produtos a desenvolverem sua própria forma de analisar essa métrica, definida como um painel de redes — seja ele dividido por região, categoria de produto ou outro indicador relevante. Dentro de cada um, pode ser útil rastrear a porcentagem de consumidores que estão passando por zeros. Se esse número for muito alto, essa categoria de usuários está experimentando efeitos antirrede e isso nunca será superado.

Após o Problema Cold Start

Quando um produto em rede acerta em cheio no seu lançamento, os usuários podem ter experiências consistentemente ótimas sempre que usam o app. Momentos Mágicos sempre, com pouquíssimos zeros. Essa é uma função das características e da rede certas — não podendo ser analisadas isoladamente. Descrevi os primeiros meses do lançamento do Clubhouse, nos quais isso aconteceu rapidamente, mas ainda foi necessária uma rede atômica de milhares de usuários e o conjunto certo de recursos do produto. Tudo isso foi informado por anos de experiência em redes sociais e áudio. Se um recurso-chave tivesse sido deixado de fora, como a capacidade de convidar espontaneamente as pessoas como palestrantes, o lançamento poderia ter fracassado. Mas o mesmo teria acontecido se a empresa tivesse escolhido a rede errada, começando com um público inapropriado em uma região distante. Tanto o produto certo quanto a rede certa são necessários.

Quando um produto em rede finalmente começa a gerar Momentos Mágicos, é muito bom. Muitas vezes, isso é chamado de "Aptidão do Produto/Mercado" — Marc Andreessen descreve bem o momento em que um produto alcança esse patamar:

> *Sempre é possível sentir quando o produto/mercado não está apto. Os clientes não estão obtendo valor do produto, o boca a boca não funciona, a utilização não está aumentando tão rápido, os reviews da imprensa são meio "meh", o ciclo de vendas leva muito tempo e muitos negócios nunca são fechados.*
>
> *E sempre é possível sentir quando o produto/mercado é apto. Os clientes estão comprando o produto o mais rápido do que você pode fabricar — ou a sua utilização está crescendo em uma velocidade superior à sua capacidade de adicionar servidores. O dinheiro dos clientes está se acumulando na conta corrente da sua empresa. Você está contratando vendas e equipes de suporte ao cliente o mais rápido possível. Os repórteres estão ligando porque souberam da sua novidade e querem falar com você sobre ela. Você começa a ganhar prêmios de empreendedor do ano da Harvard Business School.*[26]

Claro que ele estava falando sobre chegar à aptidão de produto/mercado de forma mais geral, mas para produtos em rede, eu acrescentaria a bondade de rede a essa descrição — os usuários estão convidando outras pessoas e compartilhando conteúdo de seu produto na internet. Você pesquisa no Twitter, Reddit e em outras mídias sociais e elas estão repletas de usuários leais comentando sobre como seu produto é bom. O engajamento aumenta à medida que as pessoas encontram mais utilidade e à medida que mais usuários entram.

Se isso soa fácil e automático, é justamente o contrário. O Problema Cold Start não acaba quando um produto em rede estabelece a sua primeira rede atômica — ele precisa ser resolvido continuamente pela rede à medida que ela cresce. Mesmo quando uma rede atômica está prosperando, as redes interligadas a ela — sejam elas baseadas em área de atuação, região, demografia ou qualquer outra forma — ainda precisam resolver o Problema Cold Start. Mesmo que haja usuários suficientes no departamento de TI de uma empresa que gostem do Slack, isso pode não ser suficiente para que alguém da equipe de marketing entre. Todos esses usuários farão parte do churn, a menos que se construa uma densidade robusta em toda a organização, rede por rede. E uma vez que você obtenha uma sede comercial específica, os colegas de outras cidades começarão a entrar. O Problema Cold Start não é resolvido apenas uma vez; precisa ser tratado repetidamente.

E assim que uma equipe é capaz de construir uma dessas redes independentes, está pronta para construir mais — muitas mais — e tentar dominar todo o mercado.

PARTE III
O PONTO DE VIRADA

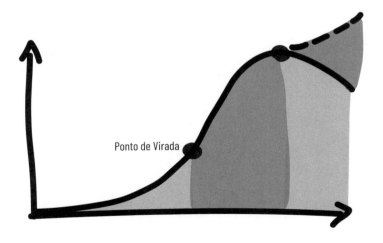

11
TINDER

Para dominar o mundo, não é suficiente construir uma única rede atômica; é preciso escalar de uma ou duas para muitas, muitas mais.

Somente quando se obtém escala os efeitos de rede mais amplos que desejamos — crescimento viral, maior aderência e monetização intensa — começam a aparecer. Às vezes isso acontece de cidade a cidade, e às vezes de equipe a equipe. Quando isso se torna replicável, a rede atingirá o "Ponto de Virada", no qual um produto pode crescer rapidamente e dominar todo o mercado.

Nos ônibus, metrôs e trens ao redor do mundo, uma cena familiar se desenrola durante a hora do rush: muitas pessoas de vinte e poucos anos sentadas em silêncio com fones de ouvido e os olhos vidrados nos celulares. Você pode estar sentado de frente para elas ou a dez assentos de distância; é fácil saber qual aplicativo estão usando por causa do movimento familiar que seus polegares traçam no celular: deslizar, deslizar e deslizar. De repente, outra deslizada, mas na direção contrária. Elas estão no Tinder e, no decorrer da viagem, esses jovens podem passar por algumas dúzias de possíveis pretendentes antes que o trajeto termine e seja hora de saltar. Essa cena se repete em todo o mundo, e quando você observa a soma de toda essa atividade, o número é grande: no momento em que escrevo este livro, dezenas de milhões de pessoas usam o Tinder e elas deslizam a tela mais de 2 bilhões de vezes por dia, levando a 1 milhão de encontros por semana. O amor em escala é assim.

O Tinder é uma exceção radical à observação geralmente aceita de que o namoro online é um mercado ruim para lançar um novo produto. Aplicativos de namoro são notoriamente difíceis de se lançar e ainda mais difíceis de escalar — essa categoria tem o Problema Cold Start em um grau muito elevado. Um encontro é uma ocasião hiperlocal em que, mesmo que as pessoas vivam na mesma cidade, podem querer se encontrar apenas se estiverem muito próximas. Não peça a duas pessoas solteiras, uma morando em São Francisco e outra em Oakland, que fica do outro lado da ponte, que se encontrem. Ou então alguém que mora em Santa Monica, Los Angeles, com alguém em Silver Lake, que fica a oeste de LA. A rede de um aplicativo de namoro precisa de muita densidade para ser bem-sucedida e, mesmo que um mercado funcione, é preciso estar em várias regiões ao mesmo tempo para atingir a escala. Mesmo assim, caso se obtenha sucesso em um grupo demográfico — digamos, solteiros cristãos com mais de 40 anos —, será preciso reiniciar a rede a cada novo grupo demográfico. As redes de encontros têm churn alto naturalmente — quando um casal feliz se forma são duas pessoas a menos na plataforma, de modo que quanto maior o sucesso do app, maior o churn.

Quando trabalhava na Uber, fui apresentado a Sean Rad, cofundador e CEO da Tinder. Ele estava tentando descobrir como estender o alcance do seu produto para o mundo inteiro, depois que o app já havia se popularizado nos mercados urbanos densos dos Estados Unidos. Sean e eu imediatamente nos demos bem, e concordei em me tornar um conselheiro do Tinder. Durante alguns dos anos mais cruciais de seu crescimento, eu ia de avião até a sede em Los Angeles para analisar as métricas de negócios, a estratégia do produto e o crescimento de usuários. Depois de uma sessão na sede, nos encontrávamos na Soho House ou, ocasionalmente, íamos ao Chateau Marmont perto da sede de West Hollywood para tomar uns drinques, e lá eu ouvia mais sobre o background da empresa. Até então, o Tinder havia alcançado milhões de usuários, mas a equipe era excepcionalmente pequena em comparação com seu impacto — apenas oitenta pessoas.

O desafio para o Tinder naquele momento não era ser lançado em novos campi universitários — eles sabiam como fazer isso — era capturar todo o mercado, chegar a centenas de milhões de usuários em todas as principais regiões. A empresa atingiu seu Ponto de Virada e todo o mercado estava mudando rapidamente para o estilo Tinder de namoro online — mobile-first, deslizar para a esquerda e para a direita e mensagens incorporadas no app. Em breve, ele alcançaria mais de US$1 bilhão em receita e redefiniria o mercado.

Como isso aconteceu? Em minhas conversas com Sean, conheci a incrível história por trás de um dos maiores sucessos tecnológicos da última década.

Campus da USC, 2012

"Tudo começou com uma única festa na USC", contou Sean, falando sobre os primeiros dias do Tinder quando foi lançado pela primeira vez em 2012.

> *Naquela época, o app era muito simples; mostrava uma série de perfis para match, mas quando o lançamos pela primeira vez, o movimento de deslizar ainda não havia sido implementado.*[27]

Na época, o número de usuários era pequeno, e o app foi desenvolvido por uma equipe pequena, meia dúzia de pessoas. A equipe cofundadora; Sean Rad, Justin Mateen e Jonathan Badeen, havia criado algo que chamavam de Matchbox, não de Tinder. Não havia como deslizar — em vez disso, um botão de coração verde para "curtir" e um X vermelho para "passar". Para ir ao próximo perfil, era preciso tocar um dos botões. O deslizar para a esquerda ou para a direita somente seria acrescentado posteriormente, quase como uma reflexão tardia de Badeen, o desenvolvedor de iOS à época. Jon me descreveu como ele teve essa ideia:

> *Eu estava com um baralho na minha mesa e ficava brincando com as cartas enquanto codificava; nisso de ficar passando as cartas enquanto escrevia códigos decidi implementar o*

movimento como um recurso divertido. Deslizar para a esquerda e para a direita era bom, mas não era para ser o jeito principal de usar o app.[28]

Quando esse gesto icônico foi adicionado, não houve como voltar atrás.

Mas havia um problema — o crescimento inicial do produto era lento. Sean e Justin aumentaram o ritmo, mandando mensagens para todos os amigos de suas listas de contatos. Cerca de quatrocentas pessoas foram se inscrevendo lentamente para experimentar o novo app, mas, como você pode imaginar, isso não deu tão certo — não havia usuários suficientes. Graças ao Problema Cold Start, foi um grande esforço resolver isso.

Lançar um produto como o Tinder é difícil. Requer a atração simultânea de vários segmentos de usuários nas proporções certas. Na sua parcela heterossexual, é uma rede bilateral de homens e mulheres que deve ser construída e ampliada exatamente nas mesmas condições. Não pode haver muitas mulheres nem muitos caras, e é preciso que haja níveis semelhantes de interesses, demografia e atratividade para garantir que todos consigam dar match em uma quantidade satisfatória.

Além disso, a categoria de namoro online normalmente não apresenta produtos que aproveitam o crescimento viral — embora as coisas estejam mudando no âmbito cultural, muitas pessoas ainda acham um pouco embaraçoso dizer aos amigos que estão usando um app de relacionamentos. E se o produto for bem-sucedido e fazer as pessoas certas darem match, então, ironicamente, há duas pessoas muito felizes que vão parar de usar o aplicativo — embora possam contar a todos os amigos como se conheceram. Todas essas dinâmicas fazem com que seja muito difícil lançar novos produtos desse ramo, e que sejam ainda mais difíceis de escalar.

A resposta para esse enigma estava na Universidade do Sul da Califórnia, que, em muitos aspectos, era um lugar ideal para inaugurar o Tinder. Situada no coração do sul de Los Angeles com um campus de 300 acres, a USC abriga mais de 19 mil estudantes de graduação com uma cena social muito ativa, centrada nas irmandades e fraternidades em seu sistema grego. Ao começar em um pequeno nicho, o Tinder poderia ser lançado para homens e mulheres que queriam se conhecer, todos na mesma faixa etária, 18 a 21 anos, no contexto comum de região, universidade e interesses semelhantes — incluindo ir a festas.

Sean e Justin são egressos da USC, e mais importante, Justin tinha um irmão mais novo cursando lá na época. Eles bolaram um plano: o Tinder trabalharia em conjunto com o irmão mais novo de Justin: ele daria uma festa de aniversário para um de seus amigos populares e hiperconectados no campus, e a usaria para promover o app. A equipe do Tinder trabalhou integralmente para fazer com que essa festa fosse incrível. No dia da festa, os estudantes da USC estavam sendo levados de ônibus para uma casa luxuosa em LA, onde tudo tinha sido preparado para atraí-los. Sean descreveu esse cenário:

A festa tinha uma pegadinha: primeiro, era preciso baixar o Tinder para entrar. Colocamos um segurança na casa para verificar isso. A festa foi o máximo, um sucesso, e o mais importante foi que no dia seguinte todos na festa acordaram e lembraram que tinham um novo app em seu telefone. Nele havia pessoas atraentes com quem não conseguiram conversar na festa e essa seria a segunda chance deles.

A tática de apresentação na festa de faculdade funcionou. Para a equipe do Tinder, essa festa criou o maior pico de downloads em um dia, por mais modesto que isso possa parecer em retrospecto. Depois, Sean disse a mim que não era apenas a quantidade que importava, mas, sim, que foram "quinhentas pessoas certas". Foi um grupo das pessoas mais sociais e hiperconectadas do campus da USC no Tinder ao mesmo tempo. O app começou a funcionar. Os matches começaram a aparecer quando os alunos que se conheceram na noite anterior começaram a deslizar a tela para a direita e conversar. Surpreendentemente, 95% desse grupo inicial começou a usar o aplicativo por três horas, todos os dias.

A equipe do Tinder construiu uma rede atômica, mas logo descobriu como construir a próxima — era só dar outra festa. E depois outra, indo para outras universidades, e dando ainda mais festas. Cada rede nova era sucessivamente mais fácil de ser criada. O Tinder rapidamente alcançou 4 mil downloads, depois 15 mil em um mês e depois 500 mil apenas um mês depois disso — primeiro replicando o lançamento no campus, depois deixando o crescimento viral orgânico assumir o controle. Sean, Justin e a equipe levaram essa tática de dar festas em fraternidades e irmandades em outros campi para todo o país em uma velocidade frenética.

Em abril de 2013, Mateen contou ao *Huffington Post* que eles haviam apresentado o produto em dez campi universitários, dizendo: "Acreditamos no marketing de cima para baixo, então passamos para pessoas com vida social muito ativa e os fizemos promover o app para seus amigos e ele cresceu a partir daí."[29] As capabilidades de localização do app — os usuários só podiam ver perfis dentro de uma distância específica — permitiram que a equipe ajustasse seu público inicial para estudantes universitários populares e influentes. Mais tarde, a equipe passaria a acreditar que, ao inserir 20 mil usuários em um único mercado, o aplicativo atingiria a Velocidade de Escape em sua totalidade e cresceria para dominar essa região completamente.

Se você analisar a jornada do Tinder no framework do Cold Start, o lançamento em uma festa na USC foi a solução da primeira etapa, mas a da segunda foi escalar esse sucesso de campus a campus:

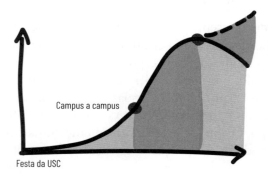

Figura 9: Tinder

Esta segunda fase foi o Ponto de Virada — o Tinder atingiu um ponto de crescimento replicável, pois a equipe soube como criar uma rede atômica, e depois outra; a partir daí era só replicar. Essas táticas de crescimento continuaram a escalar e a equipe iterou para torná-las mais eficazes. Houve festas de Dia dos Namorados, coquetéis, festas de fraternidade e muito mais, todas promovidas pelo Tinder — e isso continuou dando certo. Na Tufts University, menos de um ano após o lançamento, mais de 80% do sistema grego tinha entrado no app e 40% de todos os graduandos estava nele.

A equipe escalou recrutando uma grande equipe de embaixadores que eram altamente influentes no campus e executando a mesma estratégia até sair dos campi para as cidades e regiões internacionais. Na Índia, o foco estava nos call centers, cujas comunidades densas eram o equivalente às fraternidades e irmandades dos campi norte-americanos. No caso da Europa, as pessoas nos Estados Unidos convidavam seus amigos no exterior e a conectividade apresentava o produto.

A rede do Tinder cresceu rapidamente. Em dois anos, ele se tornou um dos 25 melhores apps sociais da App Store. Cinco anos depois, encontrou um modelo de negócios, tornando-se o app mais lucrativo da plataforma (entre os que não são jogos), ultrapassando a Netflix e o Spotify. Ele se espalhou por todo o mundo e hoje é oferecido em mais de quarenta línguas em praticamente todos os países.

O Tinder desafiou as probabilidades em um mercado que historicamente tem sido muito difícil para startups. Para cada Tinder, há um HowAboutWe, Tagged, Speeddate e dezenas de outras startups de relacionamento que até atingem um certo sucesso, mas nunca escalam. No entanto, Sean Rad, Jonathan Badeen e a equipe inicial do Tinder — um grupo de vinte e poucos anos que foram empreendedores pela primeira vez — conseguiram isso em 2012. Eles pegaram uma festa de aniversário em uma universidade e a transformaram em um esforço replicável e escalável que passou de universidade em universidade, para países e para o mundo. Com isso, eles criaram um produto icônico, juntamente com um gesto universalmente reconhecido no romance moderno.

Apresentando o Ponto de Virada

A chave para o início do Tinder foi descobrir uma estratégia replicável que os levasse da USC para outras universidades, depois absorvendo as áreas metropolitanas e, em seguida, de país em país. É quando o mercado atinge a segunda fase da nossa teoria, o Ponto de Virada. É aí que o impulso começa a jogar a seu favor e as estratégias devem ser orientadas em torno de virar mercados inteiros em vez de lançar uma rede atômica individual por vez. Os próximos capítulos apresentam os exemplos do LinkedIn, do Instagram, do Reddit e a invenção dos cupons.

Para iniciar a discussão sobre o Ponto de Virada, falarei de uma estratégia proeminente: a "Apenas para Convidados", que geralmente é utilizada para absorver uma grande rede por meio do crescimento viral. Outro método para virar um mercado é a estratégia "A Ferramenta o Fez Entrar, A Rede o Faz Ficar". Veja o Dropbox, por exemplo, que a princípio é adotado por muitas pessoas que querem fazer backup de arquivos e mantê-los sincronizados entre computadores de trabalho e domésticos — essa é a ferramenta. Mas, eventualmente, surge um caso de uso mais avançado e mais rigoroso em que é preciso compartilhar pastas com os colegas — essa é a rede. E se isso não der certo, pode-se sempre investir uma quantia em alguns produtos e construir uma rede com a estratégia "Pagar para Lançar". Para muitos produtos em rede que gerenciam transações, como marketplaces, as equipes podem simplesmente subsidiar a demanda e gastar milhões para estimular a atividade, seja pagando criadores de conteúdo para trabalharem em sua rede social ou pagando a motoristas em apps de transporte. Se o hard side da rede ainda não estiver ativado, uma equipe simplesmente pode preencher as lacunas usando a técnica "Flintstoning" (Capítulo 15) — o Reddit fez isso enviando links e conteúdo até adicionar posteriormente recursos de automação e comunidade para escala.

No fim das contas, todas essas estratégias exigem uma criatividade enorme. E para encerrar a seção Ponto de Virada, apresento o *ethos* central da Uber, "Always Be Hustlin" [Sempre se Esforce, em tradução livre] — descrevendo a criatividade e o conjunto descentralizado de equipes, todas com suas próprias estratégias localizadas em cada região. Às vezes, adicionar a quinta ou centésima rede requer criatividade, engajamento de produtos e mudanças táticas. No objetivo de alcançar o Ponto de Virada, as equipes devem ser fluidas ao construir uma ampla rede de redes.

12
APENAS PARA CONVIDADOS

LinkedIn

"Desculpe, para se cadastrar neste aplicativo é necessário um convite." Uma mensagem como essa não agrada a ninguém. Pode parecer uma maneira contraintuitiva de lançar um aplicativo, particularmente durante a fase de Cold Start, quando há uma necessidade desesperada de novos usuários. Por que recusar usuários que querem experimentar seu produto?

Mesmo assim, essa restrição é o coração da estratégia de lançamento de produto chamada "Apenas para Convidados". Para Gmail, LinkedIn, Facebook e muitos outros produtos em rede, ela deu certo. Por quê?

Algumas empresas adotaram a tática do convite apenas como um método para gerar hype, uma vez que, potencialmente, um novo produto com bastante buzz pode fazer as pessoas irem às mídias sociais para pedir que os amigos as convidem. Outros dizem que o valor dos convites vem do método de limitar o crescimento do público para que as equipes possam corrigir bugs e escalar a infraestrutura de um produto antes que ele entre no mercado de forma mais profunda. Sim, tudo isso é verdade, mas a razão mais importante para convites em um produto com efeitos de rede passa batida. Os convites mecânicos atuam como um recurso de copiar e colar — se você criar uma rede controlada e dar convites, essa rede se copiará automaticamente por repetidas vezes.

Foi exatamente isso que aconteceu com o LinkedIn — a startup foi inicialmente fundada em 2002 e teve que resolver um problema de dispersão entre usuários profissionais. Na época, combinar redes sociais e contexto profissional era controverso e inusitado — não se sabia ao certo se as mesmas características sociais que eram aplicadas principalmente a uma população jovem universitária também dariam certo em um cenário profissional. As pessoas gostariam de compartilhar fotos, atualizar status e enviar convites a seus colegas de trabalho? Além disso, criariam perfis em um site usado para procurar emprego? Na época, muitos argumentaram que não. No entanto, com quase 700 milhões de usuários registrados e uma venda de US$26 bilhões fechada com a Microsoft, acho que podemos dizer que a resposta é sim. No início, isso não era tão óbvio.

Conversei com Reid Hoffman, cofundador e CEO do LinkedIn, sobre como eles pensaram esse desafio de entrada no mercado. Ficou claro que Reid personificava seu produto principal em todos os sentidos; ele é um sujeito sociável e carismático e contou histórias sobre os primeiros dias e sobre como ele levou seus amigos e mentores pessoais para o LinkedIn.

Também nos identificamos rapidamente por causa de uma questão pessoal — quando fizemos a videochamada, reconheci imediatamente a escultura de uma baleia orca que ele tinha na parede. Durante a pandemia da Covid-19, Reid se mudou temporariamente para as Ilhas San Juan, um belo arquipélago perto de Seattle, minha cidade natal. Era um dos meus lugares favoritos, eu o visitava quando criança e Reid também o amava. Depois de falar sobre o Noroeste do Pacífico, entramos no assunto principal: a história inicial do LinkedIn.

Desde os primeiros dias, a teoria de Reid sobre redes profissionais era que, sim, as conexões formavam uma teia de aranha, mas também apresentavam hierarquia. Reid descreveu a rede inicial do LinkedIn:

> *Há pessoas como Bill Gates, que estão no topo da hierarquia profissional. Há tantas pessoas querendo ser apresentadas a ele que é impossível lidar com isso, e sempre estão pedindo para quem o conhece fazer isso. No lançamento, o LinkedIn não faria sentido para pessoas como Bill Gates. Porém há uma camada intermediária de pessoas de sucesso que ainda estão na batalha, crescendo, e que recebem menos pedidos de apresentações, mas aceitarão realizar esses contatos. É para essa classe de pessoas, no meio da escada profissional, que o LinkedIn funciona bem.*[30]

Para semear a rede inicial dessa camada intermediária da hierarquia, o produto foi projetado para ser apenas para convidados.

> *Na primeira semana do lançamento do LinkedIn, funcionários e investidores da empresa puderam convidar quantas pessoas quisessem, mas você não conseguiria se inscrever apenas no site. Intencionalmente, semeamos a rede com a camada intermediária de profissionais bem-sucedidos que queria se conectar.*

Os convites foram enviados para esse segmento da hierarquia de talentos, mas só isso não bastava, o posicionamento do produto tinha que estar correto. De acordo com Reid, era importante que o LinkedIn nunca se descrevesse explicitamente como um produto de "procura de emprego". Isso era uma preocupação porque quando seus colegas de trabalho ou chefe o veem em um site desses isso gera um certo estigma e, portanto, seria mais seguro evitar esse rótulo. Assim, o LinkedIn adotou um posicionamento mais flexível como um serviço de rede profissional. É possível ter um perfil, se conectar com as pessoas e, sim, procurar emprego fazia parte da funcionalidade, mas isso é apenas um dos muitos recursos do produto. Ou seja, quando alguém recebesse um convite para o LinkedIn, ficava mais propenso a se inscrever e a convidar outras pessoas depois.

O LinkedIn teve um crescimento explosivo desde a primeira semana, impulsionado simplesmente por causa da estratégia "Apenas para Convidados". Começou a partir das listas de endereços da equipe fundadora, mas então os membros que entraram começaram a fazer seus próprios convites. É o mecanismo de copiar e colar em ação — pegue a rede inicial controlada do LinkedIn, distribua convites para um produto incrível e observe o escalar da rede com indivíduos mais afins. Isso é superior a um lançamento centralizado baseado em RP, que pode se diluir e se mesclar em diferentes regiões, indústrias e dados demográficos. A mecânica de convites amplifica um produto em rede que já é útil para as primeiras dezenas de usuários. Após esse conjunto inicial, os convites atrairão uma rede densa que crescerá cada vez mais. Lee Hower, da equipe inicial do LinkedIn, descreve como os convites explodiram no início:

> *Reid e os demais membros da equipe fundadora enviaram convites para nossos contatos profissionais no dia do lançamento. Pedimos a essas pessoas para experimentar a v1 do produto e convidar seus contatos profissionais. No total, talvez tenhamos atingido alguns milhares de indivíduos... Praticamente todos que se inscreveram na primeira semana faziam parte do ecossistema de startups (tão predispostas a experimentar novos produtos) e tinham uma conexão direta ou indireta com a equipe do LinkedIn (portanto, mais dispostas a olhar o projeto novo de um colega/amigo).*[31]

O acesso apenas por convite não durou muito. Na segunda semana, a rede principal já estava forte, e a decisão de abrir a inscrição para pessoas que souberam do LinkedIn na mídia foi tomada. Os usuários agora poderiam se inscrever sem convite. O grupo inicial de empreendedores e investidores bem conectados e aspiracionais do Vale do Silício foi útil. Eles criaram o buzz que trouxe um público ainda mais importante, uma base mais ampla de usuários que Reid chama de "true believers" [fiéis verdadeiros] do LinkedIn. Embora a comunidade tecnológica da Bay Area estivesse diminuindo ao longo do tempo, os true believers estavam altamente engajados, espalhados por todo o mundo e cresceram exponencialmente.

Dentro de algumas semanas, ficou claro que o LinkedIn havia atingido o Ponto de Virada — o produto estava engajando usuários e era valioso para além da comunidade de tecnologia dos primeiros usuários. Muitas outras redes de todo o mundo também começaram a entrar, e logo ele viria a definir a categoria de rede profissional. Enquanto a batalha para se tornar a rede social global dominante compreendia uma dúzia de produtos, como MySpace, Facebook, Hi5, Tagged, Bebo e outros — a categoria de rede profissional praticamente não tinha concorrência. O LinkedIn tomou o mercado em uma velocidade maior do que a do surgimento de concorrentes e, por fim, dominou a categoria.

O LinkedIn é apenas um exemplo — é claro que a mecânica de convites não é exclusiva dele, e estes se tornaram parte do manual padrão para colocar novos produtos no mercado. Como se sabe, inicialmente o Facebook exigia um endereço de e-mail harvard.edu para permitir o cadastro, definindo uma rede atômica em que todos confiavam uns nos outros bem como fornecendo uma maneira clara de pensar sobre como apresentar um produto de universidade a universidade. Anos mais tarde, o Slack empregaria uma tática semelhante, usando domínios de e-mail corporativos como a maneira de definir em qual rede um usuário entraria. São formas inteligentes de agir e, embora digam que as estratégias "Apenas para Convidados" se aproveitem do FOMO ["Fear Of Missing Out" — Medo de Ficar de Fora, em tradução livre], esse não é o seu fator principal. Quando um novo produto organiza uma rede cuidadosamente, seguido por convites de implementação para que ele possa copiar e colar para redes semelhantes, então ele pode crescer para dominar o mercado.

A Experiência de Boas-vindas

A mecânica de convites também fornece uma melhor "experiência de boas-vindas" para novos usuários. Para explicar isso, imagine que está indo a um grande jantar e um bom amigo o recebe na porta de onde o evento acontecerá; ao entrar, vê conhecidos, amigos próximos e novas pessoas que foram escolhidas por serem absolutamente fascinantes. Se essa é a experiência ideal para quem é convidado a um jantar, também é uma analogia adequada para a melhor entrada possível em uma experiência de produto nova. Produtos apenas para convidados podem facilitar isso, porque cada novo usuário que se inscreve já está conectado a, pelo menos, uma pessoa — quem o convidou. Para produtos como o Slack ou o Zoom, nos quais a utilidade depende apenas de algumas pessoas, ter a garantia de, pelo menos, uma conexão é um passo gigantesco para resolver o Problema Cold Start.

Matematicamente, isso tende a funcionar ainda melhor — as pessoas mais conectadas tendem a ser convidadas mais cedo e, por sua vez, tendem a convidar outras pessoas altamente conectadas; quem está conectado traz ainda mais pessoas conectadas. Isso resulta em um jantar de pessoas altamente sociáveis — o que é extremamente benéfico no lançamento de uma nova rede. Vi isso em primeira mão ao trabalhar em recursos de convite para apps sociais e para a Uber. Muitas vezes se pede aos usuários para importar contatos de e-mail e telefone como parte do processo de convite, e isso costuma aparecer na tela "Encontrar amigos" durante o login.

Quando se analisa as redes iniciais, esse fenômeno é fascinante. Os primeiros usuários tendem a ter listas grandes de contatos, muitas vezes na casa dos milhares, e tendem a convidar pessoas com listas de tamanho equivalente. Dentro de meses e anos, quem adota o produto tardiamente pode estar com apenas algumas centenas de conexões. O resultado final dessa propriedade matemática é que os primeiros usuários podem ser conectados instantaneamente com dezenas de amigos e colegas. Novamente, é um jantar de pessoas altamente sociáveis.

O LinkedIn também refinou a mecânica de convites ao longo do tempo. Logo no início, o produto começou apenas com o básico — pedindo aos usuários que se conectassem uns com os outros com grandes botões azuis de "conectar". Todavia, a partir dos dados ficou claro que fazer a conexão de uma ação primária estimularia o engajamento em todo o aplicativo — e, portanto, isso se tornou uma ação essencial. Solicitou-se a novos usuários que importassem seus contatos de e-mail para convidar mais pessoas. Após cada solicitação de contato, telas com ainda mais sugestões apareciam para eles. Novos usuários que surgiam nos contatos de outras pessoas — mesmo que tenha pulado a etapa de importar contatos — recebiam sugestões de contatos logo após o cadastro. A rede de contatos foi ajustada para sugerir "Pessoas que talvez você conheça" — um recurso ainda em uso atualmente, que ajuda a conferir densidade para as redes, gerando, assim, fortes efeitos de rede. Todas essas táticas ajudaram a ampliar o crescimento. Quanto mais densa a rede do LinkedIn, mais provável que os novos usuários tivessem uma ótima experiência inicial.

Hype e Exclusividade

A mecânica de convites também está intimamente relacionada à criação de buzz nas mídias sociais. Pessoas que receberam o convite para um produto exclusivo publicarão elogios, críticas e outros comentários. Pessoas que não o receberam pedirão o tal convite, suscitando discussões e, por vezes, controvérsias, impulsionadas por dinâmicas de escassez e exclusividade. Isso, por sua vez, atrai mais atenção e engajamento. Isso dá muito certo!

O Gmail foi lançado pela primeira vez como um produto exclusivo para convidados em abril de 2004. Oferecia um gigabyte de armazenamento em um momento em que outros ofereciam megabytes. A ideia original não era criar hype, mas algo mais prático — a infraestrutura que rodava o Gmail não suportaria uma elevação rápida do número de usuários, então utilizaram uma estratégia "Apenas para Convidados":

> *O Gmail acabou rodando em trezentos computadores Pentium III antigos que ninguém mais queria no Google. Isso foi suficiente para o lançamento beta limitado que a empresa planejava, que envolvia dar contas a mil pessoas de fora, permitindo que eles convidassem poucos amigos e esse número cresceria lentamente a partir de então.*[32]

No entanto, logo ficou claro que o produto seria um sucesso — George Harik, um dos primeiros dez funcionários do Google, disse:

> *Uma vez que ficou claro que o Gmail era muito bom, os convites se tornaram um item cobiçado. O lançamento limitado foi devido à necessidade, mas "teve um efeito colateral. Todos o queriam ainda mais. Isso foi aclamado como uma das melhores*

decisões de marketing da história da tecnologia, embora tenha sido meio sem querer".

As pessoas começaram a comprar e vender convites para o Gmail:

Os leilões de convites no eBay tinham preços que disparavam a US$150 e além; surgiram sites como o Gmail Swap para pessoas que tinham convites os trocarem com quem os queria desesperadamente. Ter um e-mail do Hotmail ou do Yahoo Mail era um pouco embaraçoso; ter um Gmail significava que você fazia parte de um clube no qual a maioria das pessoas não conseguia entrar.

Pode parecer bobagem lutar por acesso antecipado, mas entrar nos primeiros meses gera benefícios permanentes. Os usuários antecipados podem escolher o nome de usuário que quiserem. Um endereço como frank@gmail.com pode ser selecionado imediatamente, enquanto um cliente tardio pode ter que se contentar com frank_eh_indestrutivel2000@gmail.com. As redes sociais têm um incentivo semelhante; os primeiros usuários podem conseguir nomes de usuário curtos e concisos que, futuramente, podem se tornar símbolos de status. E décadas atrás, no início da web, comprar antecipadamente um domínio como Insurance.com ou VacationRentals.com podia mudar a vida de alguém, pois mais tarde esses domínios seriam vendidos e revendidos por dezenas de milhões de dólares.

Talvez você se pergunte: se a estratégia "Apenas para Convidados" é tão boa, por que não é usada com mais frequência? Há boas razões: muitas vezes isso é visto como arriscado, porque pode matar a taxa de crescimento de primeira linha do produto. Ela exige que se crie muitas funcionalidades extras, para que as pessoas que se cadastrem antecipadamente estejam conectadas de maneira adequada com as pessoas ao redor. Muita gente pode aparecer sem convite e ser rejeitada. Da perspectiva de uma empresa fazendo um Lançamento Big Bang, por que limitar seus números? Se a quantidade de novos usuários surgindo e interagindo com outras pessoas for insuficiente, a rede pode ser muito pequena — o Problema Cold Start pode acontecer.

No entanto, os lançamentos por convite têm sido uma característica fundamental de muitos produtos precisamente porque, para produtos em rede, há vantagens enormes. Isso permite que a rede inicial se cristalize como uma comunidade, desenvolva uma alta densidade de conexões e cresça organicamente por meio da viralidade.

Organizando uma Rede de Alta Qualidade

"Avalie-nos com 5 estrelas!", diz o aplicativo. Atualmente, todos nós já vimos uma tela como essa em nossos apps favoritos.

Categorias de produtos como marketplaces, relacionamentos, lojas de aplicativos e delivery de comida nos pedem para comentar e avaliar (com uma escala de cinco estrelas!) porque são categorias em que credibilidade, segurança e alta qualidade são fundamentais para a experiência. Selecionar quem fica na rede é uma parte disso, a outra é ensinar os usuários a interagir uns com os outros e impor essas "regras" dentro do produto. Qualidade gera qualidade. Os produtos em rede nessas categorias podem ser magnéticos para os consumidores no vetor de qualidade, razão pela qual as empresas frequentemente os escolhem a dedo — outra forma de tática de convite — para organizar a rede inicial.

O Ubercab, como era inicialmente chamado, começou como um serviço de transporte executivo, com um app no qual se podia apertar um botão e chamar uma limusine. Os cofundadores e executivos seniores se reuniam pessoalmente e integravam todos os motoristas pessoalmente antes de adicioná-los à rede. Na época, a jovem startup estava lidando com motoristas de limusine licenciados e profissionais, mas, mesmo assim, a equipe decidiu que era importante detalhar como se esperava que o serviço funcionaria, como se comunicar com os usuários, como lidar com problemas e assim por diante. Como bônus, ela aumentou a taxa de inscrição na ativação, colocando os motoristas na estrada e fazendo viagens. Embora a integração mais personalizada nem sempre seja escalável, ela estabelece normas culturais e uma rede de alta qualidade que define o padrão para novos usuários; portanto, às vezes esse trade-off faz sentido. Para reforçar e dimensionar ainda mais esses processos, pode-se adicionar recursos ao produto: comentários, suporte ao cliente e avaliações que permitem dar mais detalhes — como dar uma estrela só, o que aciona opções para informar que o motorista dirigiu mal, escolheu uma rota ruim etc.

É claro que a entrevista presencial não escala. Uma versão mais escalável faria tudo em software, o que a Uber implementou posteriormente. Há grandes vantagens em uma experiência na lista de espera no aplicativo. Por exemplo, a Robinhood, uma corretora online que não cobra comissão, teve um lançamento quente e amplamente antecipado, e foi lançada inscrevendo os usuários em uma lista de espera. No back-end, a equipe foi deixando as pessoas entrarem lentamente, acompanhando o crescimento para que os servidores não sobrecarregassem. A mecânica da Robinhood consistia em pedir aos usuários da lista de espera para twittar ou postar nas mídias sociais para saltar de lugar na fila, e isso trouxe um milhão de usuários antes de um lançamento generalizado. Outra variação disso é pedir aos usuários na lista de espera que preencham informações detalhadas sobre si mesmos, incluindo seus possíveis casos de uso, dando às equipes uma maneira de controlar a entrada de um grupo menor de usuários para montar a rede inicial.

Como os Produtos Apenas para Convidados Organizam Suas Redes

Convites exclusivos são uma estratégia poderosa. Quando bem executada, as pessoas em uma rede atômica inicial se tornam um ímã para ainda mais usuários. Ela permite que uma rede se copie e cole muitas vezes, atraindo cada vez mais redes adjacentes ao longo do tempo.

Assim como os criadores de novos produtos passam horas intermináveis projetando a experiência, os criadores de produtos em rede têm uma tarefa adicional: selecionar as pessoas certas para que a experiência de um novo membro que esteja se juntando à comunidade, marketplace ou outra rede seja perfeita. Um bom designer de produto não permitiria que um conjunto aleatório de ideias de recursos fosse adicionado à versão final de um novo aplicativo e, da mesma forma, um designer consciente de redes não permitiria que um conjunto aleatório de usuários se juntasse inicialmente.

Se o LinkedIn tivesse começado com um conjunto indesejável de usuários, provavelmente não teria se tornado um ímã para os true believers que continuaram a trazer seus amigos ao longo do tempo.

Se o Tinder tivesse começado em algum lugar além da USC — digamos, em uma pequena cidade rural — não teria sido capaz de crescer de campus a campus, e depois saltar para grandes cidades e além. Isso teria alterado toda a estratégia.

Para produtos em rede, a organização desta — quem está dentro, por que está e como interagem uns com os outros — é tão importante quanto o design de produto. Começar com um ponto de vista deliberado sobre quem é melhor para sua rede definirá seu magnetismo, cultura e trajetória final.

13
A FERRAMENTA O FEZ ENTRAR, A REDE O FAZ FICAR

Instagram

"A Ferramenta o Fez Entrar, a Rede o Faz Ficar" é uma das estratégias mais famosas para lançar e escalar redes. Tudo começa com uma ótima "ferramenta" — uma experiência de produto com serventia até mesmo para um único usuário. Em seguida, ao longo do tempo, os usuários são direcionados a uma série de casos de uso que se conectam a uma "rede" — a parte em que se colabora, compartilha, comunica ou interage com outros usuários.

Para descrever um dos melhores exemplos dessa estratégia, começarei falando da origem da App Store.

Quando o iPhone foi lançado pela primeira vez, não havia muitos aplicativos. Nos primeiros dois anos, cerca de 50 mil apps foram publicados — um número muito menor do que os vários milhões que existem hoje. No entanto, mesmo dentro desses aplicativos, alguns começavam a se destacar. Um aplicativo em particular — vou deixar que adivinhe o nome — foi projetado e desenvolvido em setembro de 2009 por dois jovens empreendedores que tinham paixão por fotografia.

O que o app fazia? Bem, ele popularizou um estilo de fotos em telefones celulares que desde então se tornou onipresente. Ele prometia aplicar filtros antigos ou descolados em fotos para fazer com que ficassem bonitas e compartilháveis nas mídias sociais. Esse app rapidamente atingiu milhões de instalações, foi destaque no *New York Times* e teve uma série de críticas iniciais efusivas. Um exemplo dessas críticas é a do blog Pocket-Lint, citando Mario Estrada, um dos primeiros community managers do aplicativo:

> *No primeiro mês, ele começou a ganhar hype e chegar ao top 10 de aplicativos em alguns países. Então começamos a ver fotos aparecerem no Facebook e percebemos que precisávamos abraçar essa comunidade e criar um concurso para as pessoas enviarem suas imagens. A resposta foi incrível e acho que foi quando percebemos que isso era maior do que nós.*[33]

Um aplicativo incrível, lançado no alvorecer de uma nova plataforma. Ele tinha milhões de usuários, e estava muito à frente de qualquer um de seus concorrentes — estava fadado a ser um enorme sucesso, certo?

Este aplicativo era o... rufem os tambores, por favor... Hipstamatic.

Não, não era o Instagram! O Hipstamatic foi criado por Ryan Dorshorst e Lucas Buick, dois amigos de Wisconsin, e mostrou o enorme apetite que as pessoas teriam para a fotografia em aparelhos móveis nos próximos anos. Em 2010, no primeiro "Apps of the Year", a Apple selecionou o Hipstamatic como um dos quatro aplicativos — junto com Flipboard, Plants vs. Zombies e Osmos.[34] O app também era amado pelos consumidores — as pessoas gostavam do aspecto retrô das fotos que o aplicativo produzia e, como um dos primeiros aplicativos no iPhone, esse reconhecimento apenas o impulsionou ainda mais, fazendo-o chegar a milhões de downloads.

No entanto, algumas das escolhas de design do Hipstamatic foram estranhas e aumentaram a dificuldade de uso. O aplicativo exigia que você interagisse com uma câmera virtual, passando por um conjunto de lentes e exigia vários toques para ver o efeito de um filtro em suas fotos. O artigo do *New York Times* que falava do aplicativo descreveu que "o aplicativo Hipstamatic forçava a esperar cerca de dez segundos entre as fotos, então todas elas tinham que ser boas".[35] O Hipstamatic custava US$1,99, então os usuários que queriam usar o aplicativo tinham que comprá-lo. E o mais importante, era uma ferramenta. Depois de aplicar filtros à sua foto, ela ficava salva no rolo da câmera e era você quem tinha que postar nas redes sociais. Todas essas questões criaram uma brecha para o surgimento de um novo e enorme concorrente.

No mesmo ano em que o Hipstamatic foi um grande sucesso, Kevin Systrom e Mike Krieger estavam trabalhando em um escritório no Pier 38 de São Francisco para incubar o Burbn. A startup havia sido financiada por Andreessen Horowitz e outros investidores em 2010 — antes mesmo de eu entrar na empresa — em uma rodada de US$500 mil. Eles trabalharam duro para desenvolver um aplicativo baseado em navegador para fazer check-in em locais, organizar coisas com amigos e, o mais importante, compartilhar fotos. A plataforma tinha muitas funcionalidades, mas estava ficando claro que havia um problema.

Após muitos meses imersos no Burbn, Kevin e Mike perceberam que o produto estava ficando muito complexo e bateria de frente com o Foursquare, um app de compartilhamento de localização que estava se tornando um sucesso na época. Era hora de mudar de foco. A equipe observou as melhores características do produto, orientou-se em torno das fotos e removeu o resto. Kevin Systrom falou sobre a reinvenção do aplicativo:

Queríamos nos concentrar em ser muito bons em uma coisa. Vimos as fotos móveis como uma oportunidade incrível para experimentar algumas ideias novas. Passamos uma semana prototipando uma versão focada apenas em fotos. Ficou péssima. Então voltamos a criar uma versão nativa do Burbn. Na verdade, conseguimos fazer uma versão inteira dele como um aplicativo para iPhone, mas parecia confuso e lotado de recursos. Foi muito difícil recomeçar do zero, mas nos arriscamos e basicamente cortamos tudo no app, exceto as capabilidades de foto, comentários e curtidas. O que restou foi o Instagram. (Mudamos o nome porque achamos que capturava melhor o que o usuário fazia — um tipo de telegrama instantâneo. Também porque tinha um quê de vocabulário de fotografia.) [36]

É importante ressaltar que o Instagram foi desenvolvido com rede desde o primeiro dia. Ele tinha perfis de usuário, um feed, solicitações de amigos, convites e muitos outros recursos de um produto social moderno. Ele adicionou um feed popular para ajudar na descoberta dentro da rede e adicionou a restrição de fotos de 640x640 pixels perfeitamente quadradas. Ele tinha recursos para compartilhar fotos no Facebook, contudo, o mais importante era que cada foto compartilhada incluiria um link que apontava para o Instagram, o que impulsionou o crescimento viral. Os filtros de fotos dentro do aplicativo foram implementados de maneira mais direta e menos esqueumórfica do que o Hipstamatic, de modo que tocar em um filtro permitiria visualizar instantaneamente o efeito. E o Instagram seria gratuito, o que também era importante.

A equipe pegou o que era bom no Hipstamatic e adicionou efeitos de rede — e o resultado foi espetacular. O Instagram foi lançado em 6 de outubro de 2010 na App Store e, no final da primeira semana, havia sido baixado mais de 100 mil vezes. Em mais dois meses, atingiu 1 milhão, e a partir daí só cresceu mais.[37] Até hoje é um dos aplicativos de crescimento mais rápido já criados.

Curiosamente, nos primeiros meses, as características sociais não eram o mais importante. Seis meses após o lançamento do aplicativo, um artigo feito pela empresa de análise RJ Metrics e publicado no site TechCrunch analisou dados das APIs do Instagram e concluiu que 65% dos usuários ainda não estavam seguindo outras pessoas na rede. Em vez disso, o engajamento era orientado para a edição de fotos, observando que "os 2,2 milhões de usuários do Instagram enviam 3,6 milhões de novas fotos por semana (ou 6 fotos por segundo)".[38] Em outras palavras, o Instagram estava sendo usado primeiro como uma ferramenta — um Hipstamatic gratuito com um design melhor. A rede viria mais tarde.

Após esse lançamento inicial, o Instagram cresceria cada vez mais rápido. À medida que o público crescia, as celebridades começaram a entrar — por exemplo, em 2011, a tenista Serena Williams e os cantores Drake, Justin Bieber e Britney Spears postariam suas primeiras fotos. Contas populares no Instagram de cães fofos, destinos de viagem e modelos acabariam se tornando os "influenciadores" que definiriam a plataforma. Esses influenciadores, celebridades, empresas, contas de memes e muitos outros se uniriam para criar conteúdo, construir densidade de rede e aumentar o engajamento. Dezoito meses após o lançamento, o Facebook adquiriu a empresa por US$1 bilhão em ações e espécie.

Embora os filtros fotográficos tenham iniciado a ascensão do Instagram, eles não se sustentariam. Assim, ao longo do tempo, a parte "ferramenta" do produto — os filtros — perdeu importância, pois os usuários geralmente postam fotos com a tag "#nofilter" [#semfiltro]. Uma análise recente mostrou que a grande maioria das fotos — 82%[39] — não tinha nenhum filtro aplicado. Oito anos após o lançamento inicial, os efeitos de rede suplantaram totalmente a utilidade da edição de fotos — é mais rede e menos ferramenta. Olhando para trás, isso é amplamente visto como uma das melhores aquisições de tecnologia da história, já que o Instagram provavelmente valeria várias centenas de bilhões como uma entidade independente. Ele tem mais de 1 bilhão de usuários ativos e gera US$20 bilhões em receita como parte do Facebook. Nada mal.

Como Ótimas Ferramentas Ajudam a Virar Mercados Inteiros

Enquanto a Hipstamatic construiu uma ótima ferramenta, foi o Instagram que usou os efeitos de rede para ganhar o mercado. A história Instagram versus Hipstamatic talvez seja o exemplo canônico de uma estratégia que ficou conhecida devido ao ensaio de 2015 de Chris Dixon: "Come for the tool, stay for the network" [A ferramenta o fez entrar, a rede o faz ficar, em tradução livre]. Chris escreve:

> *Uma estratégia popular para fazer bootstrap em redes é o que eu gosto de chamar de "A Ferramenta o Fez Entrar, a Rede o Faz Ficar".*

> *A ideia é inicialmente atrair usuários com uma ferramenta que funciona para um único usuário e, com o tempo, fazê-los participar de uma rede. A ferramenta ajuda a atingir a massa crítica inicial, a rede cria o valor de longo prazo para os usuários e a defensibilidade para a empresa.*[40]

Existem muitos outros exemplos em muitos setores além dos aplicativos de fotos: o Google Suite fornece ferramentas independentes para que as pessoas criem documentos, planilhas e apresentações, mas também recursos de rede em torno da edição colaborativa e comentários. Jogos como Minecraft ou até clássicos como Street Fighter podem ser jogados no modo single-player, no qual você joga contra o computador, ou no modo multiplayer, jogado com amigos. O Yelp começou efetivamente como uma ferramenta de diretório para as pessoas procurarem empresas locais, exibindo endereços e números de telefone, mas posteriormente a rede construiu o banco de dados de fotos e avaliações. O LinkedIn começou como uma ferramenta para colocar seu currículo online, mas o incentivou a construir sua rede profissional ao longo do tempo.

"A Ferramenta o Fez Entrar, a Rede o Faz Ficar" contorna o Problema Cold Start e facilita o lançamento em toda uma rede — com RP, marketing pago, influenciadores, vendas ou qualquer número de canais que comprovadamente funcionam. Essa estratégia minimiza o requisito de tamanho de uma rede atômica e, por sua vez, facilita a aquisição de uma rede inteira. Quer se trate de aplicativos de compartilhamento de fotos ou diretórios de restaurantes, essa estratégia pode ser visualizada no framework da Teoria do Cold Start. Com efeito, uma ferramenta pode ser usada para "elevar" o valor da curva de efeitos de rede quando a rede é pequena.

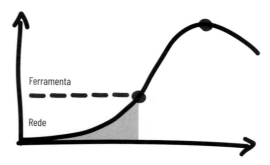

Figura 10: A Ferramenta o Fez Entrar

Conceitualmente, é possível imaginar a curva S de um efeito de rede — baixa quando a rede está abaixo de sua massa crítica, depois alta quando ela a ultrapassa. Ter uma ferramenta sobrepõe de fato uma linha pontilhada no topo dessa curva S. A ferramenta atua como um ponto de apoio para o valor do produto, tornando-o útil mesmo quando não há ninguém nele.

Na interseção de ferramenta e rede, é preciso que haja um momento-chave. Mecanicamente, isso acontece de várias maneiras: pode ser tão simples quanto a decisão do Instagram de o app ter um feed de fotos de outros usuários na tela inicial. Como ferramenta, pode ser mais eficiente mostrar a interface de edição de fotos primeiro, mas o Instagram enfatiza a rede e exibe o feed, fotos populares e recomendações de pessoas, e a rede fica ainda mais em destaque com um grande ícone de notificações e um número vermelho mostrando as curtidas e novos seguidores. No local de trabalho, um exemplo pode ser um funcionário de escritório que usa o Google Docs para criar um memorando. É fácil compartilhar o documento como um link, e os colegas de trabalho adicionarão comentários, sugerirão alterações e farão edições — esses são os recursos da rede.

A transição ferramenta-rede é uma estratégia especializada — nem toda rede é estruturada dessa maneira. O Tinder não tinha um modo para uma só pessoa, assim como aplicativos de comunicação, como o WhatsApp ou o Slack — esses são produtos que precisam que suas redes atômicas se formem rapidamente, e é por isso que os limiares menores de massa crítica são melhores. Desde a origem, os marketplaces geralmente são redes, não ferramentas. Mas para uma grande classe de produtos centrados na criação, organização e referência de conteúdo, isso pode ser uma estratégia vencedora. Quando dá certo, a ferramenta pode ajudar a tomar uma rede inteira, e uma vez que as redes atômicas começam a se formar, todo o mercado se voltará para elas.

Padrões Básicos para Ferramentas e Redes

Observe a estratégia do Instagram, bem como produtos como YouTube, Google Suite e LinkedIn; há um padrão mais amplo em jogo. Cada um deles fornece uma ferramenta orientada para edição e hospedagem de conteúdo — seja vídeos, fotos, currículos ou documentos. A ferramenta é combinada com uma rede que permite que as pessoas interajam com o conteúdo e, por consequência, com outras pessoas.

Junte alguns produtos que têm um emparelhamento de ferramenta/rede e alguns grupamentos começam a surgir:

Ferramenta, rede

Criar + compartilhar com outras pessoas
(Instagram, YouTube, G Suite, LinkedIn)

Organizar + colaborar com outras pessoas
(Pinterest, Asana, Dropbox)

Sistema de histórico + acompanhar outros usuários
(OpenTable, GitHub)

Procurar por outras pessoas + contribuir com elas
(Zillow, Glassdoor, Yelp)

Cada uma dessas diferentes abordagens tem as próprias nuances: as ferramentas de organização começam com maneiras novas e inteligentes de coletar links, arquivos, tarefas e formas de conteúdo para torná-las mais facilmente pesquisáveis e navegáveis. Ferramentas de gerenciamento de projetos como Trello e Asana ajudam a monitorar tarefas usando uma variedade de interfaces úteis, incluindo o popular layout "kanban", inspirado no sistema de produção enxuto da Toyota. O mesmo acontece com o Dropbox, que sincroniza magicamente todas as pastas e arquivos organizados em seus diferentes dispositivos. No início, o Pinterest fornece uma ferramenta para organizar receitas, ideias domésticas e outros itens em diferentes quadros, com um layout exclusivo para que achar coisas em uma coleção grande fosse fácil. Para uso individual, elas são ferramentas valiosas, mas como alguém está organizando uma coleção de itens, é natural atribuir tarefas a outras pessoas, ou marcá-las, ou convidá-las a também adicionar algo ao espaço.

A abordagem de "sistemas de histórico" vem da construção de uma ferramenta — como os serviços de controle de versão de código-fonte do GitHub — que se torna profundamente incorporada a um negócio ou fluxo de trabalho, tornando-se a versão confiável e abrangente para o que quer que você esteja monitorando. Por exemplo, o GitHub permite que desenvolvedores gerenciem seu código-fonte, tornando-o uma parte essencial de seu ambiente de desenvolvimento

— essa é a ferramenta. A rede é então formada quando se convida outros engenheiros de software para desenvolverem o projeto também. O OpenTable começou em 1998 como um sistema de gestão de reservas para restaurantes, que na época estavam usando caneta e papel para acompanhar seus clientes. Como os restaurantes líderes de mercado passaram a utilizar o produto para gerenciar seus negócios, eles entraram em uma rede, permitindo que os clientes fizessem reservas diretamente no OpenTable. Pessoas com telefones Android que começam a usar o Google Fotos para gerenciar, armazenar e fazer backup de todas as suas fotos — de forma abrangente, não apenas as melhores que compartilham nas mídias sociais — podem ser um exemplo de consumidores, que, em seguida, formam uma rede à medida que montam álbuns de fotos compartilhados.

O Yelp e o Glassdoor são ferramentas muito usadas para uma referência sobre informações, como endereço e número de telefone de um restaurante, ou o setor ou sede de uma empresa. Quase sempre, esses dados vêm licenciados de outros lugares, ou, no caso do Zillow, por seu "Zestimate", criado algoritmicamente a partir de dados licenciados para fornecer uma base de conteúdo que está disponível imediatamente. No entanto, cada uma delas passa a uma rede à medida que as pessoas são capazes de adicionar suas próprias fotos, notas e outras formas de conteúdo gerado pelo usuário aos anúncios. À medida que os usuários passam a achar esses sites mais valiosos, eles podem se tornar um mercado quando os restaurantes do Yelp fazem seus próprios anúncios e começam a permitir reservas ou entregas. O Glassdoor e o Zillow adicionaram ferramentas para o outro lado de suas redes, de recrutamento e também de recursos de geração de leads de agentes imobiliários. O Google, como se sabe, também executou essa estratégia, fornecendo pesquisa e adicionando um marketplace de publicidade.

Por que Essa Estratégia Dá Certo? Quando Ela Falha?

Construir uma combinação de ferramenta/rede é uma abordagem poderosa, mas nem sempre funciona. Mover os usuários de ferramenta para rede pode ser difícil. Às vezes, apenas uma pequena porcentagem fará essa transição, uma vez que ela exige que mudem seu comportamento — clicar em uma notificação ou em uma nova parte da interface do usuário, introduzindo-os à rede — e então eles têm que permanecer no produto. Muitas pessoas podem ficar presas apenas à ferramenta. Nem todos os recursos podem ser uma rede social.

É esse movimento de duas etapas que faz com que a estratégia "A Ferramenta o Fez Entrar, a Rede o Faz Ficar" seja difícil de realizar. É importante fazer a junção complexa entre ferramenta e rede. Em uma ponta do espectro, ferramenta e rede são divergentes — apenas se está agrupando uma ferramenta popular com um produto em rede completamente dissociado. Isso é difícil porque a taxa de conversão de ferramenta para rede pode ser baixa — existem milhares de aplicativos de fotos que tentaram adicionar feeds, perfis e recursos sociais depois que o Instagram abriu o caminho. Na outra ponta estão ferramentas e redes altamente integradas, como a funcionalidade de compartilhamento de pastas do Dropbox, que define sua rede. Esse tipo de integração é tão elegante que pareceria uma funcionalidade obviamente ausente se não existisse — os usuários provavelmente impulsionariam o produto em direção a uma rede, não para longe dela. Esse tipo de conversão de ferramenta para rede tende a ser alta.

Porém, quando essa estratégia funciona, pode ser altamente eficaz. Ela ajuda no Ponto de Virada de um mercado porque é muito mais fácil espalhar uma ferramenta do que uma rede — afinal, esta última sofre do Problema Cold Start. Espalhe uma ferramenta por toda parte e, em seguida, aumente-a adequadamente, e ela poderá começar a construir redes em torno da ferramenta. Continue executando isso e todo o mercado pode acompanhar.

Construir uma ferramenta é apenas uma abordagem — nem toda estratégia para conduzir um mercado em direção ao Ponto de Virada envolve uma abordagem em duas etapas, utilitário e, em seguida, uma rede. Em seguida, discutirei como, é possível, para alguns produtos, simplesmente ser direto: dinheiro. Pague pelo lançamento e custeie o uso da rede até que ela comece a funcionar. É caro, mas pode dar certo

14
PAGAR PARA LANÇAR

Cupons

Uma das críticas comuns às startups em rápido crescimento é "Isso nunca será lucrativo?". Essa foi uma crítica contínua à Uber, que cresceu rapidamente no início, mas torrava bilhões de dólares por ano antes de sua abertura de capital. A Amazon também perdeu dinheiro em seus primeiros dezessete trimestres seguidos. Fazer uma rede ficar de pé pode ser caro, muito caro.

Sim, é claro que você quer saber qual a lucratividade. Mas para produtos em rede, nos estágios iniciais, às vezes faz sentido gastar — muitas vezes descontroladamente — para bancar o crescimento. O objetivo é fazer com que o mercado atinja o Ponto de Virada, levando a fortes efeitos positivos na rede e, em seguida, ir cortando os gastos. O resultado, se executado corretamente, deve ser um produto de monetização alta e de crescimento rápido.

Há muitas formas de incentivos financeiros, mas vou começar com o humilde cupom como um exemplo — sim, o cupom de supermercado que é enviado por via postal comum ou incluído em um jornal e que lhe dá um desconto em uma pasta de dente ou caixa de cereais.

Os cupons foram inventados em 1888 por John Pemberton e Asa Candler, cofundadores da Coca-Cola Company. Os primeiros cupons da Coca-Cola tinham o logotipo cursivo clássico no centro, com o título "Este cartão dá direito a um copo de Coca-Cola" e, nas laterais, havia um aviso indicando que você fosse a qualquer lugar que tivesse uma máquina de refrigerantes para resgatar o cupom. Essa foi uma das primeiras campanhas nacionais para dar identidade a algo que, historicamente, tinha muitas variedades regionais. A campanha foi um enorme sucesso e, nas duas primeiras décadas de vigência, foram resgatados 8,5 milhões de copos de refrigerante grátis para 1 em cada 9 norte-americanos. A Coca-Cola logo estava em todos os estados do país. Era uma ferramenta tão poderosa que muitas outras empresas, especialmente em bens de consumo embalados, começaram a adotá-la.

O desafio de fazer novos produtos de uma determinada empresa pararem nos supermercados é onde os cupons se cruzam com os efeitos de rede. No fim das contas, os supermercados são a personificação física de uma rede multifacetada — compradores de um lado e produtores de alimentos do outro —, mas com as limitações físicas do espaço de prateleira. Como resultado, se os consumidores não querem um novo produto, as mercearias não o terão, e se as mercearias não o terão, os consumidores podem acabar nunca o experimentando. É o clássico dilema do ovo e da galinha.

Os cupons trouxeram uma solução para o problema, e Claude Hopkins, a lenda do marketing, os usou em todo o seu potencial, como ele mesmo afirma em suas memórias de 1927, *My Life in Advertising* [Minha Vida na Publicidade]. Ele escreve sobre resolver isso para seu cliente, a Van Camp's Milk, que produzia leite em pó:

> *Então bolei um plano para tornar a Van Camp's Milk famosa. Em um anúncio de página, inseri um cupom que dava uma lata de leite em pó de dez centavos em qualquer estabelecimento. Pagamos o seu preço de varejo aos mercados. Anunciamos que a campanha duraria três semanas. Ao mesmo tempo, contamos a história do Leite Evaporado da Van Camp. Enviamos cópias dos anúncios para todos os mercados e dissemos que todos os clientes deles ganhariam um. Era evidente que eles deveriam ter o leite de Van Camp no estoque. Cada cupom valia uma venda de dez*

centavos; se não tivessem, o concorrente teria... O resultado foi uma distribuição quase universal, de uma só vez.[41]

A parte inteligente disso é que, embora fosse padrão a essa altura anunciar produtos em jornais, concentrando o esforço no hard side da rede — os mercados —, isso inicializou a rede inteira. Os cupons eram efetivamente um fomento da Van Camp's Milk para os mercados a fim de que eles estocassem o produto por tempo suficiente para optarem por comprá-lo a longo prazo. E deu certo.

Como Hopkins demonstrara que isso funcionava na criação de uma rede atômica, o esforço poderia ser replicado na construção da segunda, terceira e assim por diante:

Comprovamos esse plano em várias cidades de tamanho moderado. Então dominamos a cidade de Nova York. Lá o mercado estava tomado por uma marca concorrente. A Van Camp tinha uma distribuição modesta. Quase inteiramente por via postal, garantimos em três semanas 97% de distribuição. Cada dono de mercado viu a necessidade de estar preparado para essa demanda de cupons.

Então, em um anúncio no jornal de domingo, inserimos o cupom. Isso só na Grande Nova York. Como resultado, foram apresentados 1.460.000 cupons. Pagamos US$146 mil aos merceeiros para que os clientes os resgatassem, mas 1.460.000 de casas estavam provando o Van Camp's Milk depois de ler nossa história, tudo em um único dia. O custo total dessa empreitada, incluindo a publicidade, foi de US$175 mil, gastos principalmente no resgate desses cupons. Em menos de nove meses, esse custo voltou em lucro. Capturamos o mercado de Nova York.

Claro, o leite em pó não é um app, nem um sistema operacional, tampouco um editor de documentos. Mas podemos aprender com o esforço bem-sucedido da Van Camp's Milk em iniciar uma rede multifacetada, porque as mesmas ideias que funcionaram há séculos ainda funcionam em outros contextos.

Existe um problema de rede bilateral semelhante com o transporte por app. Ao realizar o lançamento em uma nova cidade, com usuários e motoristas, por qual lado começar? Iniciar pelo hard side é o padrão, e a Uber fez isso, tal como a Van Camp's Milk, com um subsídio para o lado dos motoristas. Isso começou com a compra de anúncios na seção de empregos do Craigslist, oferecendo uma remuneração garantida de US$30/hora, independentemente de quantas viagens fizessem. Eles apenas precisavam deixar o app ligado. O senso comum já diz: "Se estiver diante do dilema do ovo e da galinha, compre a galinha."

A remuneração por hora garantida foi uma solução rápida para o Problema Cold Start, porém cara. Isso torrava dinheiro como nunca e, infelizmente, não era sustentável conforme o mercado crescia e mais motoristas precisavam ser recrutados. Para resolver isso, as equipes de operações da Uber precisaram executar uma "troca de comissão" — passando de remuneração garantida para seu modelo de negócios usual de porcentagem por tarifa. Para incentivar isso, os executivos criaram uma tabela de classificação interna para ver o quão rápido as equipes de operações poderiam tirar isso do papel — cada cidade lançaria um mercado velozmente, começaria a pagar por hora, reuniria uma massa crítica de motoristas e usuários e transicionaria para um modelo sustentável baseado em tarifas. A competição amigável entre as equipes ajudou a girar essa manivela cada vez mais rápido. Esse é o Ponto de Virada na prática.

A próxima parte do dimensionamento da tração inicial foi recrutar muito mais motoristas. Foi aqui que o poder de alavancar a rede contribuiu muito para o uso de programas de indicação. O app de parceiro da Uber pedia aos motoristas parceiros que participassem de seus programas de indicação ("Dê US$200, ganhe US$200 quando um amigo se cadastrar e começar a dirigir") para criar uma alavancagem nos gastos com a Craigslist. É claro que a flexibilidade e o potencial de ganhos da Uber também se espalharam unicamente pelo boca a boca conforme os motoristas falavam com seus amigos. A combinação de indicações e do boca a boca — ambos os métodos baseados na rede — levou quase dois terços dos motoristas da Uber a se cadastrarem. À medida que motoristas suficientes ganhavam as estradas, as equipes começavam a abordar o lado da demanda, trabalhando para lançar o app nas cidades.

Com o tempo, muitas estruturas financeiras diferentes foram usadas para atingir diversos objetivos na gestão do hard side — além de garantias por hora, indicações de motoristas e a infame tarifa dinâmica da Uber, foram sendo criadas estruturas como "Faça 10 viagens e receba um extra de US$1 por viagem (o que foi chamado internamente de "DxGy") ["Do x, Get y", Faça x, ganhe y]. Centenas de pessoas na equipe de marketplace — composta de cientistas de dados, economistas, engenheiros e outros — gerenciavam essas alavancas para mudar o equilíbrio entre oferta e demanda nas centenas de mercados em todo o mundo.

Alavancas Financeiras para o Crescimento

Subsidiar o hard side da rede dá certo em todos os mercados e em muitas outras categorias — a Netflix, a Twitch e outros na mídia, muitas vezes garantem pagamentos a criadores de conteúdo por esse mesmo motivo. No B2B, é possível pensar em um modelo de negócios freemium como uma maneira de diminuir as dificuldades para os criadores e organizadores de conteúdo dentro de um local de trabalho, que depois o espalham entre seus colegas. Há um custo para atender usuários gratuitos, é claro, mas os premium mais do que compensam isso. Às vezes eles são configurados em marketplaces como uma garantia de ganhos ou uma porcentagem de participação na receita subsidiada e, às vezes, em outros modelos de negócios como um pagamento antecipado ou desconto no preço final — de qualquer maneira, esses são caminhos diferentes para a mesma coisa.

Usar o dinheiro como uma alavanca de crescimento pode parecer um movimento perigoso e só deve ser executado no momento certo. Ao estabelecer uma rede inicial, geralmente não faz sentido que uma startup com poucos recursos gaste muito dinheiro para começar. Em vez disso, as equipes geralmente são melhores se concentrando no básico, como descobrir o mercado-alvo certo e criar os recursos iniciais do produto. É preciso acertar em cheio no produto incrível e provar que pode adquirir uma rede atômica antes de ir atrás da alavanca financeira.

Entretanto, quando uma equipe pode lançar as redes atômicas iniciais de um produto de uma forma confiável, as alavancas financeiras podem acelerar rapidamente a velocidade em que o mercado atinge o Ponto de Virada. Essas alavancas são implementadas de maneiras diferentes — às vezes, parecem programas de indicação, adiantamentos, garantias iniciais ou níveis diferenciados de preços. O que todos esses métodos compartilham é permitir que a equipe por trás da rede aumente seu crescimento usando dinheiro em vez de criar recursos.

Essas alavancas são particularmente poderosas para produtos em rede que estão próximos ao dinheiro — redes de pagamento, como a Venmo, criptomoedas, marketplaces e plataformas sociais como a Twitch, que permitem que os criadores sejam remunerados. Como esses produtos geralmente já estão no meio de transações financeiras, pode ser simples compelir todos os participantes ativos de uma rede a somarem mais nela, seja trazendo mais usuários ou gastando mais tempo no produto. As alavancas financeiras podem ser uma força poderosa para acelerar rapidamente um mercado em direção ao Ponto de Virada.

Criptomoedas e Seu Uso de Incentivos Econômicos

Criptomoedas como o Bitcoin apresentam uma variação fascinante do "Pagar para Lançar", criando e compartilhando a economia de uma rede em vez de usar reservas de caixa de uma empresa diretamente para dar incentivos. O Bitcoin foi originalmente inventado em 2008 por alguém — sua identidade real permanece desconhecida — usando o pseudônimo Satoshi Nakamoto, descrevendo o protocolo em um artigo sucinto de nove páginas: "Bitcoin: a peer-to-peer electronic cash system" [Bitcoin: um sistema de dinheiro eletrônico peer-to-peer, em tradução livre]. O artigo foi enviado dentro de uma lista de discussão de criptografia, seguida pelo lançamento de uma implementação de código aberto do Bitcoin alguns meses depois. No momento de escrita deste livro, a capitalização de mercado do Bitcoin era superior a US$100 bilhões, calculada multiplicando o número de Bitcoins existentes por seu preço atual — é um dos lançamentos mais bem-sucedidos de uma rede em décadas. E os seus efeitos de rede são tão poderosos que um ecossistema de milhões de compradores de Bitcoin atua em conjunto com base nas decisões de design de um programador que ainda é desconhecido.

É o design engenhoso do protocolo Bitcoin que cria incentivos econômicos para que todas as partes cooperem. Para os detentores de Bitcoin, há uma escassez matematicamente garantida da criptomoeda a qualquer momento, expandida gradualmente pelos próximos cem anos. O argumento dos defensores das criptomoedas é que, ao contrário das moedas tradicionais emitidas pelos governos, ela é imune à inflação — ninguém pode imprimir mais cédulas, por exemplo, quando a economia está indo mal. No back-end, o design do Bitcoin foi impulsionado por uma rede de "mineradores" descentralizados, que fazem o trabalho de manter o protocolo ativo, processando transações. Eles são recompensados com Bitcoin cada vez que fazem isso, o que os incentiva a participar da rede.

No início, o Bitcoin tornou a adesão à rede atraente. No seu nascimento, os mineradores recebiam recompensas muito grandes, que foram se reduzindo ao longo do tempo. Tanto os mineradores quanto os detentores de Bitcoin sabiam o nível exato de escassez ditado pelo protocolo e o tratavam como uma proteção contra a inflação. Também é possível pensar na criptomoeda como uma aposta em direção a mais instabilidade econômica e governamental, nacionalismo e economias fechadas, que são tendências infelizes acontecendo agora globalmente. A promessa era participar do Bitcoin o mais cedo possível e receber uma enorme vantagem em troca — o que se provou verdade, com vários bilionários surgindo simplesmente por guardar sua criptomoeda à medida que os preços subiam.

Bitcoin e outras criptomoedas são apenas uma implementação da ideia de vantagem econômica compartilhada em uma rede. Também vi um novo padrão de startups oferecendo de tudo aos participantes da rede, desde opções de ações, taxas de consultoria, direitos de investimento, apenas para o bootstrap da rede primária. Isso é particularmente eficaz para influenciadores, criadores, desenvolvedores e o hard side da rede. Dessa forma, a empresa está alinhada com sua rede — se esta crescer e for bem-sucedida, os participantes individuais também serão.

Parcerias com Empresas Maiores

Às vezes, o conceito de "pagar" consiste menos em gastos financeiros e muito mais em tempo e esforço — como os que as empresas menores precisam despender quando fazem parceria com players maiores. Essas parcerias são muitas vezes assimétricas; o player menor deve personalizar e desenvolver produtos para seu parceiro em troca de acesso à distribuição ou receita. Geralmente, isso não dá certo, mas há alguns exemplos importantes em que isso ocorre — começando pela Microsoft. Não falo da Microsoft de décadas atrás, mas, sim, de quando eles eram uma startup na década de 1970.

Sim, a Microsoft já foi uma startup. Nasceu em um berço humilde, em Albuquerque, Novo México, seus escritórios originais ficavam em uma galeria de rua ocupada hoje por lojas de camisetas e joalherias. Liderada pelos amigos de infância Bill Gates e Paul Allen, a empresa começou construindo ferramentas para a linguagem de programação BASIC [sigla para "Beginner's All-purpose Symbolic Instruction Code", Código de Instrução Simbólico de Uso Universal para Iniciantes, em tradução livre] na década de 1970, mas foi sua entrada subsequente em sistemas operacionais que criou sua hegemonia. Na época, a indústria de tecnologia emergente pensava que grande parte dos lucros seriam gerados na venda do hardware real de computadores pessoais, e quando a IBM entrou na indústria da computação, em 1981, fez um acordo para licenciar o Disk Operating System (DOS) da Microsoft. Assim como o iOS e o Android de hoje, o DOS serviu como uma peça essencial de software, que intermediou os componentes de hardware da IBM e os aplicativos criados por seus desenvolvedores, como processadores de texto, planilhas e jogos. O sistema operacional reúne um efeito de rede de usuários, desenvolvedores e fabricantes de hardware — mas a IBM não entendeu isso na época.

Foi aqui que a parceria IBM/Microsoft foi uma solução para o Problema Cold Start da Microsoft. Da maneira como foi configurada, a parceria fez com que todos os desenvolvedores de aplicativos e usuários que queriam usar a plataforma de computação pessoal da IBM precisassem adotar o MS-DOS. Sim, a Microsoft teve que construir um sistema operacional personalizado para os computadores da IBM. No entanto, no acordo feito com a empresa, a Microsoft se reservou ao direito de vender o DOS para fabricantes de hardware além dela, e então, mais tarde, quando uma onda de fabricantes fez engenharia reversa nos designs da IBM e lançou os chamados PCs compatíveis com a IBM, eles também usaram o sistema operacional da Microsoft.

Dezenas e depois centenas de fabricantes de PCs apareceram junto com milhares de startups de software grandes e pequenas que visavam os MS-DOS como sua plataforma principal. Os desenvolvedores e usuários de aplicativos interagiam com programas em execução nos DOS da Microsoft, independentemente de onde compraram seu PC, em última análise, comoditizando os fabricantes de hardware do PC e alterando a balança de poder em grande parte para o sistema operacional.

Os efeitos de rede da Microsoft nasceram na caótica criação da indústria de computação pessoal. Embora houvesse ecossistemas alternativos na década de 1980, como Amiga, OS/2, Apple Macintosh e outros, a natureza dos sistemas operacionais significava que eles tinham fortes efeitos de rede que propulsionariam o ecossistema da Microsoft. A rede que constituía o ecossistema da Microsoft poderia ser pensada como tendo três lados — usuários, desenvolvedores e fabricantes de PC — e cada lado tinha atração mútua aos outros. Os usuários (e suas empresas) compraram PCs que executavam o MS-DOS (e mais tarde o Windows) porque o software da Microsoft executava a maioria dos aplicativos e tinha mais opções de hardware, incluindo os PCs mais baratos. Os desenvolvedores preferiram construir aplicativos para a plataforma da Microsoft porque ela tinha a maioria dos usuários, as melhores ferramentas e distribuição bem estabelecida. E os fabricantes de PCs licenciaram o Windows porque os usuários o exigiam. Todos esses fatores contribuíram de várias maneiras para a aquisição, o engajamento e os efeitos econômicos da rede para seus diferentes lados.

Sabemos como essa história termina. Quanto maior o ecossistema da Microsoft, mais valioso ele se tornaria. No futuro, a empresa dominaria quase 80% do mercado de sistemas operacionais, estabelecendo o monopólio que lhe permitiria ir atrás de mercados adjacentes. Com o passar dos anos, os críticos muitas vezes acusaram a empresa de prevalecer repetidamente e quase injustamente sobre os concorrentes, incluindo sobre empresas bem estabelecidas com milhares de funcionários como WordPerfect, Lotus, Ashton-Tate, Stac, Novell, Netscape, AOL e Sun — alavancando seus efeitos de rede. Embora a Microsoft não tenha inventado o navegador, a planilha ou o processador de texto, anos depois ela passaria a controlar cada um desses mercados.

Todavia, no início da empresa, foi a parceria crucial com a IBM que contribuiu para que a Microsoft chegasse a um Ponto de Virada para, por fim, controlar a rede mais valiosa da indústria de computadores.

Ela teve que criar um produto personalizado para dar início a isso, mas usou esse trabalho para negociar a presença em bilhões de PCs em um momento em que os efeitos de rede eram principalmente desconhecidos e subestimados.

Por que a Falta de Lucratividade Às Vezes É Inteligente

Todos os exemplos neste capítulo — cupons, Uber, criptomoedas, Microsoft etc. — envolvem o uso de esforços iniciais para o bootstrap da rede. Uma crítica de subsidiar redes dessa maneira é que é como "vender um dólar por noventa centavos". Sim, o ideal seria fazer a rede crescer com economia de unidade positiva desde o primeiro dia, mas às vezes isso simplesmente não é possível, ou é muito lento. Um novo produto em rede se sai melhor assumindo o risco de custear a rede antecipadamente e, em seguida, melhorar a economia ao longo do tempo.

Essa é a razão pela qual a falta de rentabilidade — embora controversa — é muitas vezes uma maneira inteligente de acelerar uma rede para além do Ponto de Virada. Uma vez que é possível criar algumas redes atômicas, pode-se querer conquistar um mercado inteiro pagando. Para os marketplaces, preços baixos para os compradores e ganhos altos para os vendedores são propostas de valor-chave. O mesmo se aplica aos produtos sociais, seja na comunicação ou no compartilhamento de conteúdo, nos quais é importante que os criadores de conteúdo atinjam um público-alvo e obtenham receitas. O plano de lançamento pode exigir um grande subsídio inicial, seja na forma de compra de conteúdo inicialmente ou garantindo pagamentos em um mercado.

Em escala, o objetivo é quase sempre reduzir os incentivos financeiros uma vez que o mercado tenha sido conquistado. Se todo o mercado ao alcance estiver ativo em sua plataforma, não será mais preciso ter custos de aquisição. Se você é o player dominante no mercado, pode não precisar gastar em descontos para bater a concorrência, ou pode ser tão eficiente em seus gastos que ela tem que sair do mercado. O que parece ser falta de rentabilidade em curto prazo pode levar ao domínio em longo, se o mercado atingir um Ponto de Virada a seu favor.

15
FLINTSTONING

Reddit

Na clássica série de animação dos anos 1960, *Os Flintstones*, vemos uma sitcom familiar pré-histórica ambientada na cidade de Bedrock. O desenho acompanha Fred e Wilma Flintstone e sua família amorosa, com um dinossauro de estimação, uma casa na caverna e um trabalho que exige que Fred use gravata. Como bem lembramos, há um carro feito de pedra, peles de animais e madeira — cuja partida é dada por Fred e seus pés — que leva a família ao seu destino. Yabba dabba doo!

"Flinstoning" é uma metáfora para esse carro, mas em software, a funcionalidade do produto ausente é substituída pelo esforço humano manual. As versões iniciais do produto geralmente entram em versão beta com recursos simples faltando, como exclusão de conta, ferramentas de moderação de conteúdo, recursos de indicação e muitos outros. Em vez desses recursos, o produto pode simplesmente oferecer uma maneira de entrar em contato com os desenvolvedores que o criarão manualmente para você, usando as ferramentas que têm no back-end. Quando eles recebem chamados suficientes, o recurso é criado e disponibilizado para os usuários. Enquanto isso, o lançamento de um produto Flintstonizado permite que os desenvolvedores insiram o aplicativo no mercado e obtenham feedback dos clientes.

O Flintstoning pode ser um método para ajudar a fazer bootstrap de conteúdo ou para reter novos usuários inicialmente. Por exemplo, em plataformas de vídeo geradas por usuários, a biblioteca inicial de vídeos e conteúdo pode ser carregada por seus fundadores, como o YouTube fez no início. Para ferramentas de colaboração no local de trabalho, a equipe pode oferecer integração e praticamente incorporar-se a um cliente, proporcionando desenvolvimento de software personalizado e muito mais para tornar um projeto específico bem-sucedido. Uma vez que essas redes iniciais são formadas, as técnicas de Flintstoning evoluem para a automação à medida que o impulso é formado. O objetivo é apenas preencher manualmente partes cruciais da rede até que ela possa existir por conta própria.

O Reddit é um exemplo perfeito de como o Flintstoning pode ser usado precocemente e como ele evolui do trabalho manual para a automação em escala. Steve Huffman e Alexis Ohanian, seus cofundadores, empregaram a técnica quando o lançaram, há mais de uma década. Hoje, a plataforma é autodescrita como a "Página Inicial da Internet" e é um dos maiores sites do mundo, com centenas de milhões de usuários organizados em mais de 100 mil comunidades ativas de sub-reddits, compartilhando milhões de links. Mas a startup teve um lançamento modesto em 2005, quando inicialmente consistia em uma home page simples com uma lista de links enviada diariamente por seus usuários. Por usuários do Reddit quero dizer apenas dois — naquele momento, Steve e Alexis Ohanian —, antes que outros visitantes começassem a entrar na comunidade lentamente.

A a16z é uma investidora do Reddit e conheci pessoalmente Steve e a equipe. Eu o visitava uma ou duas vezes por trimestre, muitas vezes acompanhado de Marc Andreessen para ouvir as últimas novidades da empresa. A sede do Reddit fica no centro de São Francisco, com um interior divertido decorado com várias versões do Snoo, o pequeno mascote alienígena da empresa. Na minha visita mais recente, me reuni com Steve em seu escritório, onde ele refletiu sobre os primeiros dias da solução do Problema Cold Start:

> *Ninguém quer viver em uma cidade fantasma. Ninguém quer se juntar a uma comunidade vazia. Nos primeiros dias, nosso trabalho diário era garantir que houvesse um bom conteúdo na primeira página. Nós mesmos postaríamos, usando dezenas de contas fictícias. Caso contrário, a comunidade podia esvaziar.*[42]

Todos esses perfis se pareciam com usuários reais e agiam como tal, mas Steve e Alexis as controlavam. E embora nos primeiros dias isso possa ter exigido muita pesquisa manual e postagem de conteúdo, os dois foram ficando mais sagazes com o passar do tempo. Eles começaram a desenvolver software que os auxiliasse a escalar essa atividade — segundo Steve:

> *Escrevi um código que coletava dados de sites de notícias e os postaria com nomes de usuário inventados. Dessa forma, parecia que havia uma comunidade ativa. O problema era que isso ainda precisava da minha atenção — cerca de um mês após o lançamento em julho daquele ano, fui acampar com minha família e não enviei nenhum link. Quando verifiquei o Reddit... ops! A página inicial estava em branco!*

Por um lado, a automação para escalar o Flintstoning funcionou — o código de Steve ajudou a encontrar e enviar conteúdo interessante de vários sites diferentes. Por outro lado, ainda dependia dele estar envolvido e verificar tudo, mas ele controlou a rede Reddit até ser capaz de ter criadores de conteúdo orgânicos suficientes para dispensar os scripts fictícios inteiramente.

Flinstonando o Hard Side da Rede

O uso do Flintstoning pelo Reddit é semelhante à estratégia usada por empresas como Yelp e Quora — preencher o hard side da rede que, no caso destas duas empresas também são os criadores de conteúdo. Estude o padrão da Flinstoning em todos os setores e verá que replicar o lado difícil da rede com funcionários, contratantes e outros esforços diretos tende a ser o foco.

Para apps de delivery de alimentos, cadastrar restaurantes é difícil, pois eles existem principalmente como milhões de pequenas empresas e muitas vezes são céticos em relação às novas tecnologias. Por que eles trabalhariam com o seu produto se você ainda não tem demanda? Serviços como o DoorDash e o Postmates fizeram Flinstoning, mostrando uma grande variedade de restaurantes, não importando se esses restaurantes estavam mesmo cadastrados. Quando os clientes pediam, os apps enviavam entregadores para pegar a comida nos estabelecimentos sem o conhecimento das pequenas empresas locais! Eles apenas agiam como clientes, pegavam a comida e entregavam para os usuários que a encomendavam. Depois, uma vez que a demanda estivesse consolidada, os apps de delivery formavam relações diretas com os restaurantes.

Também existem exemplos no B2B. Os mercados B2B existem em imóveis, frete, mão de obra e muitas outras grandes indústrias multibilionárias, gerando startups também bilionárias, como a Flexport e a Convoy. As incumbentes geralmente atuam como corretoras intensivas operacionalmente com uma tonelada de funcionários que trabalham usando principalmente lápis, papel e fax para unir clientes corporativos a transportadoras de caminhões, imóveis comerciais ou quaisquer outros serviços que possam precisar. O objetivo é sempre criar software para substituir todos os fluxos de trabalho analógico, mas, no início, é mais fácil fazê-lo à moda antiga. Os insurgentes high-tech geralmente aplicam Flintstoning usando os funcionários, agindo como uma corretora tradicional enquanto eles automatizam lentamente as tarefas mais repetitivas. Em um momento futuro, o fluxo de trabalho é automatizado para que esse marketplace se torne mais uma empresa de tecnologia, mas nos anos iniciais é quase tudo manual.

Às vezes, esses tipos de empresas são chamados de "startups ciborgues", porque combinam humanos (que estão executando tarefas manualmente) com uma equipe de engenheiros de software que automatiza o máximo que podem ao longo do tempo. Em casos como esses, os clientes podem interagir inicialmente com uma fina camada de software, mas no back-end, os pés de Fred estão a toda para fazer o carro pré-histórico andar.

A Automação Pode Escalar o Flintstoning

A desvantagem do Flintstoning é que ele parece ser excessivamente manual. Você começa a colocar pessoas para resolver o problema, mas pode escalar isso? Eu acredito que sim, e mais do que você imagina. O Flinstoning pode ser pensado como um espectro de atividades:

- Esforços totalmente manuais e humanos.
- Híbrido, em que o software sugere ações a serem tomadas, mas as pessoas estão inseridas.
- Automatizado, alimentado por algoritmos.

Uma versão totalmente manual do lançamento do Reddit de Steve Huffman teria sido enviar links manualmente e contratar uma equipe para criar conteúdo. Foi isso que Steve fez no início. Pode parecer ineficiente, mas para que isso fosse feito, empresas como Yelp e Quora confiaram nos funcionários e em outras equipes para construir sua biblioteca de avaliações e perguntas e respostas, respectivamente. E, como mencionei, as corretoras B2B, como a Uber Freight, também podem começar dessa forma, na qual os humanos assumem a liderança e o software automatiza etapas ineficientes.

Se os esforços manuais derem certo, a tecnologia pode ser inserida em camadas para gerar alavancagem. Um modelo híbrido como a abordagem de Steve com o Reddit pode fazer sentido — ele tinha códigos coletores de dados e bots que identificavam conteúdo de alto potencial, mas havia um humano no ciclo decidindo o que de fato seria postado. Para um produto de mercado, é possível ter corretores humanos que ajudam a unir oferta e demanda, mas que comecem a adicionar ferramentas para aumentar a eficiência. Isso representa o meio do espectro.

Uma abordagem automatizada totalmente baseada em software seria começar com bots que reuniriam e apresentariam conteúdo de alta relevância em uma alimentação algorítmica. Talvez o exemplo mais próximo disso seja o TikTok hoje, que usa algoritmos em vez das curtidas ou reações negativas dos usuários para descobrir qual conteúdo será exibido. Em um caso conhecido, o PayPal criou bots que compravam e vendiam itens automaticamente no eBay insistindo em fazer transações apenas por sua própria plataforma — isso se tornou uma maneira de convencer os vendedores do eBay a se inscreverem no PayPal.

As Plataformas Extremas e Suas Aplicações

Até onde o Flintstoning pode ir? Em uma ponta da estratégia, uma rede pode contratar equipes inteiras e construir empresas inteiras para preencher o hard side da rede. Imagine se, em vez dos fundadores do Reddit postarem conteúdo, equipes de pessoas organizadas em estúdios criassem conteúdo o dia todo? Embora isso pareça uma hipótese, é uma das principais estratégias do mercado de videogames, como aconteceu no lançamento do console Switch, da Nintendo.

Em 2016, a Nintendo teve como objetivo lançar um novo console inovador que poderia funcionar como um dispositivo portátil e também se conectar a uma TV. Contudo, os consumidores não compram um console apenas para tê-lo — compram para ter acesso a novos games que geralmente acompanham o seu lançamento. Idealmente, os desenvolvedores de jogos de outras empresas criarão para a nova plataforma, mas muitas vezes não sabem como aproveitar bem as novas funcionalidades, nem veem um incentivo nisso se podem continuar desenvolvendo games para um console preexistente, que tenha uma base de usuários muito maior.

Para superar esse Problema Cold Start, a Nintendo não poupou despesas no lançamento do Switch, lançando simultaneamente as últimas versões de suas franquias clássicas Mario e Zelda — ambas venderam dezenas de milhões de unidades. Em um ato supremo de Flintstoning, esses jogos foram desenvolvidos pela Nintendo especificamente para ajudar a apoiar o lançamento do Switch. Essa estratégia é um marco que a Nintendo vinha fazendo nas gerações anteriores. O Nintendo original foi lançado há mais de três décadas, com dezessete jogos, alguns desenvolvidos pela empresa e por desenvolvedores externos — com o Nintendo Switch seria da mesma forma.

Mario Odyssey e Zelda: Breath of the Wild foram desenvolvidos nos estúdios internos da empresa, ambos com os próprios diretores criativos e designers de jogos. Imagine ter centenas de pessoas fazendo Flintstoning para lançar uma nova rede — isso é o que acontece no mundo dos novos consoles. A estratégia deu certo e, nos primeiros anos, o Switch atingiu 70 milhões de unidades vendidas, tornando-se um dos produtos mais populares da Nintendo.

A indústria de jogos chama isso de "conteúdo first-party" [ou exclusivo], e pode ser um investimento sério. Ao longo dos anos, o Microsoft Xbox levou essa estratégia ao extremo, comprando um grande número de estúdios. Esse gasto não é pequeno — a Microsoft agora possui quase uma dúzia de estúdios de videogame, incluindo Mojang, o criador do Minecraft, que compraram por US$2,5 bilhões em 2014. Pode parecer caro, mas isso é necessário para vencer no mercado de videogames. Às vezes, é preciso desenvolver por si mesmo.

O Reddit não seguiu esse tipo de estratégia, mas poderia ter seguido. Talvez houvesse um mundo em que o Reddit teria criado muitos estúdios internos — um para a comunidade do sub-reddit "fofo", outro para esportes, outro para música — e contratado moderadores em tempo integral como funcionários desses estúdios para criar o conteúdo necessário. Embora essa não seja uma estratégia comum para as redes sociais, também não é loucura. Nos últimos anos, vimos players como o YouTube (para vídeo) e o Spotify (para podcasts) começarem a licenciar e a criar mais conteúdo first-party para acelerar seus serviços.

Estratégia de Saída

O Flintstoning pode ser cortado ao longo do tempo. Dessa forma, ele pode ser pensado como um primo próximo da abordagem "A Ferramenta o Fez Entrar, a Rede o Faz Ficar". O Flintstoning se concentra em estimular artificialmente o hard side da rede com esforços altamente manuais, enquanto a outra estratégia o estimula com software. Assim como ocorre com a abordagem da ferramenta, é importante ter uma estratégia de saída com o Flintstoning. Naquela, um produto em rede deve ser projetado para levar os usuários do modo single player para o modo multiplayer. Nesta, o produto deve passar de manual (e suportado pela empresa) para automatizado.

Futuramente, um marketplace com Flintstoning para os vendedores deve abrir caminho para vendedores orgânicos que impulsionam os esforços de rede que todos nós buscamos. Um novo PlayStation precisa fazer com que desenvolvedores de jogos de terceiros tenham sucesso para que um ecossistema possa se formar. Se o Reddit tivesse aumentado o número de contas controladas por Steve e seu código, teria sufocado os criadores de conteúdo orgânico que surgiram ao longo do tempo. Como a proposta de valor para os criadores de conteúdo social geralmente gira em torno de status e feedback — na forma de curtidas, comentários e assim por diante — é importante que os bots não absorvam todo esse engajamento.

Em outras palavras, uma vez que o Problema Cold Start é resolvido, é importante deixar a rede crescer e ficar de pé por conta própria — e desativar totalmente o Flintstoning.

Foi exatamente o que aconteceu com o Reddit quando ele estourou. De acordo com Steve.

> *Depois de postar links diariamente por um tempo, um dia eu estava em Boston e não enviei nada para o Reddit. Eu estava preocupado por deixar uma página inicial vazia, mas quando eu abri a plataforma, estava cheia de links! Eu cliquei nos nomes de usuário das pessoas que postaram naquele dia e vi que, sim, eram pessoas reais.*

A essa altura, o Reddit havia atingido alguns milhares de usuários e era autossustentável — não era mais preciso que Steve postasse links. Depois, à medida que o tráfego crescia, a home page foi dividida em três sub-reddits: Política, Programação e NSFW. Então, esportes e algumas outras categorias. Mas o padrão se replicou, e cada sub-reddit — pense nisso como a rede de redes do Reddit — precisava de pelo menos mil assinantes para se sustentar. A estratégia Flintstoning sustentou a rede por tempo suficiente para começar fazer a virada categoria por categoria, levando o Reddit a ser um dos destinos online mais importantes da internet.

16
SEMPRE SE ESFORCE
Uber

Em 2015, a Uber decidiu fazer um retiro em equipe. Seria um retiro incomum, nem que fosse pelo tamanho. Mais de 4 mil funcionários dos escritórios globais da Uber viajaram o mais discretamente possível (dado o número de pessoas) para Las Vegas. Era a comemoração de um marco importante: US$10 bilhões em receita bruta apenas seis anos após a fundação da empresa. Esse foi um dos vários marcos que a empresa celebrou nos anos anteriores como mais um ponto na curva de crescimento exponencial — primeiro em US$100 milhões, depois US$1 bilhão e agora US$10 bilhões —, também conhecidos como 10 elevado à 8ª potência, 10 elevado à 9ª potência e depois 10 elevado à 10ª potência.

Por isso, o retiro foi chamado de "X to the X" [X a X, em tradução livre], com um logotipo sutil: dois Xs brancos em uma diagonal. Esse logotipo foi impresso em camisetas, garrafas de água e sinalização em toda a área da conferência, para que o turista convencional de Vegas não notasse os milhares de funcionários da Uber que estavam na cidade. Na maior parte do tempo, conseguiram manter o sigilo — havia poucas fotos postadas nas mídias sociais, e o único veículo de imprensa que soube da viagem foi a revista de fofocas britânica *Daily Mail*.

O retiro da equipe foi uma mistura de entretenimento e trabalho, assim como a própria Uber queria que fosse. A agenda se alternou ao longo da semana, com eventos formais durante o dia cobrindo todos os aspectos do negócio, da estratégia internacional à de produtos e preços, seguidos de eventos sociais à noite em boates por toda Las Vegas. Na segunda noite do retiro houve shows de David Guetta e Kygo, lendas da música eletrônica. Na terceira noite, a surpresa foi um show privado de Beyoncé, que dançou e cantou por horas para milhares de colaboradores da Uber. Até hoje tenho garrafas de água, camisetas e centenas de fotos privadas do evento — foi inesquecível, talvez o ponto mais alto de aumento de moral da equipe inteira.

O "X to the X" celebrou uma grande vitória para a empresa, mas dentre as milhares de pessoas no retiro, uma equipe merecia mais crédito. Eles formavam a maior parte da empresa e causaram o maior impacto ao longo dos anos: o time de Operações, composto do "chão de fábrica" que lançou o app em cidades novas. Eles aumentavam o número de usuários e motoristas da maneira mais difícil — coordenando equipes de rua que distribuíam cupons de desconto perto de estações de trem — e reagiam aos constantes caprichos da regulamentação e da concorrência. Travis dizia regularmente às equipes de produto: "A equipe de Produto pode resolver problemas, mas é lenta. A de Operações pode fazer isso rápido." Como resultado, a Uber se via como uma empresa "conduzida por operações", e foi essa equipe que melhor incorporou a cultura empreendedora e criativa da startup. A luta dentro da equipe de operações foi reconhecida e um dos elementos fundamentais do sucesso da Uber.

A Importância da Criatividade

O Ponto de Virada para um mercado pode ser alcançado com algumas das grandes estratégias que discuti — subsidiar mercados, fazer com que o produto seja apenas para convidados, construir ferramentas, Flintstoning etc. —, mas tudo isso é alicerçado em criatividade e empreendedorismo brutos. A primeira é importante porque muitas vezes há breves momentos de oportunidade que podem fazer com que um mercado dê uma virada rápida, se a ideia certa for tentada. É como o lançamento do Twitter durante a conferência SXSW, onde havia uma massa crítica de usuários. O Airbnb empregou uma estratégia semelhante durante os principais eventos locais, já que Jonathan Golden, um dos primeiros líderes de produtos, observou:

> *Também íamos a eventos locais que eram maiores do que nós sempre que possível. Campanhas online, como "Ganhe US$1 mil em um fim de semana alugando seu apartamento para os participantes da Oktoberfest", em vez de campanhas mais genéricas, como "Alugue seu apartamento para estranhos" melhoraram drasticamente as métricas de conversão do lado da oferta. E como uma das formas mais poderosas de aumentar a oferta é garantir a procura, incentivamos as viagens dos funcionários para anúncios não avaliados.*[43]

Normalmente, esses tipos de manobras e hacks não são escaláveis nem replicáveis. Um vídeo viral engraçado pode dar certo uma ou algumas vezes, mas não pode ser a única alavanca a impulsionar o crescimento a longo prazo. Em um momento futuro, esforços altamente escaláveis, como SEO, marketing pago, crescimento viral e parcerias precisam ser feitos. No entanto, nos primeiros dias, quando o foco é fazer viradas a cada nova rede adicional, tudo é válido.

A equipe de Operações da Uber proporcionava um fluxo constante dessa criatividade. Os primeiros dias de um novo lançamento em cidades era sempre um Problema Cold Start, e as equipes urbanas foram estruturadas para serem autônomas e descentralizadas, capazes de reagir rapidamente a novas ideias no ato. O objetivo era virar todo o mercado, uma rede por vez. Por exemplo, a equipe de lançamento geralmente executava uma tática de manual que recrutava uma celebridade local para ser o "Passageiro Zero" — o primeiro usuário da Uber no mercado — junto com a cobertura da imprensa local. A equipe de operações também criou promoções especiais, como Uber Puppies e Uber Kittens — o usuário poderia solicitar um carro cheio de filhotes de cães ou gatos, dependendo da preferência — que deixaria os animais no seu escritório por uma hora. Ou o Uber Ice Cream, em que se pedia um veículo levando sorvete. No lado da oferta, a equipe de Operações contatava empresas locais de serviço de limusine uma por uma e ficava na parte externa dos principais locais de eventos distribuindo flyers e enviando mensagens de texto aos motoristas para trazê-los para o app, entre dezenas de outras táticas altamente manuais.

Passar de uma única rede para uma rede de redes requer agilidade e criatividade. A Uber começou em grandes cidades como São Francisco, Nova York e Los Angeles e descobriu que cada uma delas exigia táticas drasticamente diferentes. Nova York era um mercado de profissionais licenciados, onde reinavam limusines e a Uber competia com o metrô. LA é uma cidade extensa e, ao contrário de São Francisco e Nova York, todo mundo tem um carro. O sucesso da Uber em cada cidade não era certo. Mas depois que o app foi lançado em algumas dezenas de cidades, a cartilha se provou correta. Quando o Ponto de Virada aconteceu, cada novo mercado foi cada vez mais fácil.

A Luta como Sistema

O Uber Ice Cream é divertido, mas a verdadeira magia vem da criação de uma organização inovadora de baixo para cima que pode criar variações infinitas de ideias como essa. A cultura da equipe de Operações recompensava a experimentação e, depois do sorvete, vieram Uber Puppies, Uber Mariachi Band, Uber Health (para vacinas contra gripe), Uber Lion Dance (para comemorar o Ano-novo Chinês!) e dezenas de outras variações em todo o mundo. As equipes de operações "feriadizaram" seus esforços, alinhando datas comemorativas com recursos do produto que promoveram o crescimento. Um programa de indicação de motoristas como "Dê US$200, receba US$200" podia ser ampliado e virar uma campanha de Ano-novo chamada "Comece bem seu ano-novo — Dê US$300, receba US$300". As notificações no aplicativo celebrando o 4 de julho, o Dia de Ação de Graças, o Natal e outros feriados foram capazes de manter mensagens atualizadas e taxas de resposta altas.

Excepcionalmente nos primeiros anos, as equipes de engenharia e produtos baseadas em São Francisco desempenhavam mesmo um papel de suporte. Elas criaram alavancas personalizáveis dentro do aplicativo, dando às equipes urbanas ferramentas e controles para gerenciar seus próprios mercados. Estas, por sua vez, poderiam criar "classes de veículos" no app, e ideias como Uber Moto, Uber Helicopter e Uber Pitch (para startups buscando investidores!) puderam ser lançadas. Na Parada do Orgulho LGBTQ+ de São Francisco, o ícone do carro dentro do aplicativo tinha um rastro de arco-íris, celebrando esse dia especial.

Você pode se perguntar: o Uber Ice Cream foi mesmo útil? Como um ato individual, talvez não tenha tido um impacto grande na empresa. No entanto, acredito que no framework de condução de um mercado do zero para o Ponto de Virada, esses tipos de táticas rápidas e inteligentes desempenharam um papel fundamental na decolagem dos mercados. O mais importante é que a Uber criou um sistema para identificar, executar e replicar rapidamente esses conceitos, apoiada por uma cultura de equipe empreendedora, ferramentas de software robustas e uma compreensão de que cada cidade seria seu próprio Problema Cold Start.

Esforço Empresarial

Essas ideias se aplicam tanto a produtos em rede na categoria de consumidor quanto a novos produtos que visam clientes empresariais — com algumas pequenas variações. Em uma pesquisa chamada "Como as empresas B2B de crescimento mais rápido de hoje encontraram seus dez primeiros clientes", Lenny Rachitsky, veterano das startups, entrevistou os primeiros membros das equipes da Slack, da Stripe, da Figma e da Asana. Ao estudar como essas empresas pioneiras encontraram seus primeiros clientes, concluiu-se que um número significativo veio dos fundadores que exploraram suas redes pessoais:

> Apenas três estratégias de sourcing são responsáveis pelo crescimento inicial de cada empresa B2B. [São elas: Rede pessoal; Procurar clientes no local em que estão; e Conseguir mídia.]

Assim, suas escolhas são fáceis, mas limitadas. Quase todas as empresas B2B acessam sua rede pessoal e vão para os lugares onde seus clientes em potencial estavam passando tempo. A questão não é qual dessas duas rotas seguir, mas sim até onde sua própria rede o levará antes de seguir em frente.

É uma enorme vantagem ter uma forte rede pessoal no B2B, que também pode ser construída trazendo um investidor anjo ou entrando em uma incubadora, como a YC. Dificilmente se começa pela mídia.[44]

Assim como os esforços da equipe de Operações da Uber foram voltados para resolver o Problema Cold Start de cidade em cidade, as startups B2B têm uma carta equivalente na manga: podem alcançar e integrar manualmente equipes das startups de seus amigos, construindo redes atômicas rapidamente, como o Slack fez em seu lançamento inicial. Ou então, muitos produtos de produtividade começam sendo lançados dentro de comunidades online — como Twitter, Hacker News e Product Hunt — nas quais grupos densos de primeiros usuários estão dispostos a experimentar novos produtos. Nos últimos anos, os produtos B2B começaram a focar memes, vídeos engraçados, mecânicas de convites e outras táticas tradicionalmente associadas a startups de consumo. Espero que essa tendência aumente, pois a consumerização de produtos corporativos abraça totalmente o mercado baseado em memes, em vez de lidar com vendas diretas.

Mas não as descarte completamente — elas compõem uma alavanca importante. Paul Graham, da YCombinator, afirmou que os empreendedores devem "fazer coisas que não escalam". A ideia de que encontrar e convencer os usuários manualmente, um por um, é uma boa maneira de começar está atrelada a esta máxima:

Um dos conselhos mais comuns que damos na YCombinator é fazer coisas que não escalam... A coisa não escalável mais comum que os fundadores precisam fazer no início é recrutar usuários manualmente. Quase todas as startups precisam disso. Você não pode esperar que os usuários venham até você, tem que ir atrás deles.

> *Existem duas razões pelas quais os fundadores resistem a sair e recrutar usuários individualmente. Uma é a combinação de timidez e preguiça. Eles preferem ficar em casa escrevendo códigos do que sair e conversar com um bando de estranhos e provavelmente ser rejeitados pela maioria deles. Mas para uma startup ter sucesso, pelo menos um fundador (geralmente o CEO) terá que passar muito tempo lidando com vendas e marketing.*[45]

Graham prossegue citando os exemplos da Stripe e da Meraki, bem como de startups de consumo como Facebook e Airbnb, que empregaram essa filosofia.

É importante ressaltar que ele também defende que as startups B2B pensem em fazer consultoria para começar, tratando um conjunto inicial de clientes como se fossem clientes desse setor. Ao desenvolver a funcionalidade de que precisam em uma base *ad hoc* e depois generalizar, eles têm uma chance melhor de atingir a aptidão do produto/mercado — mesmo que essa abordagem não seja escalável. Não é possível construir uma startup escalável e de alta margem consultando milhares de clientes.

Mas o esforço funciona, seja para produtos de consumo ou B2B, e aprender a escalar abordagens operacionais e voltadas para vendas pode ajudar a derrubar um mercado inteiro.

A Área Cinzenta

O núcleo da indústria de viagens compartilhadas às vezes é chamado de "peer-to-peer" [ponto a ponto, em tradução livre] — no qual pessoas comuns se inscrevem como motoristas para transportar outras pessoas — e não era legal quando foi lançado pela primeira vez. E, de fato, enquanto escrevo isso, há muitos lugares no mundo onde ainda não é. Houve disputas de alto risco com as cidades, proibições definitivas, batidas policiais nas sedes locais da Uber e muitos outros episódios de arrepiar os cabelos na história da Uber. Será que esse esforço foi longe demais?

Um dos dilemas mais intrigantes dentro do Problema Cold Start é o que acontece quando a sua rede inicial o puxa para uma área cinzenta.

Crie um produto em rede para hospedar e reproduzir vídeos, como fez o YouTube, e inevitavelmente alguém fará o upload de "Lazy Sunday" [Domingo Preguiçoso] — a esquete do *Saturday Night Live* que levou milhões de usuários ao seu site nos primeiros dias. Crie um produto em rede fácil de usar e que permita pagamentos entre pessoas, como o PayPal, e ele será usado para todos os tipos de transações ilícitas. Os recursos de compartilhamento de pastas do Dropbox foram usados desde o início para piratear filmes e músicas — esse foi um resultado inesperado para um serviço de armazenamento em nuvem criado para compartilhar e sincronizar arquivos a fim de obter produtividade.

Quando isso acontece, tenta-se consertar as lacunas ou adicionar mais controles, potencialmente impactando na usabilidade do produto? É uma boa ideia verificar o conteúdo das pastas dos usuários? Ou você aceita isso, mas orienta o uso na direção certa ao longo do tempo? Essas são questões difíceis. O YouTube começou com quantidades altas de vídeos de música pirateados e cortes de programas de TV, mas acabaria implementando audio fingerprinting, ferramentas de moderação e parceria com provedores de conteúdo. As normas também mudaram — hoje, quando os usuários enviam vídeos para o YouTube e outras mídias sociais, isso é considerado engajamento, não pirataria potencial. O PayPal fez o mesmo, mantendo sua interface fácil de usar e respondendo à fraude inovando — implementando um dos primeiros CAPTCHAs, as letras retorcidas provando que você é um humano e não um computador — além de criar equipes de ciência de dados para combater golpistas.

A Uber optou por abraçar a área cinzenta, transformando o seu serviço original de transporte executivo e limusines pretas, que opera de forma totalmente lícita, no modelo peer-to-peer (P2P), que gera a maior parte das receitas de viagens compartilhadas atualmente. A transição aconteceu tão rápido e de forma tão integral que durante o tempo em que trabalhei na Uber, não havia nenhum produto ou pessoal de engenharia — em uma empresa de milhares — dedicado ao negócio de carros executivos. Todos foram transferidos para o mercado novo e explosivo de viagens compartilhadas. É claro que essa estratégia tem desvantagens — o Uber X gerou controvérsia sobre leis trabalhistas, requisitos de segurança e normas reguladoras.

Como muitos exemplos de Cold Start, abraçar a área cinza criou problemas nos primeiros dias. Mas seguir a rede e o que o mercado queria permitiu que a Uber atingisse a Velocidade de Escape em quase todas as grandes cidades do mundo. Como muitas estratégias para enfrentar o Problema Cold Start, a abordagem evoluiu ao longo do tempo à medida que as redes atômicas iniciais se formaram. Anos depois que a empresa chegou ao Ponto de Virada, trabalhou em conjunto com o governo melhorando o framework regulatório, para mover a área cinzenta à luz. Atualmente, as viagens compartilhadas são uma opção em quase todos os principais aeroportos, e as cidades até recomendaram a Uber como alternativa quando o transporte público foi interrompido devido à Covid-19. Os recursos do app também foram aprimorados ao longo do tempo para ajudar a reduzir as preocupações com segurança e seguir melhor as diretrizes regulatórias, enquanto a rede enorme foi usada para lançar novos negócios, como o Uber Eats, além de incluir bicicletas e patinetes.

Valores Culturais da Uber 1.0

Esforço e criatividade ajudam a virar os mercados, porque as redes atômicas não são iguais. A primeira, a segunda e a terceira provavelmente exigirão táticas ligeiramente diferentes. Isso foi válido para o transporte por aplicativo, em que a equipe de Operações da Uber foi a arma secreta para resolver o Problema Cold Start repetidamente em todas as mais de oitocentas cidades onde a empresa lançou o app. Havia um *ethos* dentro da equipe que — para o bem ou para o mal — priorizava a ação e a criatividade em vez de pensar demais.

Em 2015, no retiro "X to the X" em Las Vegas, um dos principais eventos noturnos foi a divulgação dos valores culturais da empresa. Em um estádio, Travis falou para toda a equipe da Uber sobre como ele e Jeff Holden (então diretor de produto) se reuniram por horas para decidir quatorze valores para a empresa:

Valores Culturais da Uber 1.0

- Faça a Mágica.
- Superentusiasmo.

- De Dentro para Fora.
- Seja um Dono, Não um Locatário.
- Liderança Otimista.
- Seja Você Mesmo.
- Apostas Grandes e Ousadas.
- Obsessão pelo Cliente.
- Sempre se Esforce.
- Deixe os Construtores Construírem.
- Vitória: Mentalidade do Campeão.
- Confronto de Princípios.
- Meritocracia e Pisar nos Calos.
- Celebre as Cidades.

Muitos desses valores falavam diretamente aos esforços das equipes de Operações — em particular, Sempre se Esforce, mas também Celebre as Cidades, *Seja um Dono* e *Meritocracia e Pisar nos Calos* —, todos aplicados à natureza global e descentralizada da organização.

A lista trata do coração da cultura da Uber: havia o esforço bruto das equipes urbanas, combinado com uma mentalidade de dono em que os GMs sentiam que eram os CEOs de suas cidades. A maioria dos GMs e equipes urbanas eram jovens e promovidos internamente, por isso estavam constantemente em concorrência direta e indireta com outras cidades semelhantes (e concorrentes reais da Uber) em todas as suas principais métricas. Essa foi a mágica que contribuiu para a virada de mercado em apps de transporte.

PARTE IV
VELOCIDADE DE ESCAPE

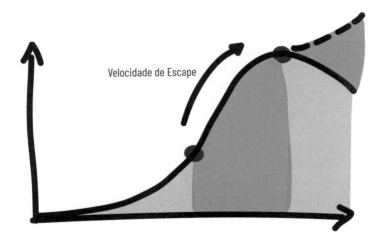

17
DROPBOX

Quando os produtos em rede começam a dar certo, eles podem dar MUITO certo. No momento do IPO do Dropbox em 2018, Drew Houston e Arash Ferdowsi, seus cofundadores, haviam construído uma startup SaaS que foi a mais rápida da categoria a alcançar US$1 bilhão em receita anual recorrente — mais rápida do que a Salesforce, a Workday e a Service Now em seus IPOs. Em muitas de suas principais métricas, a curva de crescimento parecia um taco de hóquei clássico, crescendo regularmente para mais de 500 milhões de usuários em oito anos.

Acompanho o Dropbox desde seus primeiros anos, e fiquei amigo de Drew Houston. Atuei como assessor, trabalhando com eles em novos produtos e acelerando o crescimento viral. Eu com frequência encontrava com a equipe no escritório, mas Drew e eu almoçávamos no Yank Sing, um restaurante movimentado e popular perto do Ferry Building, em São Francisco. Comendo *siu mai* e *xiao long baos* em domingos calmos, falávamos sobre negócios e sobre a vida. Em um desses encontros, falei com Drew sobre o Problema Cold Start e conversamos sobre um dos períodos mais fascinantes para o Dropbox — sua adolescência.

Cinco anos após a fundação do Dropbox no Massachusetts Institute of Technology, a empresa fez a parte mais difícil — resolver o Problema Cold Start a partir da estratégia clássica "A Ferramenta o Fez Entrar...", com a sincronização de arquivos nos computadores de uma pessoa como a ferramenta inicial, seguida por uma rede de pastas compartilhadas com colegas, amigos e familiares. A inovação deles foi um programa de indicação no qual os usuários poderiam dar e obter armazenamento convidando amigos. O crescimento de usuários foi explosivo.

Em 2012, a empresa estava em ascensão, mas tinha ambições ainda maiores. Naquele ano, o Dropbox atingiria 100 milhões de usuários registrados.[46] As altas expectativas aumentaram o valor da empresa para US$4 bilhões para os principais investidores de risco, e agora ela precisava entregar. Com quase 200 funcionários (a maioria engenheiros), a empresa era como um adolescente desajeitado, nem uma criança nem um adulto. O produto tinha uma utilização colossal, mas não construíra equipes grandes para vendas, marketing e finanças, como costuma acontecer em uma empresa mais madura.

Chegou a hora do Dropbox se concentrar em ganhar dinheiro. De acordo com Drew:

> *Observamos muitos usuários aderindo no início, mas não sabíamos nada sobre vender para grandes empresas. Havia muitos anticorpos culturais que nos impediam de ir atrás de empresas — afinal, estávamos todos na casa dos 20 anos. Queríamos focar consumidores e fotos. Contudo, em alguns anos, começamos a contratar pessoas para executar marketing e vendas e deixar que o autosserviço acontecesse por conta própria.*[47]

E ele funcionou — os usuários gostaram do produto, optaram pelo upgrade e puseram as informações do cartão de crédito no site. Apenas com essa página de upgrade, a empresa estava ganhando dezenas de milhões de dólares de receita recorrente sem que a monetização fosse uma prioridade. As métricas do Dropbox espelhavam as dos principais produtos de consumo da época — Usuários Ativos Mensais e Usuários Registrados — e conquistava milhões de novos usuários todos os meses. A abordagem de baixo para cima estava funcionando.

A equipe de vendas era pequena, talvez por causa do sucesso da abordagem de autosserviço. Para lhe dar uma noção da cultura da empresa, nos primeiros dias em que a equipe de vendas estava sobrecarregada, era procedimento-padrão simplesmente remover o endereço de e-mail da equipe de vendas do site, para que os usuários não pudessem contatá-la. Depois, a equipe percebeu que era melhor contratar mais pessoas. Mas ganhar dinheiro ainda era visto, na natureza nerd, orientada para a engenharia do MIT da empresa, como um "por que nos importamos com isso?". Adquirir receitas não era o "estilo Dropbox".

No entanto, a empresa foi empurrada para uma encruzilhada por uma despesa crescente: contas de infraestrutura em nuvem.

O Dropbox foi construído inicialmente na plataforma de nuvem da Amazon, e o produto estava crescendo tão rápido que as contas de hospedagem ficaram muito caras. Com o crescimento em curva de taco de hóquei viria um segundo taco, mas desta vez nos custos de hospedagem de arquivos. Construir uma infraestrutura interna[48] economizaria quase US$75 milhões apenas nos primeiros dois anos e centenas de milhões ao longo do tempo.

Era óbvio que tinha que ser feito. Mas seria necessária uma enorme quantidade de capital inicial para arrendar e construir data centers, o que, por sua vez, levaria a empresa à falta de rentabilidade pela primeira vez em anos.

Para iniciar um esforço para gerar mais receita, uma equipe multifuncional de Growth e Monetização foi convocada. Tinha um núcleo de líderes de produtos quantitativos e voltados para os negócios que também se uniram a engenheiros e designers, liderados por ChenLi Wang e Jean-Denis Greze. Essa equipe foi capacitada e recebeu os recursos para impulsionar diretamente as oportunidades de growth e monetização. Eles criaram insights sobre os negócios do Dropbox, identificaram e priorizaram oportunidades e as executaram enviando novos recursos e atualizações para o produto.

O conceito de uma "Equipe de Growth", embora se tornasse mais comum no setor, foi um movimento controverso em toda a empresa à época. Culturas fortes impulsionadas por produtos como o Dropbox tendiam a acreditar que a única coisa que importava para atrair usuários era um ótimo produto. Por que desperdiçar o talento de engenheiros qualificados trabalhando em landing pages ou otimizando notificações por e-mail quando eles poderiam estar desenvolvendo a próxima geração de ótimos recursos? Uma objeção semelhante geralmente vem das equipes de marketing de empresas de tecnologia que historicamente possuíam a aquisição de clientes — por que criar uma equipe duplicada que se sobrepunha ao seu trabalho? No entanto, o histórico fala por si só — as equipes de growth surgiram em toda a indústria como uma maneira focada de escalar os produtos em direção à velocidade de escape.

Em meio a essas perguntas, a equipe recém-formada rapidamente iniciou seus esforços. Eles começaram com uma sucessão de vitórias rápidas na monetização, desde a otimização da página de preços até nudges que lembravam aos clientes quando provavelmente atingiriam seu limite de armazenamento. Nos primeiros dias, uma pequena mudança de design podia resultar em milhões de dólares para a empresa. Em paralelo, a equipe começou a explorar os dados, procurando insights críticos que tornassem um usuário mais valioso do que outro. Nem todo usuário é o mesmo, nem toda rede é a mesma.

Os insights do Dropbox sobre isso foram profundos: alguns usuários se juntaram à plataforma como parte da estratégia "A Ferramenta o Fez Ficar..." — mas continuaram a utilizando sem aumentar seu engajamento compartilhando pastas e documentos com outras pessoas. Em contraste, quem usava o produto para colaboração e compartilhamento — os recursos de rede — foram se tornando significativamente mais valiosos com o passar do tempo. Os usuários do Dropbox podem ser divididos em Ativos de Alto Valor (HVAs) e Ativos de Baixo Valor (LVAs), que foram úteis como um indicador de qualidade, que poderia ser sobreposto nas estratégias para canais de marketing e parcerias para garantir que os HVAs estivessem sendo adquiridos, não os LVAs. Drew descreveu essa mudança de pensamento:

> *Originalmente, pensávamos que nossa missão era tentar servir "todos na internet", mas percebemos que não deveríamos estar guerreando em todos os fronts. Nossos usuários mais valiosos provavelmente estavam nos usando para colaboração em negócios e armazenamento, não compartilhando filmes completos em mercados em desenvolvimento.*

Entender o valor dos usuários impactou a estratégia de growth do Dropbox. Quando eles fizeram parceria com uma das maiores empresas de celular para fornecer serviços de backup de fotos, a equipe do Dropbox percebeu que a parceria gerou muitos novos usuários, mas todos eram LVAs. Isso criou custos substanciais no suporte aos usuários, mas não necessariamente receitas futuras, pois era improvável que eles comprassem o upgrade. O conceito HVA versus LVA ajudou a equipe do Dropbox a entender e priorizar seus vários esforços.

Assim como existem usuários de alto e baixo valor, também existem redes de alto e baixo valor. Em 2012, quase 100 milhões de pessoas se inscreveram no Dropbox. Essa vasta rede era composta de redes atômicas menores, compreendendo centenas de milhares de empresas, grandes e pequenas. A equipe de vendas foi capaz de "pescar em seu próprio lago", priorizando o alcance para empresas que já tinham muitos usuários no produto — usando os domínios de e-mail como uma pista. Assim como o Facebook havia usado domínios de e-mail "edu" para dividir redes menores e engajadas e se espalhar de Harvard para outras universidades anos atrás, o Dropbox poderia fazer o mesmo com o equivalente corporativo "pontocom". Um sinal ainda mais importante era quantas pastas compartilhadas estavam sendo usadas em uma empresa — quanto mais colaboração via Dropbox, mais o produto era atraente e mais fácil seria vender upgrades.

Os dados também podem ser enganosos às vezes. Nos primeiros dias, o Dropbox estava crescendo tão rápido que frequentemente era difícil fazer análises sobre quais tipos de conteúdo as pessoas estavam colocando nas pastas. Uma das análises mais simples foi fazer amostragem de snapshots de pastas e contar as extensões de arquivo. Talvez não seja surpreendente para alguns que os arquivos mais populares fossem fotos — muitas e muitas fotos, especialmente no celular. Combinado com a viralidade natural desse tipo de mídia, o Dropbox embarcou em um roteiro de recursos relacionados a fotos, culminando no lançamento do Carousel, um aplicativo separado para permitir que os consumidores gerenciem e visualizem fotos no Dropbox. Ele se saiu bem, mas teve um desempenho inferior às expectativas e acabou sendo encerrado para que a empresa pudesse investir no que agora é seu foco principal: as empresas.

O foco do Dropbox nas companhias surgiu de várias formas. Primeiro, a equipe pesquisou os usuários e percebeu que muitos Ativos de Alto Valor estavam atualizando suas contas para uso no trabalho. Era muito mais fácil vender para as empresas — novamente, pescar no próprio lago — especialmente quando o Dropbox desenvolveu recursos que as empresas esperavam: segurança adicional e controles administrativos, integrações em produtos comumente usados no local de trabalho, como o Microsoft Office, e assim por diante. Mais tarde, a mesma análise foi realizada em arquivos populares armazenados no Dropbox, mas levou a uma conclusão diferente, pois o foco estava em que tipos de arquivos ocupavam o centro do engajamento do usuário.

A pergunta correta era: quais arquivos as pessoas tendiam a editar ou mover repetidamente? Vários usuários de uma rede tendem a compartilhar, editar e interagir de forma colaborativa quais tipos de arquivos? A resposta foi clara. Documentos. Planilhas. Apresentações.

Nos anos anteriores ao seu IPO, o Dropbox passou a se orientar em uma nova direção — focar os usuários de maior valor nas redes de maior valor que interagem com os arquivos de maior valor. Em seus documentos de proposta de IPO, a empresa descrevia sua missão nesse sentido: "Libertar a energia criativa do mundo projetando uma maneira mais esclarecida de trabalhar." Ela se conceituava como "uma plataforma de colaboração global".

Foi um longo caminho desde a fundação da empresa, muito impulsionada pela demanda do consumidor — não necessariamente por casos de uso empresariais. A história de origem agora faz parte da tradição da startup: Drew Houston era um estudante frustrado por perder seus pen drives e, para resolver esse problema para si mesmo, desenvolveu e lançou o Dropbox. O produto foi apresentado com um vídeo de quatro minutos autonarrado[49] mostrando uma "pasta mágica" que sincronizava automaticamente os arquivos entre computadores, evitando a necessidade de frágeis unidades USB. A primeira versão não tinha pastas compartilhadas, embora isso rapidamente fosse implementado mais tarde. O vídeo foi lançado em abril de 2007, e atraiu uma enxurrada de demanda vinda de usuários de sites de mídia social, como o Reddit, Hacker News, Digg e outros.

Segundo Drew:

Isso levou centenas de milhares de pessoas ao site. Nossa lista de espera beta passou de 5 mil pessoas para 75mil literalmente da noite para o dia. Isso nos surpreendeu totalmente.

A história de origem do Dropbox geralmente termina com Drew e Arash Ferdowsi, seu colega de classe, se mudando para São Francisco para se juntar ao YCombinator, uma aceleradora de startups, e rapidamente angariar fundos de capital de risco. Em 2018, uma década depois, a empresa abriu o capital e foi listada como NYSE:DBX, com uma valuation de abertura de US$10 bilhões. Muitas vezes, as histórias de startups pulam a parte do meio da história, indo da origem para o IPO em alguns parágrafos curtos.

Os anos antes e depois de 2012 são capítulos intermediários cruciais na jornada de startups do Dropbox. Ao longo de décadas de caminhada, desde sua fundação até a abertura de capital, a empresa compreendeu as redes e os atributos de seus usuários mais valiosos, introduziu recursos-chave para atrair as empresas e adicionou novos canais de marketing. Todos esses esforços ajudaram a escalar os efeitos da rede em Velocidade de Escape, levando-a a um IPO bem-sucedido.

Apresentando a Velocidade de Escape

Quando novos produtos fazem sucesso e começam a escalar, isso geralmente é chamado de "Velocidade de Escape". A história é que o produto começa a virar um taco de hóquei, subindo infinitamente na diagonal direita. Mas não é tão simples — na realidade, a jornada não acabou; em vez disso, o foco muda. Nesta fase, o desafio rapidamente se torna manter uma taxa de crescimento rápida e amplificar os efeitos de rede de um produto de sucesso.

No caso do Dropbox, o produto passou por várias fases: a fase de Cold Start começou na substituição de pen drives — como uma ferramenta — enquanto a venda para usuários que usavam pastas compartilhadas aumentava. À medida que os casos de uso do consumidor e do negócio se multiplicavam, o produto atingia o Ponto de Virada, levando a centenas de milhões de usuários ativos. Na fase de Velocidade de Escape, a empresa precisava continuar escalando a base de uso e, finalmente, construir um negócio real de geração de receita. A chave para desbloquear esta fase foi entender seus usuários de alto e baixo valor, eventualmente visando o local de trabalho:

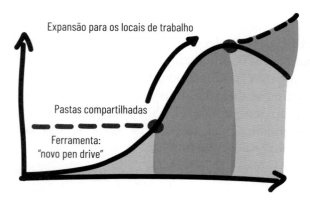

Figura 11: A curva do Dropbox — pen drives, pastas compartilhadas, locais de trabalho

Cada novo produto futuramente tem que alcançar, e então sustentar, a Velocidade de Escape. Nos próximos capítulos, falo sobre essa fase intermediária, na qual o trabalho duro é focado em escalar o crescimento. Esta etapa da estrutura do Cold Start, a Velocidade de Escape, é a mais relevante para as equipes que trabalham em franquias estabelecidas — é aqui que o crescimento de um produto já bem-sucedido difere muito dos esforços de zero a um das startups, que abordei anteriormente no livro.

Começarei reinventando os "efeitos de rede" em algo muito mais concreto.

No capítulo "O Trio de Forças", descrevo como a indústria usa "efeitos de rede" como um termo amplo que é simplesmente vago demais para ser útil. Para torná-lo concreto o suficiente para as equipes de produtos agirem, argumento que há um trio de efeitos de rede: Engajamento, Aquisição e Economia. Os capítulos a seguir mergulham profundamente em cada um desses efeitos.

"O Efeito de Engajamento" é o que acontece quando um produto fica mais atrativo e mais envolvente à medida que mais usuários passam a usá-lo. Essa é a definição que mais se aproxima do conceito clássico do efeito de rede de Theodore Vail, da AT&T. No entanto, vou descrevê-lo na terminologia moderna, usando a linguagem de curvas de retenção e métricas de engajamento que usamos para dissecar o desempenho de novos aplicativos. "O Efeito de Aquisição", por outro lado, é o efeito de rede que impulsiona a conquista de novos clientes em seu produto — em outras palavras, o crescimento viral.

Os produtos são inerentemente virais quando as pessoas trazem seus amigos e colegas para uma rede simplesmente usando-os — como o Dropbox, aplicativos de mensagens e redes sociais. Falarei sobre como o Efeito de Aquisição funciona e como ampliar melhor seu impacto. E, finalmente, apresentarei o terceiro do trio de efeitos de rede, "O Efeito Econômico". Os efeitos de rede podem ajudar a melhorar os modelos de negócios ao longo do tempo, na forma de algoritmos de feed aprimorados, taxas de conversão aumentadas, preços premium e muito mais.

18
O TRIO DE FORÇAS

A Velocidade de Escape é frequentemente descrita como uma espécie de estado final, o momento em que um produto se torna dominante no mercado, onde tudo fica mais fácil. Supõe-se que essas empresas tenham um crescimento incontestável com base em seus fortes efeitos de rede. No entanto, observe o interior de qualquer equipe de produto que tenha atingido a Velocidade de Escape e verá algo diferente — o que parece fácil por fora não é tão fácil assim por dentro. Milhares de funcionários estão trabalhando incessantemente para ampliar a rede. O Dropbox, por exemplo, empregava mais de 2 mil designers, engenheiros e profissionais de marketing com remunerações bem altas em tempo integral, dobrando ou triplicando a base de funcionários a cada ano antes do IPO de 2018.

Embora possa precisar apenas de uma pequena quantidade de funcionários para alcançar o produto/mercado de forma adequada — o Instagram tinha 13 funcionários e 30 milhões de usuários quando foi comprado pelo Facebook — você precisa de um esforço coordenado significativo para dimensionar um produto em todo o seu potencial. Esse é um grande contraste com nossas explicações diárias e excessivamente simplistas das curvas de crescimento em forma de taco de hóquei: "Eles têm o traseiro virado para a Lua!" Ou, para muitos dos produtos tecnológicos que estou detalhando neste livro — de jogos multiplayer a apps de chat e produtos para o local de trabalho —, às vezes, a explicação direta é: "Claro que eles estão crescendo rápido — eles têm efeitos de rede!" Mas isso é superficial.

É preciso uma tremenda quantidade de energia para escalar uma rede — tanto na defesa, para neutralizar a saturação do mercado e da concorrência, quanto no ataque, para amplificar os efeitos da rede ao longo do tempo. Não é apenas o Dropbox que tem esse tipo de história — o Pinterest, o Slack, o Zoom, a Uber, o Airbnb e outros também têm milhares (ou dezenas de milhares) de funcionários em tempo integral, muitos deles trabalhando apenas em um aplicativo ou em uma pequena família de apps. Pergunte a qualquer um desses se há pessoal suficiente e eles dirão que não, e que há muito mais a ser feito. Esse é o cenário da Velocidade de Escape. Ela anuncia uma nova etapa, com ênfase na construção de efeitos de rede para ampliar sua força. Não é um período em que as equipes possam aproveitar seu ímpeto, porque inevitavelmente, ele diminuirá à medida que a saturação do mercado, o spam, a competição e outras forças aparecerem.

É mais fácil falar do que fazer o fortalecimento dos efeitos de rede. Todos querem melhorar seus efeitos, mas o que isso realmente quer dizer? As equipes de produtos trabalham no plano concreto — na concepção e seleção de recursos, na decisão de cronogramas para o lançamento de novos produtos e na negociação da complexidade da engenharia para a funcionalidade. Se disser algo abstrato, como "vão melhorar os efeitos de rede!" a uma equipe, a resposta será fria. Nos próximos capítulos, discutirei como passar da estratégia para a execução. Para criar um plano para fortalecer os efeitos de rede de um produto, precisamos conectar o abstrato com o concreto, a fim de que o resultado possa refletir a realidade prática de escolher e priorizar projetos.

Três Sistemas Fundamentais do Efeito de Rede

Vamos começar com uma ideia surpreendente que vai contra o jargão da indústria: o efeito de rede não é um efeito. Em vez disso, o efeito de rede é um termo guarda-chuva mais amplo que pode ser dividido em um trio de forças fundamentais: o efeito de rede de "Aquisição", o efeito de rede de "Engajamento" e o efeito de rede "Econômico". Cada um desses pode contribuir para um negócio de uma forma diferente, e se fortalecem com a densidade de uma rede.

O "Efeito de Aquisição" é a capacidade de um produto acessar sua rede para adquirir novos clientes. Qualquer produto pode comprar publicidade do Facebook ou do Google, por exemplo, para atrair novos usuários, mas apenas produtos em rede podem ter crescimento viral — a capacidade dos usuários de sua rede de falar com outros sobre o produto em suas próprias redes pessoais. Isso mantém os custos de aquisição de clientes baixos ao longo do tempo, combatendo o aumento natural que vem com a saturação do mercado e da concorrência.

Os tipos de projetos que amplificam o Efeito de Aquisição são orientados em torno do crescimento viral: recursos de indicação que recompensam os usuários quando convidam outras pessoas, acessando contatos para criar sugestões de quem adicionar a um aplicativo e melhorando a conversão ao longo dos momentos-chave da experiência de convite. Tudo isso ajuda a aumentar as métricas, como novos cadastros de usuários, o chamado fator viral de um produto, e reduzir o custo de aquisição de cliente (CAC).

O "Efeito de Engajamento" descreve como uma rede mais densa cria maior atratividade própria e mais utilização por parte dos usuários — é uma forma mais específica da descrição clássica dos efeitos de rede da qual falei no início do livro, "quanto mais usuários se juntam à rede, mais útil ela fica". No entanto, a definição clássica pode ser refinada para incluir o sistema fundamental que impulsiona os casos de uso de valor e "loops" que definem como os usuários obtêm valor ao se envolver com um produto, bem como as métricas específicas que aumentam com uma rede mais densa.

Por exemplo, o Twitter é muito mais interessante de usar agora que tem meios de comunicação, celebridades e políticos do que nos primeiros dias, quando a plataforma talvez tivesse um ou dois amigos nerds seus. Como há mais tipos de criadores de conteúdo na rede, o que seria um app para manter contato com amigos pode no futuro evoluir para um conjunto diversificado de casos de uso: rastrear notícias políticas, acompanhar o que está acontecendo em seu setor, com suas celebridades favoritas e assim por diante. Por sua vez, esses casos de uso elevados geram métricas importantes, à medida que mais engajamento mapeia diretamente o número de sessões por usuário ou o número de dias por mês em que se está ativo no produto. As curvas de retenção, muitas vezes uma das visualizações mais importantes de quanto tempo as pessoas utilizam o produto, podem ser melhoradas à medida que surgem casos de uso mais atrativos.

O "Efeito Econômico" é a capacidade de um produto em rede acelerar sua monetização, reduzir custos e melhorar o modelo de negócios, à medida que a rede cresce. Os produtos para o local de trabalho, por exemplo, muitas vezes passam a níveis mais altos de preços à medida que o número de profissionais do conhecimento que os utilizam cresce dentro de uma empresa. Quanto mais profissionais adotam um produto, mais recursos avançados podem querer, especialmente quando esses recursos são de natureza colaborativa — como o Slack cobrar para que seja possível pesquisar mensagens de todos os usuários em todas as organizações. Da mesma forma, as lojas de aplicativos e outros marketplaces aumentarão sua receita média por usuário à medida que o número de anúncios aumenta. Se os clientes tiverem mais opções, muitas vezes têm uma chance melhor de encontrar exatamente o que estão procurando comprar. Em seguida, as taxas de conversão aumentam.

A Equação de Contabilidade de Crescimento

Uso os efeitos de Engajamento, Aquisição e Econômico como os conceitos principais, pois eles mapeiam os resultados mais importantes com os quais as equipes de produtos mais se preocupam: usuários ativos, receita, e os principais indicadores dessas métricas. Os usuários ativos são formados por uma combinação de novos usuários que se inscrevem e o quão engajados e retidos estão os usuários existentes. A receita é um subproduto dos usuários ativos e da receita média que cada usuário está gerando, seja a partir de compras ou de receita de publicidade. A taxa de crescimento, outra métrica importante, é a capacidade de escalar repetidamente esses efeitos de rede de forma consistente ao longo do tempo.

A relação entre essas entradas e saídas é apenas aritmética. Aqui está o que é frequentemente chamado de "Equação de Contabilidade de

Crescimento", que mostra como essas métricas principais se relacionam com os usuários ativos:

Ganho ou perda em usuários ativos = Novo + Reativado − Churn

Em seguida, com base no delta de cada período de tempo, você pode descobrir se vai ganhar ou perder usuários ativos:

Ativos deste mês = Ativos do mês passado + Ganho ou perda

Esse exemplo usa "Usuários ativos", o que é mais relevante para redes sociais e apps de mensagens, mas também pode ser "Assinantes ativos", para um produto SaaS, como o Dropbox, ou um serviço de assinatura, como o YouTube Premium. Tornou-se uma prática recomendada usar essa equação e construir dashboards a partir das entradas, de modo que em qualquer mês seja possível saber se os componentes fundamentais estão em alta. Se o seu objetivo é crescer 3x ano após ano, e as inscrições estão muito abaixo, então fica claro quanto churn precisa ser melhorado para bater a meta — é apenas matemática básica. Sobrepor a receita também é fácil. Basta adicionar mais duas variáveis, multiplicando o número de usuários ativos pela receita média por usuário ativo (ARPU — Average Revenue Per User).

Todo produto pode ser pensado dessa maneira, e o objetivo da equipe de produtos é aumentar cada uma dessas métricas. No entanto, os produtos em rede são especiais, pois são capazes de alavancar suas redes para impulsionar cada uma dessas variáveis — algo que os produtos tradicionais não podem fazer. À medida que crescem e atingem a Velocidade de Escape, a densidade da rede torna os efeitos de Engajamento, Aquisição e Economia mais poderosos, fazendo com que as métricas de entrada aumentem. Mais novos usuários aparecerão, com base no crescimento viral, e o produto ficará mais consistente, diminuindo o churn. À medida que as taxas de conversão aumentarem, mais dinheiro entra. As entradas centrais na equação de crescimento de um produto em rede melhorarão por conta própria, em função da rede, em oposição às características do produto — criando uma vantagem acumulada ao longo do tempo. Essa é a magia dos efeitos de rede.

E embora eu descreva cada um desses efeitos de rede de forma isolada, na prática todos eles trabalham juntos. Um público mais engajado e retido terá mais oportunidades de compartilhar o produto com os amigos, impulsionando o crescimento viral. Um Efeito de Aquisição mais forte significa que haverá um fluxo constante de novas pessoas para engajar a comunidade existente, mantendo-as mais engajadas. A monetização mais forte pode fazer usuários ganharem mais dinheiro, o que estimula mais engajamento. Ampliar um dos efeitos muitas vezes fará os outros aumentarem também.

19
O EFEITO DE ENGAJAMENTO

Escorbuto

As técnicas modernas que usamos no estudo da atratividade e do engajamento de produtos tecnológicos têm origens no estudo da doença.

Em 1753, o médico escocês James Lind publicou um célebre artigo chamado "Tratado sobre o Escorbuto", um dos primeiros ensaios clínicos relatados na história. Nele, o especialista descreveu seus estudos e experimentos sobre escorbuto enquanto servia como cirurgião no HMS *Salisbury*, um navio de guerra da Marinha Real Britânica. Na época, o escorbuto era uma das doenças mais devastadoras para os marinheiros. Diz-se que mais marinheiros morreriam de escorbuto do que no combate com o inimigo, e isso se tornou uma grande barreira na condução de guerras e comércio por longas distâncias.

Em seu artigo, Lind realizou um dos primeiros ensaios clínicos randomizados da história. Ele dividiu doze homens que sofriam de sintomas de escorbuto em seis pares e deu a seguinte mistura diariamente: cidra, ácido sulfúrico diluído, água do mar e vinagre. Um par sortudo, o grupo experimental, também recebeu duas laranjas e um limão. Então Lind observaria os marinheiros ao longo do tempo. A melhora foi evidente nos que receberam as frutas cítricas e, portanto, vitamina C, e no final do ensaio, quando pararam de dar as frutas, esse par estava quase recuperado.

Essa técnica foi tão impactante que centenas de anos depois continua sendo a base de como as empresas de tecnologia medem e otimizam o engajamento e a retenção dos produtos.

No uso moderno, os usuários são frequentemente divididos em grupos separados — chamados de coortes — que permitem que sejam medidos separadamente. Em vez de monitorar escorbuto, monitora-se a atividade de um grupo de usuários dentro de um produto — quantos ainda permanecem utilizando-o um dia após a inscrição, em comparação com sete dias ou trinta dias? Os usuários mais novos estão tendo uma experiência melhor nas primeiras semanas, em comparação com uma coorte mais antiga, que estava usando uma versão mais bugada do produto?

Esses grafos — muitas vezes chamados de "curvas de retenção de coorte" — são o método fundamental para entender se um produto está dando certo ou não. E temos que agradecer a James Lind e seu estudo sobre o escorbuto por essa técnica.

A Triste Verdade sobre a Atratividade de Novos Produtos

A retenção é a métrica mais importante para entender um produto, mas, na maioria das vezes, os dados não são bons. Quando se observa os dados de engajamento de todo o setor, eles contam a mesma história repetidamente — os usuários não aderem aos seus apps. O título de um estudo[50] publicado no TechCrunch já relatava isso: "Cerca de 1 em cada 4 pessoas param de usar apps móveis após uma única utilização." Os autores analisaram dados de 37 mil usuários para mostrar que uma grande porcentagem de usuários deixava um app após tentar usá-lo uma vez apenas. Infelizmente, me deparei com resultados semelhantes. Em colaboração com Ankit Jain, ex-gerente de produto do Google

Play, publiquei um estudo intitulado "Perder 80% dos usuários móveis é normal", que demonstrava a rápida deterioração que acontece logo após um novo usuário se inscrever em um produto.

Dos usuários que instalam um app, 70% não estão ativos no dia seguinte e, nos primeiros três meses, 96% dos usuários já deixaram o aplicativo. A forma da curva de retenção é muito importante — idealmente, a curva se estabiliza ao longo do tempo, indicando que alguns usuários voltam em uma base constante. Mas isso não vale para o app padrão — sua curva cai consistentemente ao longo do tempo, se reduzindo a zero em um momento futuro.

A conclusão brutal é que o resultado costumeiro para a maioria dos apps é o fracasso — mas, é claro, há exceções. É por isso que dos mais de 5 milhões de aplicativos no iOS e Android, apenas algumas centenas têm grandes públicos e apenas algumas dezenas dominam todo o tempo e toda a atenção das pessoas. Dados da empresa de análise Comscore revelaram que as pessoas gastam 80% com apenas três aplicativos[51] — e tenho certeza de que você pode adivinhar quais são.

Como um benchmark aproximado para avaliar startups na Andreessen Horowitz, muitas vezes busco uma linha de base mínima de 60% de retenção após o dia 1; 30% após o dia 7; e 15% no dia 30, no qual a curva se estabiliza em um dado momento. Geralmente, apenas os produtos em rede podem exceder esses números. Isso ocorre porque eles são únicos, muitas vezes se tornam mais atrativos ao longo do tempo, o que interrompe o inevitável churn de clientes.

Em casos raros, mas excepcionais, a curva "sorrirá"— o que significa que a retenção e o engajamento aumentarão ao longo do tempo, e os usuários em churn voltarão. Aprendi que quando uma startup tem a curva sorriso, provavelmente é hora de investir. Isso é extremamente raro.

Devido ao Efeito de Engajamento, os produtos em rede usados como estudos de caso no Problema Cold Start têm algumas das curvas de retenção mais altas do setor — é uma parte essencial do sucesso deles. Sua capacidade única de explorar o Efeito de Engajamento permite que eles aumentem a retenção ao longo do tempo — primeiro, criando casos de uso à medida que a rede se desenvolve; depois, reforçando o "loop" principal do produto; e, por último, reativando usuários em churn. Vou detalhar como essas alavancas funcionam.

Como os Novos Casos de Uso Geram Mais Engajamento

A primeira alavanca vem da capacidade do Efeito de Engajamento de elevar as curvas de retenção em camadas nos casos de uso. Por exemplo, quando uma pequena equipe adota pela primeira vez um produto de chat, como o Slack — antes que o resto da empresa o faça — eles podem usar alguns canais para discutir itens relevantes. Porém, como outros setores da empresa também integrarão os funcionários no produto, novos casos de uso serão desbloqueados. Pode haver um canal "Pool Party", como fizemos na Uber, com milhares de colaboradores conversando sobre tópicos aleatórios. Ou canais para cada escritório, para anunciar eventos específicos por região em São Francisco versus Nova York versus outras cidades. Na Andreessen Horowitz, temos canais como o "#2030", sobre tendências de tecnologia legal que podem afetar nosso futuro próximo, ou "#books" e "#movies-tv" para compartilhar nossas leituras favoritas e conteúdo da Netflix. Cada um desses canais gera um novo caso de uso — um funcionário pode tratar de anúncios da empresa, ou socializar, ou trabalhar em projetos juntos. Quanto mais pessoas na rede Slack, maior a probabilidade de que esses casos de uso adicionais se desenvolvam.

O que começa como uso esporádico e solto muitas vezes se aprofunda no uso diário. Felizmente, conduzir os usuários com nudges para um uso mais frequente pode fazer parte do design do produto. A chave é direcionar os usuários relevantes com mensagens ou incentivos, ou experimentar novos casos de uso ao longo do tempo. Isso faz com que eles saiam do engajamento baixo para o alto.

Todavia, para fazer isso, as equipes precisam fazer o que o Dropbox fez e encontrar uma maneira de segmentar usuários de maior valor versus usuários de menor valor. O valor monetário pode não ser a segmentação certa — pode ser outra coisa, como a frequência, o valor vitalício, casos de uso ou alguma outra característica definidora.

Por exemplo, a base de usuários do LinkedIn foi dividida em camadas com base no uso frequente, como meu bom amigo Aatif Awan, ex-vice-presidente de growth do LinkedIn, descreve:

> *No LinkedIn, segmentamos nossos usuários como:*
> - *Ativo nos últimos sete dias da última semana*

- *Ativo nos últimos seis dias*
- *Ativo nos últimos cinco dias*

...e assim por diante. Isso nos permite analisar cada segmento separadamente e entender suas necessidades, motivações e o que seria necessário para fazê-los engajar mais.[52]

Com base nessa segmentação, as equipes de produtos podem buscar uma "alavanca" que mova os usuários de um nível de engajamento para o outro. Mas nem sempre será a mesma alavanca — dependendo do tipo de usuários e de suas motivações e intenções, diferentes abordagens surtirão efeito. Awan descreve isso no contexto da estratégia do LinkedIn para aumentar a frequência:

As alavancas usadas para aumentar o engajamento de um usuário pouco frequente são diferentes das que aprofundam o engajamento de um usuário avançado. Os primeiros usuários podem precisar de mais algumas conexões com colegas em sua empresa. Os avançados podem precisar de recursos avançados na pesquisa, recrutamento e criação de grupos, para que tenham maneiras novas e mais intensas de se conectar com as pessoas. Segmentar nossos usuários nos dá a granularidade para conectar os recursos certos e a educação do usuário para impactar seu uso.

Esses insights são frequentemente encontrados examinando um segmento de usuário avançado — ou HVAs, no jargão do Dropbox — e tentando entender o que os torna únicos. Talvez estejam usando um recurso específico ou engajando com a rede de uma determinada maneira. Pode ser tentador forçar cada usuário a usar o produto dessa maneira, mas infelizmente a correlação não acarreta causalidade. Não se estuda corpos de bombeiros e incêndios e se conclui que os primeiros causam os segundos!

É nesse momento que o teste A/B se torna tão valioso. Assim como James Lind fez com o experimento do escorbuto, os usuários podem ser divididos aleatoriamente em coortes separadas e receber experiências distintas. Uma correlação como "Usuários de alto valor do

LinkedIn se conectam a outros usuários a uma taxa mais alta do que os de baixo valor" pode então ser convertida em uma alavanca efetiva. Ser capaz de afirmar "Quando os usuários do LinkedIn se conectam com mais pessoas em seus primeiros dias no produto, é provável que posteriormente se tornem de alto valor". é algo muito impactante.

A questão então se torna como fazer com que esses usuários façam as coisas que os tornarão de maior valor. Isso geralmente acontece quando se educa os usuários — com conteúdo ou de outra forma — ou simplesmente introduzindo e promovendo novos recursos. No caso do LinkedIn, um novo recurso pode ser uma sugestão proeminente para um usuário inicial se conectar com pessoas de sua própria empresa, para ajudá-los a formar sua primeira rede. Para o conteúdo e as comunicações, podem ser uma série de videotutoriais que ensinam o uso eficaz dos recursos de conexão do LinkedIn. E o incentivo pode ser algo como uma assinatura gratuita quando o usuário fizer um determinado número de coisas. Um roteiro de produtos pode ser gerado com centenas dessas ideias, grandes e pequenas, e depois priorizado.

No caso do Dropbox, essa segmentação revelou que um usuário que instalou o produto em vários dispositivos — computadores domésticos e de trabalho, ou em seus dispositivos móveis — é mais valioso do que alguém que apenas tem um dispositivo e usa o serviço para backup. Melhor ainda, os usuários de alto valor geralmente compartilham pastas e colaboram com outros usuários, especialmente para fins de trabalho. Como descrevi anteriormente, o Dropbox segmentou seus usuários por Ativos de Alto Valor e de Baixo Valor, em oposição à segmentação orientada por frequência do LinkedIn. Para incentivar os usuários a realizar essas ações de alto valor, o Dropbox pode melhorar a funcionalidade de sincronização e compartilhamento, pode enviar ou exibir conteúdo educacional, mostrando aos usuários a maneira mais rápida de se configurar em vários dispositivos. Ou poderia usar incentivos — armazenamento gratuito, por exemplo — para compelir os usuários a configurar adequadamente suas contas.

Loops de Engajamento

Como dito anteriormente, o efeito da rede de engajamento torna os produtos mais atrativos ao longo do tempo, mas como? Esse processo pode ser modelado como um "loop de engajamento", que descreve como os usuários obtêm valor de outras pessoas em uma rede em um processo passo a passo.

Para um produto social ou de comunicação, o loop geralmente começa com um criador de conteúdo postando ou enviando conteúdo. Esse conteúdo é então enviado para todas as pessoas a quem ele está conectado e, dependendo do tamanho da rede, eles recebem um bom fluxo de curtidas e comentários de volta. Esse é o pagamento que os faz continuar. Os produtos de marketplace têm um loop semelhante, no qual os vendedores postam seus itens, que são vistos pelos compradores navegando nos catálogos. Quanto maior a rede de clientes, maior a probabilidade de um comprador interessado vê-lo, o que aumenta a probabilidade de que uma transação ocorra.

Os produtos de colaboração no local de trabalho funcionam de maneira semelhante — um membro do hard side da rede inicia compartilhando um projeto ou documento, e seus colegas de trabalho engajam para fechar o ciclo. Esses loops de engajamento são frequentemente melhor visualizados, passo a passo, como uma série de ações que se ligam umas às outras. Melhorar qualquer etapa no loop beneficia todas as ações subsequentes.

Conceituar os efeitos de rede dessa maneira nos ajuda a entender por que o Problema Cold Start existe, do ponto de vista do usuário. Se a rede for muito escassa, o loop será quebrado — poucos usuários verão uma foto que precisa de curtidas e poucos compradores verão uma listagem para comprar um produto. Se um loop for interrompido, então o usuário entra em churn, o que piora ainda mais o problema de rede.

Os usuários precisam confiar no loop para que ele consiga beneficiá-los. Se a rede for muito pequena ou muito inativa e o loop se desfizer, os usuários terão menos probabilidade de usá-la no futuro. Afinal, se você enviar uma mensagem de texto para um amigo em um novo app de mensagens e ele não responder, ou se você compartilhar um documento no trabalho, mas não receber uma resposta, a confiança diminui. Mas, no lado positivo, se uma rede se dimensiona e as conexões ficam mais densas, os criadores de conteúdo do loop ficam mais próximos, os vendedores do marketplace obtêm mais compras a preços mais altos e os usuários de ferramentas de local de trabalho podem colaborar efetivamente com os colegas.

A fase de Velocidade de Escape se trata de acelerar esses loops, fazendo com que cada estágio dele tenha um desempenho melhor. Para um item postado no marketplace, como facilitar a criação de um anúncio? Como garantir que mais compradores em potencial vejam o anúncio? O processo de compra pode ser de um clique, para que as taxas de conversão sejam maiores e o vendedor consiga mais vendas? Para um produto de chat no local de trabalho, como assegurar que as pessoas certas estejam no canal onde se publica o conteúdo? Como criar um feedback simples e positivo para incentivar as pessoas a continuar participando — seja emojis, curtidas ou algo mais? Seus usuários têm conexões suficientes para fechar o loop de forma consistente e, se não, como obter rapidamente uma densidade fundamental de redes? Responder a essas perguntas gera um longo fluxo de experiências e ideias potenciais a serem testadas. É incrivelmente útil estabelecer um loop de engajamento tela por tela e debater maneiras de aumentar cada passo — esse método integra o núcleo do que normalmente faço ao aconselhar startups a criar maior atratividade.

De Volta dos Mortos

O Efeito de Engajamento tem o superpoder de ser capaz de trazer usuários de volta, o que, por sua vez, reduz o churn e aumenta a contagem de usuários ativos. Com base nos dados que vi de startups, um produto típico pode ter apenas 25-50% dos usuários registrados ativos em um determinado mês, valor expresso a partir do número de ativos em razão das inscrições. Em outras palavras, até 75% dos usuários estão inativos a qualquer momento, a maioria dos quais nunca mais voltará. A capacidade de reativar usuários fornece um contrapeso poderoso ao churn, mantendo essa relação sob controle ao longo do tempo.

Essa é uma ferramenta importante e exclusiva para produtos em rede. Os produtos tradicionais, fora das redes, muitas vezes têm dificuldade com isso, porque dependem de e-mails spammados, descontos e notificações de push para atrair os usuários de volta. Isso geralmente não funciona, e as mensagens enviadas por empresas estão entre as mensagens de taxa de cliques mais baixas. Os produtos em rede, por outro lado, têm a capacidade única de reativar esses usuários, recrutando usuários ativos para trazê-los de volta. Mesmo que não abra o aplicativo em um determinado dia, outros usuários da rede podem interagir com você — comentando ou curtindo seu conteúdo passado ou enviando uma mensagem. Receber uma notificação por e-mail que diz que seu chefe acabou de compartilhar uma pasta com você é muito mais convincente do que uma mensagem de marketing. Uma notificação de que um amigo próximo acabou de entrar em um aplicativo que você testou há um mês é muito mais envolvente do que um anúncio sobre novos recursos. E quanto mais densa a rede estiver em torno de um churn, maior a probabilidade de ele receber esse tipo de interação.

Esses usuários que deixaram o produto às vezes são chamados de "nodos escuros". Quando estão cercados por colegas e amigos profundamente engajados, mesmo que estejam inativos há meses, muitas vezes voltam a ser usuários ativos. Essas interações frequentes impulsionadas pela rede podem incentivar ainda mais o investimento do usuário ao longo do tempo, levando uma pessoa inativa a uma interação muito ativa. Inicialmente, um usuário do Dropbox pode engajar pouco porque está em apenas uma pasta compartilhada importante. Mas quando seus colegas compartilham uma dúzia de pastas de projetos mais importantes, o Dropbox pode se tornar uma parte essencial do fluxo de trabalho. Quanto maior a rede, mais provável é que um usuário pouco frequente continue a se envolver novamente e, com o tempo, isso pode fazer toda a diferença.

Para amplificar o Efeito de Engajamento no que se refere à reativação, a principal pergunta a ser feita é: qual é a experiência de um usuário que saiu? Se você estiver inativo, que tipos de notificações está recebendo de outros usuários? Elas são convincentes o suficiente para trazê-lo de volta? Na maioria das vezes, os usuários que deixaram o produto não recebem nenhuma comunicação. É possível aumentar significativamente a taxa de sucesso de reativação enviando um resumo semanal da atividade na rede de um usuário ou notificações "Seu amigo X acabou de entrar". A outra pergunta a fazer é: se um usuário quiser se reativar, isso é muito difícil? Na Uber, tínhamos uma estatística impressionante: vários milhões de usuários não conseguiam recuperar senhas semanalmente — como facilitar muito esse processo e tratar a reativação com a mesma seriedade do processo de cadastro?

Embora a reativação normalmente não seja uma preocupação para novos produtos — eles devem se concentrar em novos usuários, já que a contagem de usuários inativos não será alta — haverá um pool de muitos milhões de usuários a ser aproveitado em produtos que atingiram a Velocidade de Escape. Reengajá-los pode se tornar uma alavanca de growth tão grande quanto adquirir novos usuários.

O Impacto do Efeito de Engajamento

Quando se pede às equipes que melhorem a taxa de retenção dos produtos, muitas vezes pensam que a resposta estará em alguma melhoria mágica destes. O Efeito de Engajamento e seus loops básicos fornecem uma maneira sistemática de resolver o problema.

Os primeiros trabalhos sobre escorbuto nos deram as ferramentas fundamentais. Entretanto, em vez de dar frutas cítricas e medir a desnutrição, as empresas de tecnologia podem raciocinar por analogia: criar coortes de usuários por níveis de engajamento e analisar o que diferencia usuários de alto valor dos de valor mais baixo. Isso começa com correlações, então use o teste A/B para provar a causalidade — quando as melhores alavancas forem encontradas, teste muitas variações dessas ideias. Repita a dose quantas vezes precisar para fortalecer sistematicamente o efeito da rede de engajamento.

A boa notícia é que o Efeito de Engajamento entrará automaticamente em ação à medida que colegas, influenciadores e outras pessoas se juntam à rede, mas conseguir que essas pessoas participem pode ser seu próprio desafio.

20
O EFEITO
DE AQUISIÇÃO

PayPal

Tratarei da segunda força, o Efeito de Aquisição — a capacidade de uma rede atrair novos clientes à medida que ela aumenta. Esta é uma das forças mais mágicas e explosivas do mundo da tecnologia: o crescimento viral.

A Máfia do PayPal

Quando me mudei para a Bay Area, há mais de uma década, um dos meus objetivos foi entender o "molho secreto" que gerou tantas empresas de alto consumo. Disseram-me que a Máfia do PayPal tinha as respostas. Esse pequeno, mas influente grupo de ex-alunos fundou gigantes da tecnologia como LinkedIn, Eventbrite, YouTube, Yelp, Affirm, entre outros. Foi em conversas com membros da equipe fundadora do PayPal que aprendi pela primeira vez uma abordagem única para lançar produtos. Eles não usavam técnicas tradicionais de marketing, como branding e publicidade, mas, sim, desenvolveram uma abordagem sistemática e quantitativa que enfatizava o crescimento viral.

Eles fizeram uso da forma típica de marketing viral — muitas vezes enfatizando noções pouco sólidas, como "buzz" — e tornaram isso uma ciência. Muitas das startups da Máfia do PayPal empregaram alguma forma de crescimento viral para alcançar milhões de usuários. Um exemplo é o player incorporável para o YouTube, que pode ser adicionado a qualquer blog ou perfil do MySpace. Ou se conectar com os colegas de trabalho a partir dos contatos de e-mail do LinkedIn. Ou, ainda, os convites enviados por e-mail da Eventbrite para um público de participantes em potencial. Talvez não fosse uma surpresa que os ex-alunos do PayPal tenham dominado essas dinâmicas, porque os pagamentos são uma interação viral natural — afinal, não há melhor proposta de valor do que alguém querendo lhe dar dinheiro!

Max Levchin, cofundador do PayPal, foi uma das pessoas que conheci em meu primeiro ano na Bay Area. Na época, ele já havia vendido o PayPal para o eBay e estava em sua próxima aventura. No momento em que entrei em contato com ele buscando uma contribuição para este livro, Max havia fundado a Affirm, uma startup de fintechs — uma empresa do portfólio da a16z — que fez seu IPO e teve uma capitalização de mercado de dezenas de bilhões.

Perguntei a ele sobre a magia nos primeiros dias dos pagamentos e crescimento viral. Havia uma história mais complicada, o que era esperado. O PayPal começou a partir de um produto chamado FieldLink, que permitia que as pessoas enviassem e recebessem dinheiro em Palm Pilots e outros PDAs (assistentes digitais pessoais). Eram pequenos dispositivos divertidos. Eles foram os antecessores dos smartphones de hoje e tinham contatos, notas, calendários e assim por diante, mas, o mais importante, não tinham acesso à internet. A princípio, poucas pessoas tinham esses dispositivos, o que criava um obstáculo — era preciso que o remetente e o destinatário dos pagamentos tivessem PDAs para que a transação acontecesse. O FieldLink não funcionaria e, na busca por uma nova ideia, o PayPal nasceu.

Max falou sobre o passado:

> *Nossa ideia original era permitir que as pessoas fizessem pagamentos através de seus PDAs, mas ela evoluiu: permitir que as pessoas enviassem dinheiro pela internet, sem necessidade de dispositivos portáteis. Isso se tornou o PayPal, e poderia viralizar muito mais, porque apenas era preciso clicar em um link, inscrever-se, e então enviar ou receber dinheiro através da internet. Na verdade, era necessário se cadastrar caso recebesse dinheiro, e com isso, seria possível enviar dinheiro para outras pessoas, que poderiam trazer ainda mais cadastros.*[53]

Oferecer pagamentos peer-to-peer é ótimo na teoria, mas no início o crescimento do PayPal ainda era lento. A proposta de valor era vaga, pois a web ainda estava na infância. Os usuários não sabiam muito bem por que pagariam uns aos outros — o produto ainda não havia encontrado seu caso de uso incrível. David Sacks, hoje um investidor de risco, na época liderava a equipe de produtos no PayPal, e fala sobre essa situação nos primeiros dias de novembro de 1999: "Sem uma imagem clara do usuário ideal, não sabíamos quem atingir, e a adoção havia sido tépida."[54] Isso mesmo, nos primeiros dias da internet, as pessoas precisavam ser ensinadas a enviar dinheiro umas às outras — ainda não estava claro que esse era um serviço útil.

Sacks contou que um e-mail de um PowerSeller do eBay mudou tudo isso. O vendedor projetou um botão "Aceitamos PayPal" sozinho e pediu para usá-lo em seus anúncios de leilões. Para David e sua equipe, era um caso de uso surpreendente — eles não conheciam bem os prós e contras do site de leilões e por que as pessoas o usariam. Ao pesquisar no site do eBay outras menções de "paypal", ficou claro que centenas de anúncios mencionaram a empresa como meio de pagamento.

Começou a acontecer uma viralidade natural e cabia à equipe deixá-la em potência máxima; eles responderam ao e-mail, dizendo sim ao uso do logotipo do PayPal e, além disso, integraram essa ideia profundamente ao produto. Sacks descreve:

> *Para reduzir ainda mais o atrito, permitimos que os vendedores inserissem suas credenciais do eBay e assim o botão aparecia*

automaticamente em todos os seus leilões. Em outras palavras, "produtizamos" a ideia.

Em breve, os botões "Aceitamos PayPal" começaram a aparecer em cada vez mais anúncios do eBay. Os compradores (e outros vendedores) encontravam um anúncio, se inscreviam no PayPal e, em seguida, incorporavam o botão em seus próprios anúncios — e isso acontecia repetidamente. Quando isso começou a dar certo, a equipe usou todas as alavancas para ampliar sua tração, incluindo dinheiro.

Max Levchin contou como isso funcionava:

> *O crescimento começou a aumentar depois que demos US$10 a todos os usuários do PayPal que convidaram um amigo e também depositamos US$10 na conta da pessoa assim que ela se inscrevia. A motivação para entrar no PayPal era forte e a motivação para continuar convidando pessoas também. Elas já estavam se convidando, mas esse incentivo maximizou o crescimento viral. Embora pudesse parecer que isso queimaria muito dinheiro, aumentava o engajamento também — observávamos os usuários enviarem dinheiro de e para a rede, e toda vez que isso acontecia, recuperávamos um pouco do incentivo. O retorno financeiro era mais eficiente do que você pensa.*

A comunidade do eBay era uma rede unida, e o PayPal rapidamente se espalhou. O produto inicial tinha menos de 10 mil usuários. Em poucos meses, o PayPal tinha 100 mil usuários. Alguns meses depois, 1 milhão. Dentro de um ano, 5 milhões. O PayPal usou o crescimento viral para lidar com um dos problemas mais importantes que qualquer novo produto enfrenta, e teve tanto sucesso que hoje sua valuation é superior a US$300 bilhões — mais de seis vezes a de seu antigo controlador, o eBay. Os primeiros dias do PayPal são um exemplo perfeito do Efeito de Aquisição, que utiliza os participantes de uma rede para adquirir novos usuários — e quanto maior a rede, melhor ele funciona.

Alguns dos produtos mais virais já criados — como o WhatsApp — foram capazes de gerar mais de 1 milhão de instalações por dia, sem marketing pago. Compare isso com produtos tradicionais que muitas vezes têm que comprar publicidade, assumir parcerias e realizar outras atividades de marketing caras para dimensionar sua aquisição de usuários. É difícil atingir centenas de milhares de novos usuários por dia quando você tem que pagar por cada um deles.

Esses novos usuários são importantes para alimentar o crescimento geral do produto. As empresas em estágio inicial, especificamente, estão em uma espécie de esteira e devem trazer novos usuários suficientes a cada semana ou mês para compensar os que estão perdendo para o churn. E além disso, precisam adicionar usuários suficientes para criar um crescimento de primeira linha a fim de atingir metas agressivas. Embora seja tentador resolver o problema gastando dinheiro, sem uma fonte escalável e replicável de novos usuários, é provável que os orçamentos saiam do controle e os canais de publicidade acabem ficando desgovernados. O crescimento viral se baseia no poder das redes de adquirir usuários, muitas vezes gratuitamente.

Crescimento Viral Impulsionado pelo Produto

O crescimento viral é profundamente mal compreendido — ao ler esse nome, é possível pensar: é a mesma coisa que acontece quando um vídeo engraçado "viraliza"? Ou talvez o faça pensar em uma agência de publicidade organizando um truque inteligente para compartilhar nas redes sociais, como um flash mob no qual dezenas de pessoas simultaneamente começam a dançar.

Não, estou me referindo a algo completamente diferente. O que as agências de publicidade chamam de "marketing viral" geralmente consiste em levar bens ou serviços de consumo — sem efeitos de rede — e criar uma campanha publicitária ao seu redor, ancorada em um pouco de conteúdo compartilhável. O crescimento viral impulsionado pela rede, ao qual estou me referindo, é muito mais poderoso.

Os produtos em rede são únicos porque podem incorporar seu crescimento viral na própria experiência do produto. Quando um produto como o Dropbox tem um recurso integrado, como compartilhamento de pastas, ele pode se espalhar por conta própria. Os botões do PayPal e os principais pagamentos de usuário para usuário fazem a mesma coisa.

Esta é a dupla Produto/Rede novamente em ação, em que o produto tem recursos para atrair pessoas para a rede e a rede traz mais valor para o produto. Produtos de colaboração no local de trabalho, como o Slack, pedem que você convide colegas para o chat e apps de compartilhamento de fotos, como o Instagram, facilitam o convite e a conexão com seus amigos do Facebook. Eles podem acessar os contatos do seu telefone, integrar-se ao diretório interno de funcionários da sua empresa ou acessar os widgets de compartilhamento integrados ao seu telefone. Isso é software, não apenas fazer um vídeo compartilhável que causa um buzz.

Amplificando o Fator Viral, um Passo de Cada Vez

Assim como o Efeito de Engajamento pode ser pensado como um loop passo a passo, também há uma estrutura equivalente para o Efeito de Aquisição. Por exemplo, veja este processo: um novo usuário fica sabendo de um serviço, se inscreve, encontra valor nele e compartilha o produto com os amigos/colegas, que também se inscrevem. Esses novos usuários então repetem os mesmos passos — esse é o loop viral. Esse loop é fundamentalmente criado dentro da experiência do produto por engenheiros de software que escrevem código, o que o torna diferente de um vídeo divertido e viral — por ser um software, ele pode ser medido, rastreado e otimizado para torná-lo mais eficaz. Isso torna o Efeito de Aquisição uma força muito potente.

Para tornar esses loops acionáveis para as equipes de produtos, você pode dividi-los em etapas mais granulares e testá-los A/B. Por exemplo, o ciclo viral da Uber para motoristas envolveu um programa de indicação que foi exposto durante o processo de integração. Havia uma dúzia de telas no app pelas quais um motorista navegava durante o processo de inscrição — digitar o número de telefone, criar uma senha, enviar a carteira de motorista etc. Cada uma dessas etapas podia ser otimizada para mais usuários. Em seguida, os motoristas receberiam uma explicação sobre como indicar seus amigos e que tipo de bônus receberiam por isso. Isso também podia ser melhorado — a mensagem deveria oferecer US$100 para se inscrever, ou US$300? Se você convidar cinco pessoas, deve receber um bônus? Um convite deve mencionar o nome do convidado ou apenas focar a Uber enquanto app? Na página de inscrição, deve-se solicitar o e-mail de um motorista, o número de celular dele ou ambos?

Uma equipe de produtos pode fazer brainstorm por centenas dessas ideias e testá-las sistematicamente, medindo as taxas de conversão e o número de convites enviados. Otimizar cada uma dessas etapas com testes A/B pode aumentar a conversão de cada etapa em 5% aqui ou 10% ali, mas é um efeito de composição. Centenas de testes A/B mais tarde, os milhões de dólares que são gastos na aquisição de clientes se tornam substancialmente mais eficientes.

Medindo o Efeito da Rede de Aquisição

Para aumentar o Efeito de Aquisição, você deve ser capaz de medi-lo diretamente. A boa notícia é que o crescimento viral pode ser simplificado para um único número. Veja como calcular: digamos que você criou uma ferramenta de produtividade para compartilhar anotações e, após o lançamento, 1.000 usuários baixam o novo app. Uma porcentagem desses usuários convida seus colegas e amigos e, no próximo mês, 500 usuários baixam e se inscrevem — o que acontece a seguir? Bem, esses 500 usuários convidam seus amigos, que obtêm 250 inscritos, que trazem mais 125, e assim por diante.

Preste atenção às proporções entre cada conjunto de usuários — 1.000 para 500 para 250. Essa razão é frequentemente chamada de fator viral e, nesse caso, pode ser calculada em 0,5 vezes, porque cada coorte de usuários gera 0,5 da próxima. Nesse exemplo, as coisas estão indo bem — começando com 1.000 usuários com um fator viral de 0,5 leva a um total de 2.000 usuários no final da amplificação — o que significa uma taxa de amplificação de 2x. Uma proporção mais alta é melhor, pois significa que cada coorte está trazendo o próximo lote de usuários com mais eficiência.

Depois de calcular essa métrica, você pode usar o teste A/B e implementar novos recursos do produto para tentar melhorá-lo. Isso pode envolver um compartilhamento mais fácil nas redes sociais ou vários lembretes de SMS após o envio de um convite. Talvez a landing page seja otimizada para pedir menos informações antecipadamente para fazer com que os usuários em potencial se inscrevam em apenas alguns cliques.

Se você aumentar o fator viral do seu produto para 0,6, o produto aumentará 2,5 vezes os usuários que você trouxer. Em 0,7, então esse número sobe para 3,3x. A verdadeira magia começa a acontecer quando o fator viral começa a se aproximar de 1. Afinal, com um fator viral de 0,95, 1.000 usuários aparecem e, em seguida, trazem 950 de seus amigos, que, em seguida, trazem 900 e assim por diante — por fim, a amplificação será de 20x. Essa é a expressão matemática de quando um produto "se torna viral" e começa a crescer incrivelmente rápido. O fator viral também pode estar acima de 1, em casos raros, mas isso normalmente não dura muito — depois, a saturação do mercado e a mudança nos dados demográficos do usuário começam a arrastar as métricas.

Quando se define uma métrica como essa, torna-se muito mais fácil entender quais mudanças no produto a impulsionam mais. A retenção geralmente é a alavanca mais forte. No exemplo do PayPal, se um usuário continuar enviando dinheiro por semanas, meses e anos, cada transação pode ajudar a trazer novos usuários para a plataforma. Em outras palavras, o fator viral cresce ao longo do tempo, avançando lentamente em direção a uma métrica mágica maior que 1,0. Por outro lado, se o produto é utilizado apenas uma vez pelos usuários, então é preciso convidar uma tonelada de gente em uma grande explosão de spam para que o produto se propague — o que não é ideal. No entanto, isso não quer dizer que as inovações que geram grandes explosões de usuários — como usar contatos de e-mail para convidar facilmente amigos ou programas de indicação com grandes bônus — não tenham serventia. Definitivamente têm, mas é uma combinação de grandes projetos de viralidade, muitas pequenas otimizações e forte retenção que impulsiona grandes números de fatores virais.

Medir e otimizar o crescimento viral dessa maneira pode fazer com que pareça um projeto de planilha, mas garanto que é muito mais copywriting, psicologia do usuário e design de produto. As equipes que trabalham no growth devem estar cientes do que funcionou no passado — houve loops virais baseados em despertadores de aniversário, enviar emojis de ovelha, comparar resultados de testes de personalidade, construir colagens de fotos nas quais você marca seus amigos e muito mais. Algumas dessas ideias são baseadas na psicologia do usuário, que não muda, e podem ser ajustadas e replicadas para qualquer novo produto.

Na verdade, são os elementos psicológicos combinados com a proposta de valor de um produto que tornam as melhores estratégias de crescimento viral difíceis de copiar. Muitas vezes, eles são exclusivos do próprio produto — tornando-os únicos e mais defensáveis. O loop viral de compartilhamento de pastas do Dropbox é eficaz, mas apenas uma categoria de produto semelhante pode ter o mesmo tipo de loop. Software de videoconferência, como o Zoom, facilita a adição de detalhes de reuniões que incluem links para o próprio software — novamente, isso é difícil de copiar, a menos que seu produto esteja relacionado a reuniões. E isso pode ser contrastado com canais de marketing tradicionais, como publicidade online, passíveis de ser comprados por praticamente qualquer pessoa, naturalmente aumentando os custos e reduzindo a eficácia ao longo do tempo.

Aquisição Não Pode Existir sem Engajamento

Um insight importante é que o Efeito de Aquisição pode existir independentemente do Efeito de Engajamento ou Econômico. Em outras palavras, é possível adquirir muitos clientes, mas ainda ter uma rede que, em última análise, não é atrativa. Vou usar um exemplo histórico para comprovar esse argumento.

As correntes — sim, daquele tipo que você ainda recebe ocasionalmente por e-mail, ou vê nas mídias sociais — têm suas raízes no correio convencional, popularizadas pela primeira vez no final do século XIX. Uma das mais bem-sucedidas, "Prosperity Club" [Clube da Prosperidade], originou-se em Denver na década de 1930, e pediu às pessoas que enviassem um centavo para uma lista de outros que faziam parte do clube. Claro, você também seria adicionado à lista. O próximo conjunto de pessoas retribuiria o favor, enviando moedas de dez centavos de volta, e assim por diante — com a promessa de que isso geraria US$1.562,50. Na correção de 2019, isso equivale a US$29 mil — nada mal! A última frase diz tudo: "Isso vale um centavo para você?"

Pode surpreendê-lo que, em um mundo pré e-mail, mídias sociais e tudo o que é digital, a corrente de cartas do Prosperity Club se espalhou incrivelmente bem, na verdade, que chegou a centenas de milhares de pessoas em meses, em Denver e fora do estado. Há anedotas históricas de agências de correios locais ficando sobrecarregados pelo grande volume de cartas, e, posteriormente, os Correios dos EUA tornaram as correntes de cartas, como o Prosperity Club, ilegais, para impedir sua propagação. Isso claramente explorava um zeitgeist da Grande Depressão, prometendo "Fé! Esperança! Caridade!"

Essa é uma ideia inteligente e viral (para o seu tempo), e também acredito que é uma versão analógica de um efeito de rede do século XIX, assim como telefones e ferrovias. Como assim? Primeiramente, as correntes são organizadas em rede e podem ser representadas pela lista de nomes que são copiados e recopiados pelos participantes. É provável que esses nomes sejam amigos, familiares e pessoas da comunidade, promovendo a credibilidade do Prosperity Club, aumentando assim o nível de engajamento. Segue a definição clássica de efeitos de rede: quanto mais pessoas estiverem participando dessa corrente, melhor, já que você tem mais probabilidade de receber moedas de dez centavos. E isso até mesmo combate o Problema Cold Start: se já não houver pessoas suficientes na lista e dispostas a entrar na corrente, ela não conseguirá crescer.

No entanto, mesmo que as correntes tenham efeitos de rede, são fortemente orientadas em torno da aquisição viral e carecem de uma forte mecânica de retenção. Em última análise, o valor dessas redes é impulsionado principalmente pela novidade e requer um fluxo constante de novas pessoas na corrente. Sim, desta forma, funciona como campanhas de marketing multinível, esquemas Ponzi e afins. E, claro, o que acontece com as correntes e os esquemas Ponzi é que eles entram em colapso quando a oferta de novos destinatários atrás de novidades acaba. Como resultado, os participantes existentes não ganham mais nada. Isso, por sua vez, provoca o churn, que desfaz a rede completamente. Uma rede precisa de retenção para prosperar; ela não pode simplesmente adicionar novos usuários continuamente.

O Impacto do Efeito de Aquisição

A pedra angular para amplificar o Efeito de Aquisição é entender como um grupo de usuários usa suas respectivas redes para trazer o próximo grupo. Como eles geralmente vivem dentro de redes atômicas, as redes tendem a atrair outras redes atômicas, e assim por diante.

Há uma razão pela qual a expressão usada no crescimento viral é "pouso e expansão" — construir novas redes, bem como aumentar a densidade das redes existentes. Ao "pousar", o crescimento viral pode iniciar novas redes atômicas, já que um convite do Dropbox de uma agência de publicidade para seu cliente traz uma nova empresa para a rede de colaboração, ou quando um convite de bate-papo em grupo do WhatsApp traz um novo conjunto de amigos que não usaram o serviço anteriormente. Em seguida, o produto "se expande" — aumentando a densidade de uma rede à medida que todos os colegas de trabalho de um escritório se juntam ao Dropbox.

É por essa razão que as redes criadas por meio do crescimento viral são mais saudáveis e mais engajadas do que as que são lançadas à maneira típica do "Big Bang", como o Google+ fez anos atrás. Os lançamentos Big Bang podem ser ótimos no pouso, mas muitas vezes falham na expansão — e, como discutimos, muitas redes com baixa densidade e baixo engajamento falharão. O resultado do aumento da densidade e do engajamento não é apenas uma aquisição mais fácil de novos usuários, mas também Efeitos de Engajamento e Econômico mais fortes. Isso ocorre porque esses efeitos de rede são derivados da densidade e do tamanho da rede e, à medida que mais usuários entram, naturalmente se tornam mais fortes.

Tratei dos Efeitos de Engajamento e Aquisição e, em seguida, abordarei a monetização e os modelos de negócios.

21
O EFEITO ECONÔMICO

Bureaus de Crédito

A última força que discutirei é o Efeito Econômico de rede, que é como um modelo de negócios — incluindo rentabilidade e unit economics —, melhora com o tempo à medida que uma rede cresce. Às vezes, isso é impulsionado pelos chamados efeitos de rede de dados — a capacidade de entender melhor o valor e os custos de um cliente à medida que a rede aumenta. Isso ajuda a ampliar a eficiência quando promoções, incentivos e subsídios entram em uma rede. O Efeito Econômico também pode aumentar a receita a partir do crescimento das taxas de conversão, criando recursos para a rede em vez de ferramentas para a ferramenta. Ao entender esses sistemas, as equipes de produtos podem fortalecer esse importante fator.

Curiosamente, emprestar dinheiro é uma das primeiras manifestações desse efeito de rede — e para detalhar isso, deixe-me começar com uma história de uma das primeiras civilizações humanas do mundo.

Os Efeitos de Rede dos Empréstimos

Desde os tempos antigos, as pessoas emprestam dinheiro umas às outras. Basta ver o Código de Hamurabi, um dos escritos mais antigos decifrados no mundo — esculpido há milhares de anos em 1754 a.C. para regular interações comerciais por meio de multas e punições. A Lei 88 diz:

> *Se um comerciante tiver dado milho em empréstimo, ele pode tomar 100 SILA de milho como juros sobre 1 GUR; se ele tiver dado prata em empréstimo, ele pode tomar 1/6 shekel e 6 grãos como juros sobre 1 shekel de prata.*[55]

Em outras palavras, essa é uma lei que dita a taxa de juros máxima que um credor poderia cobrar de um mutuário. E, a propósito, isso é 33,3% ao ano em um empréstimo de grãos, e 20% em um empréstimo de prata, para todos nós que não fazemos cálculos de juros com as unidades de medida da antiga Babilônia. Não é muito diferente de um cartão de crédito hoje em dia.

Embora tenhamos feito empréstimos por milhares de anos, o que mudou nas últimas centenas é como pensamos sobre credibilidade. Afinal, o que o texto babilônico não diz é como decidir se uma pessoa é confiável para receber dinheiro emprestado. Em pequenas comunidades, a resposta geralmente reside na reputação local. Mas quando a atividade de empréstimo escala, temos que olhar para o final do século XVII em Londres, onde a atividade se tornou mais formalizada. A Revolução Industrial criou um acesso rápido a produtos manufaturados e desbloqueou os gastos do consumidor com roupas, móveis, máquinas e outros bens. Como sabemos, é mais fácil pagar uma compra grande em parcelas, e isso, por sua vez, impulsionou a popularidade dos empréstimos.

O que um comerciante faz quando um cliente em potencial entra em uma loja e quer comprar uma tonelada de mercadorias a crédito? Uma solução foi oferecida pela "The Society of Guardians for the Protection of Trade against Swindlers and Sharpers*", estabelecida em 1776. Essa sociedade reuniu dados de 550 comerciantes para ter

---

* "Sociedade dos Guardiões pela Proteção do Comércio contra Golpistas e Vigaristas", em tradução livre.

informações sobre a reputação dos clientes. Isso tornaria muito mais difícil para um cliente ruim fraudar vários comerciantes. Seu princípio fundamental: "Todo membro é obrigado a comunicar à Sociedade, sem demora, o Nome e a Descrição de qualquer Pessoa que possa ser indigna de confiança." Em outras palavras, esse foi o início das pontuações de crédito como um meio de avaliar a confiabilidade de um cliente para empréstimos — não são permitidos golpistas ou vigaristas.

A Society of Guardians não foi o único bureau de crédito — milhares de pequenas organizações semelhantes foram formadas ao longo dos anos, coletando nomes individuais e publicando livros com vários comentários e rumores. A Experian e a Equifax, gigantes modernos, cresceram a partir desses pequenos escritórios locais. A Experian começou no início de 1800 como a Manchester Guardian Society, futuramente adquirindo outras agências para se tornar uma das maiores do mundo. E a Equifax, no final dos anos 1800, era uma mercearia do Tennessee, onde os proprietários começaram a fazer suas próprias listas de consumidores dignos de crédito. Esses bureaus tendem a ficar maiores ao longo do tempo por causa do que é frequentemente descrito como um "efeito de rede de dados". Quando um escritório trabalha com mais comerciantes, isso gera mais dados, o que significa que as previsões de risco sobre empréstimos serão mais precisas, atraindo mais comerciantes, que contribuem com ainda mais dados, e assim por diante.

Ser capaz de avaliar com precisão o risco de empréstimo permite que o resto da rede funcione — os consumidores podem pedir emprestado para obter os bens que desejam, os comerciantes podem vender seus produtos de forma lucrativa e os bancos podem ajudar a financiar os empréstimos. Bureaus de crédito, como a Equifax e a Experian, que centralizam os dados do consumidor, mantêm essa rede unida. Todavia, melhorias no risco de empréstimo não são a única maneira na qual o Efeito Econômico se expressa — mas eu vejo isso como uma ideia mais ampla. À medida que a rede cresce e se fortalece, também desenvolve vantagens na forma de preços premium e taxas de conversão mais altas, além de melhorias de custos, como incentivos e assunção de riscos. Vou falar sobre algumas dessas outras vantagens baseadas em rede a seguir.

Eficiência em Vez de Subsídio

Como dito anteriormente, o lançamento de uma nova rede muitas vezes requer subsídios ao hard side, que retornam ao longo do tempo. Esses investimentos podem ser estruturados como pagamentos antecipados para criadores de conteúdo e influenciadores para fazê-los participar da plataforma. Por exemplo, quando a Microsoft introduziu um novo serviço de transmissão ao vivo para competir com a Twitch, garantiu a participação do Ninja, um streamer com milhões de seguidores, um acordo que valia dezenas de milhões de dólares. Em outro mundo, o do conteúdo de streaming, há uma batalha multibilionária entre Netflix, Hulu, Amazon e outros para conseguir conteúdo exclusivo para seus serviços de assinatura. À medida que constroem uma base de assinantes, agregando públicos de nicho compelidos por terrores adolescentes, documentários internacionais e muito mais, eles são capazes de apoiar de forma mais eficiente o financiamento inicial do conteúdo. Isso pode se tornar uma enorme vantagem, que aumenta com o tempo à medida que as redes crescem.

A Uber fez uso extensivo dessa estratégia, mas no início de 2017, ela atingiu um ponto de ruptura.

A empresa declarou que foi o ano da "Eficiência Em Vez de Subsídio". O ano anterior tinha sido difícil e longo — a empresa ganhou uma "medalha de prata" na China, se juntando à Didi depois de torrar quase US$50 milhões por semana em incentivos de motoristas e passageiros para lançar o mercado. Esse esforço totalizou mais de 1 bilhão de dólares em dinheiro gasto naquele ano. O clima da empresa havia mudado de "crescimento a todo custo" para a criação de um caminho para a lucratividade. Foi aqui, no início de 2017, que Travis usou o fórum semanal para anunciar uma série de novos objetivos drásticos, focados principalmente em "Eficiência Em Vez de Subsídio"— melhorar a unit economics da Uber.

Uma das maiores fontes de gastos foram os incentivos aos motoristas, que constituíram uma grande parte dos gastos anuais de bilhões de dólares em subsídios de marketplace, em especial remunerações por hora aos motoristas ("30$/hora nas próximas 4 semanas quando dirigir para a Uber"), para aumentar a disponibilidade aos passageiros.

O EFEITO ECONÔMICO

Esses incentivos eram usados o tempo todo: primeiro, para subsidiar o lado do motorista de um mercado quando ele estava sendo lançado pela primeira vez. Em segundo lugar, para complementar temporadas lentas, especialmente janeiro logo após as festividades de fim de ano, de modo que motoristas não se inscrevessem durante a temporada de Natal, que é movimentada e, em seguida, fossem o churn do próximo mês. E, em terceiro lugar, como uma ferramenta competitiva para tornar os motoristas mais fixos à plataforma da Uber em detrimento dos concorrentes, oferecendo maiores garantias quando novos participantes entram nos mercados ou com incentivos estruturados ("Faça X viagens e ganhe $Y" — o chamado "DxGy" da Uber). Na alta gestão, a matemática dos subsídios do mercado da Uber era assim:

- Ofereça uma garantia de $25/hora aos motoristas.
- Uma rede pequena pode fornecer uma viagem por hora.
- Digamos que os motoristas parceiros ganhem, em média, US$10/viagem.
- Isso significa que os motoristas podem ganhar US$10/hora então, para obter a remuneração garantida, a empresa deve subsidiar mais US$15/hora para compensar a diferença.
- Isso significa que a "Torra por Viagem" é de US$15. Ai!

Por outro lado, uma vez que a rede estivesse formada, a densidade da procura e da oferta significaria que a Uber poderia oferecer muito mais viagens aos motoristas:

- A mesma quantia: $25/hora para os motoristas.
- No entanto, uma rede maior oferece duas viagens por hora aos motoristas parceiros.
- A US$10/viagem, a rede maior gera US$20/hora — muito melhor!
- A US$20/hora e uma quantia garantida de US$25/hora, o subsídio é de apenas US$5/hora.
- Em outras palavras, apenas $2,50 torrados por viagem.

Esse é um exemplo claro do Efeito Econômico, no qual uma rede maior tem muito mais eficiência do que uma pequena — a empresa gasta significativamente menos por viagem, porque a rede pode fornecer mais demanda em uma base horária. Isso também significa que uma rede maior poderia dar incentivos ainda maiores, permitindo que ela conquiste eficientemente os motoristas, o hard side da rede. Esses motoristas, por sua vez, oferecem um serviço melhor e mais barato aos passageiros, o easy side. Além disso, uma rede maior pode estimular o lado dos passageiros ao reduzir os preços, como a Uber fazia anualmente em janeiro durante seus primeiros anos. Após o período de fim de ano, o uso em janeiro é lento. Como os consumidores são sensíveis ao preço, tarifas mais baixas acarretam muito mais engajamento, o que aumentou as viagens por hora e, por sua vez, manteve os ganhos por hora altos. Os motoristas ficaram mais tranquilos com uma remuneração por hora temporária enquanto o mercado se ajustava. Uma rede menor pode ficar nervosa ao fazer isso se sentir que a torra por viagem já está muito alta.

Essa é uma dinâmica importante no transporte por app, mas também é válida para inserir criadores de conteúdos numa plataforma de vídeo ou pagar a programadores de aplicativos para desenvolverem novos produtos na sua nova plataforma de API. À medida que uma rede cresce ao longo do tempo, sua capacidade de subsidiar o ecossistema também cresce. Muitas redes têm esse tipo de dinâmica que impulsiona as entradas e saídas de caixa. No fim das contas, subsídios são apenas mais uma palavra para descontos, promoções e outros tipos de ofertas que as empresas dão aos clientes — todos fornecendo incentivos para que os usuários comprem um produto ou serviço. Quase todas as grandes empresas do mercado são construídas sobre um ativo subutilizado, seja um imóvel vago, no caso do Airbnb, um carro que está parado, para a Uber, ou um tempo livre, para muitos marketplaces de trabalho, que permitem aos proprietários desses ativos ociosos a capacidade de monetizá-los de forma mais eficiente à medida que a rede cresce.

Essa forma de Efeito Econômico pode ser fortalecida à medida que mais participantes ingressam em uma rede, porque os dados adicionais permitem a personalização e o direcionamento. No caso da Uber, em vez de uma quantia fixa de 25$/hora em toda a rede, os motoristas podem receber ofertas personalizadas com base em modelos sofisticados de machine learning. No caso do YouTube, os criadores podem receber valores diferentes com base na qualidade do engajamento do espectador. Para um produto SaaS de baixo para cima, os dados podem ser usados para determinar quando e como direcionar os clientes para upsells. Todos eles podem mudar o cenário, melhorando o modelo de negócios de um produto em rede à medida que ele escala.

Taxas de Conversão Mais Altas com o Crescimento da Rede

Para muitos produtos em rede, o coração do modelo de negócios é algum tipo de conversão — seja um marketplace de itens colecionáveis tentando aumentar o número de transações de tênis ou cartões de basquete, ou um produto no local de trabalho que converte usuários de gratuitos a pagos. Porém, à luz do Efeito Econômico, para produtos em rede, a conversão pode aumentar com o tempo à medida que a rede cresce.

Os Usuários Ativos de Alto Valor do Dropbox são um exemplo disso — descobriu-se que eles faziam o upgrade para assinaturas pagas quando tinham casos de uso colaborativo com os colegas de trabalho, como pastas compartilhadas e colaboração em torno de documentos. Se o compartilhamento de pastas no Dropbox se tornar a norma em uma equipe, mais usuários pagos surgirão e, no futuro, toda a empresa fará o upgrade. Os recursos premium podem ser projetados de uma forma que sejam mais úteis à medida que a rede fica maior, em vez de serem baseados no uso individual. Assim, quanto maior a rede, maior o incentivo para a conversão em premium.

Da mesma forma, o preço do Slack permite que os usuários façam o upgrade para uma série de recursos colaborativos: melhores chamadas de voz, histórico de mensagens pesquisáveis para todos os seus colegas de trabalho e muito mais. Cada um desses recursos se torna mais útil à medida que as organizações adotam o Slack como a maneira-padrão de se comunicar, o que, por sua vez, impulsiona mais conversões de contas gratuitas para contas pagas. Fareed Mosavat, que liderou as equipes de growth da Slack nos primeiros anos da empresa, descreveu por que isso aconteceu:

> *Quando há um recurso premium que é útil para todos que usam o Slack, isso significa que qualquer pessoa na equipe — não apenas a de TI — tem um motivo para fazer o upgrade. Quanto mais pessoas na empresa usarem o Slack e, quanto mais engajarem, maior a probabilidade de alguém usar o cartão de crédito e desbloquear os recursos principais para todos.*[56]

Não são apenas as ferramentas de colaboração no local de trabalho que têm taxas de conversão mais altas, mas também produtos em rede, como marketplaces e lojas de aplicativos — embora por diferentes razões. Quando mais vendedores fazem parte de um marketplace, há mais seleção, disponibilidade e avaliações/classificações abrangentes — o que significa que é mais provável que as pessoas encontrem o que querem e cada sessão tem mais chance de se converter em uma compra.

As plataformas sociais geralmente monetizam os usuários fornecendo status social, mas o status tem valor quando há mais pessoas em uma rede. Por exemplo, no Tinder, os usuários podem enviar um "Super Like", que permite que um possível match saiba que você realmente gostou dele. Um recurso como esse é mais útil, pois há uma rede vasta de potenciais pretendentes e matches, dando aos usuários mais uma razão para tentar se destacar. O mesmo acontece com os bens virtuais em jogos multiplayer, como o Fortnite, que gerou centenas de milhões de receita em "emotes" — as danças virtuais que destacam um jogador. Isso só tem valor se muitos de seus amigos jogarem e apreciarem os emotes premium que você comprou. Como resultado, uma rede mais desenvolvida cria um incentivo para que as pessoas invistam em sua posição dentro do jogo — esse é o Efeito Econômico em ação.

O Impacto do Efeito Econômico

O Efeito Econômico, juntamente com seus irmãos, Aquisição e Engajamento, fornecem uma defesa forte contra potenciais insurgentes. Ao adquirir e envolver grandes redes de usuários, um novo concorrente deve ser significativamente melhor do que o status quo.

Contudo, além disso, o Efeito Econômico significa que a rede líder geralmente tem um modelo de negócios melhor. Os produtos com um Efeito Econômico forte são capazes de manter os preços premium à medida que as redes crescem, porque o custo de troca se torna mais alto para os participantes que podem querer entrar em outras redes. O Google é capaz de usar seus mecanismos de leilão em sua plataforma de anúncios para cobrar taxas muito altas — às vezes centenas de dólares por clique — porque sua rede de anunciantes, editores e consumidores é incomparável.

A adoção viral generalizada de produtos também implica que a compra de preços se torne um problema menor para um líder de mercado em comparação com seus concorrentes pequenos. Se um produto como o Dropbox for amplamente utilizado em toda a empresa, será difícil forçá-los a usar um produto de armazenamento em nuvem diferente, mesmo que todos os seus recursos sejam semelhantes. Quando um produto em rede se torna dominante, normalmente as alternativas — mesmo quando têm os mesmos recursos — simplesmente não serão substitutos à altura. Como resultado, o Dropbox sentirá menos pressão para cobrir o preço mais baixo de um novo concorrente. Pode ser fácil copiar recursos, mas é quase impossível copiar uma rede. Os vencedores acabam conquistando o poder de precificação e geram enormes benefícios econômicos.

Pode parecer que o preço premium é uma coisa ruim, mas para muitas redes, como empresas de marketplace, criptomoedas e redes de pagamento, os usuários da rede também saem ganhando. Se o eBay se tornar o espaço principal e confiável para negociar colecionáveis, taxas de conversão mais altas e preços mais altos beneficiarão os vendedores. Eles ganharão mais dinheiro e montarão seus próprios negócios. Quando startups como Patreon e Substack criam a capacidade de os criadores ganharem a vida criando conteúdo no YouTube ou por meio de newsletters de e-mail premium, todas as partes se beneficiam.

O Efeito Econômico é uma força poderosa que empodera o modelo de negócios de um produto ao longo do tempo. Ele permite que a rede líder subsidie a participação de forma mais eficiente, aumente as taxas de conversão e mantenha os preços premium. Redes menores competem em uma enorme desvantagem quando as maiores atingem a

Velocidade de Escape. Quando combinado com os efeitos da rede de Aquisição e Engajamento, esse trio de forças cria uma enorme vantagem no mercado que é difícil de superar.

No entanto, esse trio de efeitos de rede não cria invencibilidade permanente no mercado. Embora uma grande rede muitas vezes desfrute de anos de domínio incontestável durante a fase de escala, isso fica mais difícil posteriormente. Fica tão difícil que o crescimento pode cair para zero.

PARTE V
O TETO

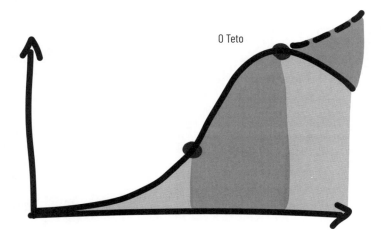

22
TWITCH

Bater no teto é doloroso, especialmente depois de anos de crescimento sem fim. Mas, à medida que um produto atinge a escala, a curva de crescimento atinge um ponto em que oscila no limite entre a expansão e a contração — explodindo em expansão durante algumas fases e, em seguida, se contraindo em outras. Uma curva de crescimento exponencial se transforma em um rabisco. Por quê? Porque existem forças negativas que aparecem durante o estágio final do ciclo de vida de uma rede: saturação do mercado; churn de usuários iniciais; mau comportamento de trolls, spammers e fraudadores; engajamento de baixa qualidade de novos usuários; ação regulatória; uma experiência de produto degradada, já que muitos usuários participam. Quando os usuários estão saindo de uma rede tão rápido quanto novos usuários se inscrevem, o crescimento de top-line diminui naturalmente.

É por isso que as curvas de crescimento dos melhores produtos raramente são suaves. Em vez disso, até mesmo as trajetórias dos principais produtos — Facebook, Twitch e outros — crescem esporadicamente. Quando se atinge um teto, as equipes de produtos se esforçam para lidar com as causas subjacentes. Com os recursos inovadores certos, o teto é afastado, mas retornará novamente algum tempo depois, de uma forma diferente. No entanto, quando as equipes tropeçam nessa fase, toda a rede enfraquece. Os efeitos de rede podem se desfazer tão rápido quanto se acumularam, reduzindo a aquisição, o engajamento e a monetização de uma só vez. Bater no teto dói.

A Twitch é o resultado dos esforços de alguns amigos para manobrar sua startup, então chamada Justin.tv, passado um desses tetos de crescimento. Nesse esforço, Emmett Shear e Kevin Lin, ao lado dos amigos Justin Kan, Michael Seibel e Kyle Vogt, fizeram a Twitch ser uma das startups de tecnologia mais icônicas da última década. A eventual venda para a Amazon por US$970 milhões seria apenas o início da ascensão da empresa. Hoje, a Twitch atinge centenas de milhões de usuários ativos que assistem a milhões de streamers jogando, dançando, falando, pintando e muito mais. Agora ela vale muitas vezes o seu preço de venda.

Contudo, no início, em 2010, esse futuro não era tão claro. A antecessora da Twitch, chamada Justin.tv, havia conseguido milhões de usuários, mas atingiu um teto. O conceito original para o produto era focar streaming de vídeo de todos os tipos, não apenas em jogos. Ela cresceu bem, mas se estabilizou, e a equipe estava ficando inquieta. Justin Kan, CEO e cofundador, descreveu a situação:

> *No final de 2010, a empresa se tornou lucrativa. Trabalhamos muito para torná-la rentável, mas estávamos em um impasse. Não estávamos crescendo muito. Na verdade, não estávamos crescendo nada. Quando algo não cresce na internet, está basicamente à beira de uma queda precipitada.*[57]

Até aquele momento, a Justin.tv era uma rede geral de streaming de vídeo que teve uma história de fundação colorida, com Justin Kan andando por aí com uma câmera acoplada a um chapéu de beisebol, transmitindo sua vida em um notebook conectado a várias redes celulares dentro de uma mochila. Justin foi o primeiro criador de streaming de vídeo na plataforma, e os espectadores eram principalmente especialistas em tecnologia que assistiam sua vida — essa foi a primeira rede atômica do serviço.

Foi assistindo a Justin.tv que conheci Justin, bem como Emmett Shear e Kevin Lin, seus cofundadores. Eu os via trabalhar por meio de uma transmissão ao vivo, enquanto trabalhava em minha própria startup. Foi impressionante vê-los criar a Justin.tv. As ferramentas que permitiam que Justin andasse e transmitisse as filmagens da câmera em seu boné de beisebol foram reaproveitadas depois para deixar que qualquer um pudesse fazer lives. Isso permitiu que a primeira rede atômica — Justin e telespectadores de tecnologia — saltasse para o próximo conjunto de redes.

Com isso, o produto evoluiu para uma plataforma de streaming geral, com uma mistura eclética de pessoas produzindo conteúdo sobre tudo, desde canto e dança, transmissões esportivas e, claro, videogames. Lembro-me de assistir a um ou dois jogos da NFL gravados informalmente — uma atividade popular antes do tempo em que todas as empresas de mídia tinham um aplicativo de streaming. A Justin.tv teve sucesso moderado em seus primeiros anos, mas a retenção não foi forte o suficiente e o crescimento parou em alguns milhões de usuários.

Parar em alguns milhões de usuários — particularmente com um negócio lucrativo — pode parecer um problema pequeno, mas para uma equipe jovem e ambiciosa que procurava novos desafios, isso estava ficando tedioso. Se a Justin.tv ficasse estável, eles poderiam muito bem trabalhar em outras ideias de startups que talvez tivessem mais potencial, como algumas das empresas de tecnologia grandes e bem-sucedidas que estavam crescendo mais. Ou poderiam tentar transformar a Justin.tv em algo maior — e essa foi a opção que escolheram, felizmente. Para romper o teto, era hora de escalar o produto e fazer uma aposta maior. Mas como? A equipe decidiu correr atrás de algumas oportunidades ao mesmo tempo.

Primeiro, parte da equipe trabalharia em vídeo móvel e streaming — o que seria chamado de Socialcam. O principal produto, a Justin.tv ainda seria mantido, então alguns membros da equipe continuaram trabalhando nela. Em segundo lugar, havia uma pequena equipe, liderada por Emmett Shear e Kevin Lin, que se concentraria em videogames. O conteúdo de jogos já existia na Justin.tv, mas compreendia uma pequena quantidade do tráfego — talvez apenas 2% a 3% do mix geral —, era parte do site principal, estilizado em pixel art, com um público altamente engajado que clamava por mais recursos e melhor suporte para suas necessidades. Depois de entrevistar dezenas de usuários avançados, Emmett e Kevin traçaram um caminho que evoluiria tanto o produto quanto a rede.

Assim, a Xarth.tv — sim, foi assim que chamaram originalmente a Twitch — nasceu. Infelizmente para a equipe, o conselho de administração odiou o projeto. Esse novo plano transformaria uma startup lucrativa em um prejuízo de milhões de dólares, e ainda não sabiam ao certo se ele funcionaria. No entanto, a equipe foi em frente, sabendo que um surto de energia e investimento seria necessário para reacender o crescimento.

Vários anos depois, Emmett me contou nos escritórios roxos da Twitch que essa nova estratégia tinha algumas diferenças importantes em relação à original da Justin.tv:

> *Comparando com a Justin.tv, fizemos muitas coisas diferentes com a Twitch. A maior delas era focar os streamers, enquanto originalmente o público era o maior destaque. Então trabalhamos em ferramentas para streamers, que melhoramos ao longo do tempo. Ganhar dinheiro era importante para eles, mesmo pequenas quantidades, então adicionamos os recursos de tips. Isso foi muito importante, porque a Justin.tv dava um certo status social aos streamers com muitos espectadores, mas importante até mesmo por ser capaz de dar a eles um extra de US$50/mês. Também redesenhamos todo o site para permitir que fossem descobertos com base no que estavam jogando, classificados de uma forma que recompensasse os streamers mais populares. Ao nos concentrarmos nos jogos, poderíamos fazer todas essas mudanças de uma maneira que atendesse nossos streamers e nosso público de uma forma muito melhor.*[58]

Muitas dessas mudanças foram apenas ajustes às características do Justin.tv, mas também houve investimentos profundos no produto que beneficiariam especificamente os streamers. Por exemplo, muitos deles queriam transmitir a gameplay em alta definição, em vez das versões de resolução mais baixa que eram comuns durante esse tempo. Ver alguém jogar videogames pode ser complexo, às vezes há dezenas de personagens na tela em um determinado momento, e a alta resolução ajudava os espectadores a acompanhar a ação. Também seria mais fácil achar os streamers se o conteúdo fosse organizado pelo que estivessem jogando, então a equipe o fez, adicionando categorias para League of Legends, PUBG, Grand Theft Auto e outros jogos populares à época. A Twitch também decidiu classificar a lista pelo número de pessoas assistindo, para que os mais populares — geralmente os mais divertidos — aparecessem para mais usuários. Todas essas mudanças no produto facilitaram o ganho rápido de seguidores para os melhores e mais populares streamers.

Mas as mudanças não se limitaram ao produto — uma nova equipe de parcerias também começou a fornecer serviços diferenciados para streamers top e promissores. A Twitch começou a participar de grandes torneios de e-sports — em particular, os eventos populares de League of Legends, que viriam a atrair cem milhões de pessoas. A empresa também criou sua própria conferência anual, a TwitchCon, que se tornou um ponto real para os espectadores conhecerem seus streamers favoritos.

Os streamers da Twitch vinham de muitos lugares, mas a princípio a equipe tinha o YouTube como alvo. A tese inicial era que criadores como Day9 — que jogava StarCraft, um jogo popular de estratégia em tempo real — passariam do upload de vídeos para o streaming em tempo real e poderiam trazer seus milhares de fãs para a nova plataforma. A equipe da Twitch pediu a YouTubers populares que indicassem outros que gostariam de testar a nova plataforma e construiu uma pequena base de streamers a tempo para o lançamento na E3, em 2011. Essa teoria acabou falhando — a longo prazo, streamers nascidos na Twitch dominariam a rede. As habilidades necessárias para gerar entretenimento em tempo real são diferentes das habilidades necessárias para editar e carregar vídeos. Os nativos da Twitch acabariam se tornando um fosso defensivo para a empresa, pois essa rede impedia que o YouTube e outras plataformas de vídeo entrassem em streaming com a mesma facilidade.

No final, o importante é que a Twitch constituiu uma experiência altamente envolvente para streamers, mesmo que tivessem um público pequeno. Os novos recursos e funcionalidades foram desenvolvidos com base na observação de que a rede atômica para a Twitch poderia ter apenas um streamer e um espectador. Kevin Lin, cofundador e ex-COO da Twitch, falou dessa dinâmica quando nos reunimos em sua casa em Corona Heights, em São Francisco:

> *Jogar videogame com até mesmo um espectador do Twitch é muito mais divertido do que jogar sozinho. Se eles estiverem assistindo e conversando enquanto você joga, há uma conexão humana que faz a pessoa querer streamar de novo.*[59]

Claro, é divertido ter um espectador, mas é ainda mais divertido ter mais. E a profundidade da experiência para um streamer fica ainda mais forte com mais espectadores à medida que temos a perspectiva econômica. Kevin acrescentou:

> *A verdadeira magia começa a acontecer quando [você] tem seguidores suficientes na Twitch, e sempre há espectadores quando começa a transmitir. Então cada sessão se torna divertida, já que sempre há um público. Mas é ainda mais divertido ganhar dinheiro. Quando houver espectadores suficientes, você ganhará seu primeiro dólar. Este é um momento revelador — nossos streamers falam sobre como ganhar até US$20 ou US$50 por mês é uma experiência que abre os olhos da pessoa. Então construa um público com um bom tamanho e, no futuro, é possível "virar pro" e trabalhar apenas com streaming em tempo integral.*

Esse ciclo de vida de um streamer fez com que não demorasse muito para que os principais criadores começassem a ganhar mais de US$300 mil por ano.

Todos esses esforços serviram para atrair novos streamers em um período crítico, quando o produto original atingiu um teto. Embora o nome original, Xarth, acabasse sendo substituído, a estratégia original sobreviveu: tudo gira em torno dos streamers e de ajudá-los a criar conteúdo, encontrar público e monetizar.

Os resultados dos novos esforços da Twitch valeram a pena no primeiro ano. A estratégia combinada de novos recursos enfatizando o conteúdo dos jogos e atendendo às necessidades dos streamers funcionou. Isso destravou um crescimento enorme, superando e muito o sucesso inicial da Justin.tv.

Dentro de um mês após o lançamento, a Twitch tinha 8 milhões de espectadores e, um ano depois, chegou a 20 milhões. E desde então tem dobrado esses números, de modo que atualmente é um dos sites de maior tráfego no mundo. Os streamers chegam a mais de 5 milhões de seguidores e ganham milhões em receita anual. O antigo codinome, "Xarth", também sobreviveu; é o nome da principal sala de reuniões na sede atual da Twitch.

É impressionante ler a história de um produto de sucesso como a Justin.tv atingindo um teto e, em seguida, transformando-se em um sucesso muito maior por meio do trabalho árduo de sua equipe. Mas esse é um desafio inevitável que cada produto em rede deve enfrentar quando seu mercado está saturado, quando lida com spammers e trolls e quando enfrenta o churn de seus primeiros usuários.

Até mesmo o Facebook teve esse desafio quando atingiu seu teto. Steven Levy, jornalista da Wired e autor de um livro sobre o Facebook, falou sobre a situação da rede social:

> *Segundo Zuckerberg, "O crescimento havia estabilizado em torno de 90 milhões de pessoas. Lembro-me de pessoas dizendo que não sabia se algum dia passaria de 100 milhões naquela época. Nós basicamente batemos em uma parede e precisávamos focar isso."* [60]

O Facebook finalmente construiu sua primeira equipe de growth e enviou uma série de projetos para romper o platô. Isso incluiu obter perfis de usuários melhor indexados pelo Google via SEO, criar recomendações para pessoas que você deveria adicionar e centenas de outros projetos grandes e pequenos.

Não são apenas as empresas de consumo que enfrentam isso — os produtos para o local de trabalho e as startups de SaaS de baixo para cima usam seus efeitos de rede para crescer de forma viral, mas posteriormente saturam seu mercado inicial de startups e usuários iniciais. Em seguida, precisam aprender a vender para empresas a fim de chegar na próxima fase de seus negócios. Vemos isso o tempo todo na Andreessen Horowitz e de acordo com meu colega David Ulevitch:

> No início, as startups costumam ter sucesso à medida que outras startups e pequenas empresas adotam seus produtos — esse é o modelo de distribuição "de baixo para cima" que impulsionou o Slack, o Zoom, o Dropbox e muitos outros. O problema é que os clientes menores estão sempre no churn, porque são sensíveis ao preço, ficam sem dinheiro e mudam seu modelo de negócios — às vezes, as três coisas juntas! Por outro lado, pode ser mais difícil vender para clientes corporativos maiores, todavia, eles podem aumentar a receita ao longo do tempo à medida que mais e mais usuários adotam o produto dentro de uma empresa. Assim, é natural que as startups B2B comecem com um movimento de vendas de baixo para cima, mas futuramente se especializem em vendas para empresas.[61]

Quando as startups B2B de baixo para cima não têm uma equipe de vendas em sua operação, o crescimento inevitavelmente diminuirá. Não é de admirar que o Slack e o Dropbox, mesmo com seu sucesso inicial nas pequenas empresas, também contrataram equipes de vendas corporativas.

Esse é um padrão recorrente para novos produtos, sejam eles serviços ao consumidor como Twitch ou Facebook, ou produtos B2B para o local de trabalho. Um produto é lançado para um crescimento tórrido, mas esse impulso diminui depois. A mídia declara que o produto está acabado, as pessoas se cansam dele, porém, se a equipe puder se manter unida e continuar entregando novos recursos e combatendo a desaceleração, eles geralmente se recuperam.

Apresentando o Teto

Nos próximos capítulos, veremos o que acontece quando os produtos inevitavelmente desaceleram. Esta fase, "O Teto", ocorre quando os produtos colidem com uma gama contínua de problemas — quando o crescimento para, os efeitos da rede enfraquecem e decisões difíceis devem ser tomadas. Isso acontece por uma variedade de razões, incluindo saturação do mercado, degradação dos canais de marketing, superlotação, spam e assim por diante. Não é de se admirar que aplicativos em rede grandes e escalonados acabem empregando grandes equipes para combater essas dinâmicas negativas — os produtos não atingem apenas um teto, se deparam com platôs ao longo do tempo.

No capítulo "Crescimento Astronômico", começaremos definindo o sucesso — o que significa estar no caminho certo, em vez de atingir o teto. É uma coisa complexa, e veremos um framework que explica porque as melhores empresas precisam crescer centenas de pontos percentuais por ano para estar em uma velocidade de foguete — não é uma proeza fácil! Ao mesmo tempo que esses objetivos agressivos são perseguidos, múltiplos efeitos antirrede surgem para desacelerar a taxa de crescimento.

A primeira entre as causas da desaceleração é a "Saturação". Falaremos dos produtos em rede que são lançados em um nicho de mercado — como em uma faculdade, cidade ou outro segmento — e depois se espalham a partir deles. O que acontece quando um produto satura a totalidade do mercado e não pode crescer para o próximo? Se novos produtos e segmentos não receberem mais camadas, o crescimento inevitavelmente diminuirá. Ao mesmo tempo, os canais de marketing dos quais as empresas dependem para crescer causam degradação; chamo isso de "Lei dos Cliques de Merda", que detalha como os canais de marketing se tornam menos eficazes ao longo do tempo — anúncios em banner e marketing por e-mail são dois bons exemplos. Se os efeitos de rede do seu produto dependerem desses canais — por exemplo, de que pessoas enviem convites umas às outras por e-mail —, o crescimento certamente reduzirá com o passar do tempo.

Ao mesmo tempo que isso ocorre, a própria rede está mudando. Conforme uma rede cresce, muitas vezes o seu hard side fica ainda mais concentrado e poderoso, e começa a agir de acordo com esse crescimento. Os power drivers da Uber são os usuários mais importantes, e a empresa enfrentou uma situação difícil quando eles se reuniram para exigir melhores salários, benefícios e outras mudanças. No capítulo "Quando a Rede se Revolta", veremos como torna-se incrivelmente difícil manter todos felizes.

Enquanto o hard side evolui, o resto da rede também está mudando. As primeiras comunidades muitas vezes são especiais, selecionadas e moldadas para compartilhar normas e qualidades atraentes. O Slack foi lançado em um mercado de startups líderes por uma razão, assim como o Tinder com sua estratégia de apresentação em faculdades. Em "Setembro Eterno", falarei sobre a desvantagem infeliz que há em alcançar um público mais dominante: cada vez mais pessoas entram em cena e isso faz com que o início da comunidade especial muitas vezes seja menos impactante.

E, finalmente, trataremos de como a descoberta de pessoas e conteúdo relevantes se torna difícil — chamo isso de dinâmica de "Superlotação" nas redes. Com mais usuários e mais conteúdo você precisa implementar recursos como pesquisa, feeds algorítmicos, ferramentas de controle e uma infinidade de outras coisas para gerenciar isso. Se não resolver esse problema, os usuários começarão a deixar a rede, potencialmente preferindo produtos competitivos menores, mas com mais organização.

Em muitos aspectos, esta fase — o teto — é um problema de gente chique. A boa notícia é que, se você está enfrentando esses desafios, seu produto é extremamente bem-sucedido. No entanto, a má notícia é que essas questões são abertas. Não há balas de prata para lidar com spam, saturação do mercado e outros assuntos aqui listados — os maiores produtos em rede do mundo estão lutando continuamente contra esses problemas. No final, apenas novos produtos e inovação darão início à próxima grande curva de crescimento, que é o que incentiva as startups a crescer de produtos únicos para empresas multiprodutos. Mas para as equipes encarregadas de escalar um produto singular, lidar com o teto é uma batalha sem fim.

23
CRESCIMENTO ASTRONÔMICO

T2D3

Nos Estados Unidos, há cerca de 6 milhões de novas empresas sendo fundadas a cada ano, e apenas um punhado delas está apto para investimentos de capital de risco — aproximadamente algumas dezenas de milhares. Essas startups são então indicadas para cerca de mil empresas ativas de capital de risco, e estas podem avaliar algumas milhares de oportunidades de investimento por ano. Dessas oportunidades, apenas uma ou duas dezenas são selecionadas para receberem investimento de uma empresa após várias reuniões, apresentações e horas. Em todo o setor, há cerca de 5 mil investimentos de capital de risco por ano disponíveis para startups novas e em estágio inicial.

Com essa peneira intensa, pode-se pensar que essas startups teriam um bom desempenho. Estatisticamente, não é o caso. A equipe da Horsley Bridge, uma famosa investidora de fundos de capital de risco, demonstrou que, em toda a indústria, a taxa de fracasso de startups financiadas por empreendimentos é superior a 50%. A chance de um investidor ganhar dinheiro é basicamente um "cara e coroa". Embora nossas manchetes de jornal estejam cheias de histórias sobre o Google ou a Apple, na verdade, apenas uma em cada vinte startups financiadas por empreendimentos acaba com os exits em mais de 10x nos quais o setor está focado. Há centenas de exits por ano, mas apenas algumas dezenas deles são grandes o bastante para definir a indústria.

Em outras palavras, mesmo que uma equipe tenha mostrado potencial suficiente para ser apoiada por investidores, muito poucas chegam ao fim da jornada, chegando no exit. Há muitas razões pelas quais isso acontece, mas geralmente, o resultado é o mesmo: eles param de crescer, perdem a força e nunca alcançam o sucesso. Dada a baixa probabilidade de um exit, por que investir em startups? Por que as oportunidades de startups atraem quase US$85 bilhões por ano[62] de investidores sofisticados, tanto institucionais quanto anjos?

É porque quando um produto efetivamente decola — particularmente produtos em rede que alcançaram mais de 1 bilhão de usuários globais —, os retornos são enormes. As maiores empresas acabam empregando mais de 100 mil pessoas por ano, como a Amazon, a Oracle, a Microsoft, a Apple, a Intel, o Google e outras. Elas representam quase 20% do S&P 500 e várias delas passaram a valer mais de um trilhão de dólares no início de 2020. Esses retornos exagerados são o motivo pelo qual os pesquisadores de Stanford atribuíram 57% do valor do mercado de ações dos EUA a empresas inicialmente apoiadas por capital de risco.[63] Essas empresas empregam mais de 4 milhões de pessoas, investindo US$454 bilhões em P&D. Incrível.

Esses são os produtos que mudam o mundo que muitos empresários sonham construir.

A Taxa de Crescimento Astronômico

Qual a velocidade ideal de crescimento para que seja possível seguir a trajetória das maiores empresas de tecnologia dos últimos anos? Usar termos como "é um foguete" ou "está dando certo" ou "atingiu a velocidade de escape" de forma casual, sem defini-los formalmente, tornou-se comum. Acho que podemos fazer melhor que isso. Vamos dar alguns números a essas trajetórias.

CRESCIMENTO ASTRONÔMICO 241

A Taxa de Crescimento Astronômico é o ritmo preciso em que uma startup deve crescer para começar. Como calcular essa taxa? Primeiro, estabelecendo uma meta de mais de 1 bilhão de dólares de valuation — estando, assim, em posição de fazer um IPO — e trabalhando de trás para a frente.

Atingir uma valuation de US$1 bilhão geralmente requer pelo menos US$100 milhões em receita recorrente de primeira linha anualmente, com base em um múltiplo arredondado: 10 vezes a receita. Deve-se atingir esse valor em 7 a 10 anos para que se sustente o engajamento dos principais funcionários e também que se recompense os investidores que geralmente trabalham em ciclos de tempo de uma década. Essas duas metas — receita e tempo — trabalham juntas para criar uma restrição geral.

Neeraj Agarwal, um investidor de risco e de empresas B2B foi o primeiro a calcular essa taxa de crescimento, argumentando que as empresas de SaaS, em particular, precisam seguir uma trilha precisa para alcançar esses números:[64]

- Estabeleça um excelente product-market fit*.
- Chegue a US$2 milhões em receita anual recorrente (ARR).
- Triplique para US$6 milhões em ARR.
- Triplique para US$18 milhões.
- Dobre para US$36 milhões.
- Dobre para US$72 milhões.
- Dobre para US$144 milhões.

Empresas de SaaS como Marketo, Netsuite, Workday, Salesforce, Zendesk e outras seguiram grosseiramente essa curva. E o timing grosseiro faz sentido. A primeira fase, em que a equipe atinge o product-market fit, leva de um a três anos. Acrescente o tempo para atingir o resto dos marcos de crescimento, e todo o processo pode levar de seis a nove anos. É claro que, após o ano dez, a empresa ainda pode crescer rapidamente, embora seja mais comum crescer 50% ao ano, em vez de dobrar. O argumento é que os produtos com efeitos de rede podem

---

* "Ajuste do produto ao mercado", em tradução livre. (N. do T.)

ter taxas de crescimento mais altas à medida que se conectam às várias forças de rede das quais tratei, e podem aumentar essas taxas de crescimento por um longo período de tempo — observando os dados, acredito que isso aconteça com frequência.

Você pode dizer: "Bem, não me importo em ter uma empresa de US$1 bilhão, me viro bem com US$500 milhões." Ou talvez você queira criar uma empresa de US$10 bilhões, mas fazer isso em quinze anos. Ótimo, então faça seus próprios cálculos e ajuste os números para criar sua própria trajetória. Esses valores podem se tornar objetivos para a equipe. Para quem busca capital de risco, chegar a US$1 bilhão em valuation ao longo de dez anos é uma meta padrão, mas não há razão para que isso não possa ser reduzido se o plano é fazer bootstrap em uma empresa ou apenas usar o investimento anjo.

A Taxa de Crescimento Astronômico foi originalmente desenvolvida para empresas de software SaaS, nas quais o modelo de negócios é alimentado por uma assinatura e, portanto, para empresas como Dropbox, Zoom, Slack e DocuSign, é diretamente aplicável. Embora esse framework tenha sido inicialmente elaborado para empresas SaaS/B2B, receita é receita, então também pode se generalizar para empresas de consumo. Esse framework pode sofrer engenharia reversa para que seja uma diretriz para qualquer tipo de empresa, com alguns parâmetros necessários para tal:

- Meta de valuation.
- Métrica de entrada.
- Anos para chegar à valuation pretendida.
- Dados empíricos sobre o crescimento imediato.

Taxa de Crescimento Astronômico para Marketplaces

Vamos a um exemplo. Digamos que a meta de um novo produto de marketplace seja atingir US$1 bilhão em valuation. O ideal é seguir um indicador principal — para empresas de marketplace, frequentemente são usados o volume bruto da mercadoria (GMV) ou a receita líquida — que mapeie essa valuation. Para outros produtos, como mídias sociais, pode ser o número de Usuários Ativos Diários, receita líquida ou algo mais. De qualquer forma, a chave é selecionar uma métrica e trabalhar de trás para a frente. No caso do marketplace, pode-se observar empresas de marketplace de capital aberto e perceber que seus valores são cinco vezes maiores do que a receita líquida. Isso significa que, para alcançar US$1 bilhão em valuation, uma empresa deve atingir US$200 milhões em receita líquida. E isso deve acontecer no ano 10.

Em seguida, defina metas para os anos intermediários. Nos anos um e dois, pode-se argumentar que provavelmente não há receita, pois a equipe focará o desenvolvimento de produtos. Em seguida, o ano três passa a enfatizar a resolução do Problema Cold Start, e só no ano quatro é que se atinge uma receita significativa. A empresa pode chegar a US$1 milhão/ano em receita nesse ano. Então, para extrapolar, o produto de marketplace precisa crescer de US$1 milhão para US$200 milhões do ano 4 ao 10 — em outras palavras, 266 vezes no período de um ano.

É aqui que a Taxa de Crescimento Astronômico começa a ser formidável. Dobrar a receita de um produto a cada ano não é suficiente. Dobrar por 6 anos dá 64 vezes, e não atingiria essa meta a tempo.

Nesse ponto, uma equação para calcular a taxa de crescimento alvo é útil, e é mais ou menos assim:

$$\text{Taxa de Crescimento Astronômico} = ((\text{receita final} - \text{receita inicial})/\text{receita inicial}) \wedge (1/\text{número de anos})$$

Ou preenchendo nossos números:

$$\text{Taxa de Crescimento Astronômico} = ((\$200M - \$1M) / \$1M) \wedge (1/6) = 2{,}4$$

Em outras palavras, a partir de US$1 milhão por ano, você precisaria crescer a uma taxa média de 2,4 vezes em 6 anos para atingir US$200 milhões. Essa é uma taxa média de crescimento e, normalmente, os produtos crescem mais rapidamente nos primeiros anos, quando as receitas são pequenas. Uma trajetória como 5x – 4x – 3x – 2x – 1,5x – 1,5x daria certo, assim como 4x – 3,5x – 3x – 2x – 2x – 1,2x. Normalmente, quando uma empresa está fazendo essa análise, já têm um ano ou dois de dados, e pode usar essa equação para descobrir como o resto deve ser, ou pode usar dados empíricos de empresas que estão mais à frente para extrapolar os primeiros anos. E foi exatamente isso que observei — as empresas de marketplace de crescimento mais rápido muitas vezes são capazes de atingir taxas de crescimento muito altas, incluindo 5x ou mais nos primeiros anos, e continuar a aumentar ao longo do tempo.

Esse exemplo é para marketplaces, mas é simples descobrir uma trajetória equivalente para categorias tão diversas como apps de colaboração no local de trabalho, jogos multiplayer em massa ou apps de mensagens. Somente é preciso definir uma receita alvo, trabalhar de trás para a frente na taxa de crescimento durante um período fixo de tempo e ponderar os anos iniciais de maior crescimento. Se sua receita alvo é baseada em uma IPO, em um resultado de F&A ou simplesmente em uma escala de impacto, a mesma análise pode ser aplicada. Para todos os fins, desenvolver um produto novo e impactante do zero à escala exige uma taxa de crescimento muito alta, na casa das centenas de pontos percentuais por ano.

Por que a Trajetória Astronômica É Difícil

Faça as contas, e é óbvio que a Taxa de Crescimento Astronômico é muito difícil. Mesmo que a meta de cada ano tenda a triplicar ou duplicar, uma empresa enfrentará simultaneamente forças compensatórias — a saturação do mercado desacelera o crescimento, os canais de marketing se degradam em desempenho e o desenvolvimento de produtos nunca acompanha as demandas dos usuários. A regra fundamental é que a taxa de crescimento tenda a cair ao longo do tempo, mesmo com mais investimento na contratação de funcionários, criação do produto e atendimento aos clientes.

A psicologia de uma equipe que está trabalhando em um produto Astronômico é desorientadora, e contrasta com uma desaceleração gradual no crescimento. Quando se cresce rápido em um ano, é esperado crescer tão ou mais rápido quanto no ano seguinte. A ambição cresce à medida que a visão aumenta. O que era uma rede social para estudantes universitários se torna uma maneira de conectar todos no planeta. O que antes era um jeito de pedir uma limusine se torna uma maneira de levar transporte globalmente, como se fosse água corrente.

As equipes de alta octanagem querem mais recursos, mais pessoas e ficam mais ambiciosas. Os duzentos empregados da empresa querem saber que as opções de ações ainda têm upside. Os investidores começam a financiar a empresa antes de sua valuation — talvez um ano à frente, para o pricing ser feito em cima do dobro ou do triplo, mas às vezes muito mais. O que poderia ter sido um produto direcionado para um nicho agora tem que ir para todo o mercado. O que antes podia parecer uma pergunta idiota, agora torna-se natural. "Este será o próximo Facebook? O próximo YouTube? O próximo Slack?" O que antes talvez fosse respondido com uma risada ou um dar de ombros, como se nem fosse uma pergunta séria, se torna um questionamento real. E torna-se natural responder: "Sim, é. E esse é o motivo."

Para os céticos, isso pode parecer balela. Mas quando um produto de alto crescimento continua em trajetória diagonal ascendente para a direita, as pessoas começam a fazer extrapolações contra o crescimento. Conforme a equipe recruta investidores, consultores e ex-funcionários do Facebook, do Google, do Twitter, da Salesforce e de outras empresas que acabaram atingindo sua visão incrível, eles passam a entender como é viajar em um foguete. As expectativas ficam cada vez maiores.

É por isso que bater no teto é tão perigoso. As consequências para um produto que não é capaz de reacender seu crescimento são graves. No mercado de trabalho ultraeficiente dos grandes designers de produtos, engenheiros de software e funcionários de tecnologia, todos sabem quais produtos estão em ascensão e quais estão empacados. Deserções para startups mais movimentadas e de maior crescimento são comuns. Mesmo os investidores de capital de risco, cujo trabalho é assumir riscos, geralmente recebem seus dividendos antes de a empresa decolar — é (relativamente) fácil arrecadar fundos quando o crescimento é bom. Quando não é, fica difícil atrair mais capital. As valuations podem estagnar, ou mesmo diminuir, exacerbando o impacto sobre os funcionários.

As Boas e as Más Notícias

Mesmo que um novo produto atinja a Taxa de Crescimento Astronômico nos primeiros anos, começará a desacelerar em algum momento. É um padrão natural. Depois de um surto inicial de crescimento nos indicadores, nos últimos anos o produto crescerá mais lentamente. Ao analisar os pitch decks de startups, é mais provável ver 5x – 4x – 3x do que 3x – 4x – 5x, mesmo que numericamente o resultado seja o mesmo.

A razão é simples — as equipes tendem a usar todas as alavancas de crescimento óbvias que puderem nos primeiros anos, e elas se esgotam rapidamente ao longo do tempo. Se a adição de novos canais de marketing for a melhor maneira de combater um declínio na economia de aquisição de clientes, todas as iniciativas evidentes de marketing são lançadas precocemente. Se houver muitas etapas necessárias para cadastro no serviço, as peças de maior atrito serão redesenhadas antecipadamente. Depois, as ideias fáceis são "tomadas", o que torna a alta taxa de crescimento inicial difícil de sustentar. É aí que o produto atinge o teto.

A boa notícia é que os produtos em rede geralmente têm mais ferramentas para neutralizar esse platô do que os que não possuem efeitos de rede. Por exemplo, uma nova marca de bens de consumo que vende roupas online — ela terá declínios em sua eficácia de marketing à medida que escala. No entanto, essa categoria de produtos carece de efeitos de rede. Conforme os custos de publicidade nas redes sociais aumentam, a equipe tentará otimizar o setor criativo, as estratégias de compra de mídia e os recursos do produto — mas isso não será suficiente. Tentar dobrar as receitas e tentar manter os custos de marketing iguais, tudo sem efeitos de rede, é uma tarefa difícil. O resultado é um platô inicial no crescimento, que é parte do motivo pelo qual as empresas de bens de consumo muitas vezes são bons negócios, mas não necessariamente excelentes que podem valer dezenas de bilhões.

Os produtos em rede, por outro lado, têm uma enorme vantagem: podem explorar os efeitos de rede para combater a desaceleração. Por exemplo, embora o declínio constante dos canais de marketing seja inevitável, as equipes podem amplificar o crescimento viral otimizando funis de inscrição, indicações para os amigos e assim por diante. Da mesma forma, à medida que a descoberta se torna mais difícil ao longo do tempo devido à "superlotação" de usuários, as equipes podem implementar recomendações e feeds algorítmicos para combater isso. Ter mais usuários contribui muito para a aceleração de muitos efeitos de rede. Com a equipe trabalhando para melhorar ainda mais esses efeitos ao longo do tempo, a vida útil da taxa de crescimento é estendida, mesmo quando os canais de marketing tradicionais não funcionam tão bem.

Portanto, é por isso que os produtos mais valiosos do mundo — a maioria dos apps e plataformas com um bilhão de usuários — são tipicamente produtos em rede. Quando eles dão certo, eles geralmente dão certo por muito tempo.

Nos próximos capítulos, veremos as razões concretas e subjacentes pelas quais os produtos inevitavelmente param de crescer. Iniciaremos com uma força poderosa que surge à medida que uma rede se torna bem-sucedida — bem-sucedida demais: a saturação de mercado.

24
SATURAÇÃO

eBay

O sucesso vem com um problema inevitável: a saturação do mercado.
  Novos produtos crescem inicialmente apenas adicionando mais clientes — para ampliar uma rede, adicione mais nodos. Depois, isso para de funcionar porque quase todos no mercado-alvo se juntaram à rede e não há um número suficiente de clientes potenciais. A partir desse ponto, o foco tem que sair da adição de novos clientes e passar para adicionar mais camadas de serviços e oportunidades de receita aos existentes.

O eBay teve esse problema em seus primeiros anos e teve que achar uma saída para ele. Jeff Jordan, meu colega na a16z, passou por essa experiência e muitas vezes escrevia e falava sobre seu primeiro mês como gerente geral de negócios do eBay nos EUA. Isso aconteceu em 2000 e, pela primeira vez, esse setor não cresceu em uma base mensal. Isso foi crucial para o eBay, porque quase toda receita e lucro da empresa vinham da unidade dos EUA — sem crescimento nos Estados Unidos, todo o negócio estagnaria. Algo precisava ser feito rapidamente.

É tentador otimizar apenas o negócio principal. Afinal, aumentar uma grande base de receita, mesmo um pouco, muitas vezes parece mais atraente do que começar do zero. Apostas mais ousadas são arriscadas. No entanto, devido à dinâmica da saturação do mercado, o crescimento de um produto tende a desacelerar, e não acelerar. Não há como manter uma taxa de crescimento alta sem continuar inovando.

Jeff contou o que a equipe fez para encontrar a próxima fase de crescimento para a empresa:

> *Na época, o eBay.com permitia que a comunidade comprasse e vendesse exclusivamente por meio de leilões online. Mas isso intimidava muitos usuários em potencial, que expressavam preferência pela facilidade e simplicidade dos formatos de preço fixo. Curiosamente, nossa pesquisa sugeriu que havia uma tendência para um número maior de homens usuários de leilão online, que apreciavam o aspecto competitivo do leilão. Portanto, a primeira grande inovação que buscamos foi implementar o conceito (revolucionário!) de oferecer itens a preço fixo no ebay.com, o que chamamos de "buy-it-now" [comprar agora].*
>
> *O buy-it-now era surpreendentemente controverso para muitos na comunidade e na sede do eBay. Mas engolimos em seco, corremos o risco e lançamos o recurso... e valeu muito a pena. Hoje em dia, o formato buy-it-now representa mais de US$40 bilhões do Volume Bruto de Mercadorias anual para o eBay, 62% do total.*[65]

O lançamento do "buy-it-now" foi uma grande mudança que atingiu todas as transações, mas a equipe do eBay também inovou na experiência para vendedores e compradores.

> *Com o sucesso inicial, dobramos a inovação para impulsionar o crescimento. Introduzimos as "Stores" [Lojas] no eBay, o que aumentou drasticamente a quantidade de produtos à venda na plataforma. Expandimos o menu de recursos opcionais que*

os vendedores poderiam adquirir para destacar melhor seus anúncios no site. Melhoramos a experiência pós-transação no ebay.com, aperfeiçoando significativamente o fluxo de "checkout", incluindo a integração perfeita do PayPal no site do eBay. Cada uma dessas inovações contribuiu para o crescimento do negócio e ajudou a afastar essa queda.

Anos depois, Jeff se tornou sócio geral da Andreessen Horowitz, onde daria início ao sucesso da empresa em startups com efeitos de rede, investindo no Airbnb, no Instacart, no Pinterest e outros. Tenho sorte de trabalhar com ele! Em um ensaio no blog a16z, ele afirmou que sua estratégia era fazer crescer o eBay adicionando várias camadas de receitas novas — como "adicionar camadas ao bolo". Veja esse fenômeno no gráfico a seguir:

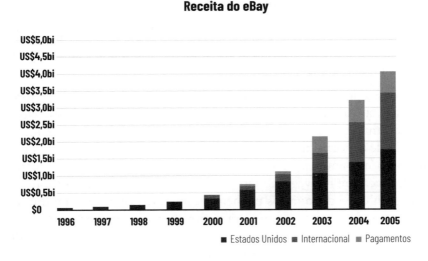

Figura 12: O eBay e as camadas de crescimento do bolo

Como a parte dos EUA começou a parecer mais uma reta do que um taco de hóquei, os pagamentos internacionais e os pagamentos foram colocados em camadas no topo. Em conjunto, a empresa agregada começou a parecer um taco de hóquei, mas por baixo dela havia muitas novas retas de negócios.

Essa fase da história do eBay não é única para startups em crescimento rápido. O que parece ser uma curva de crescimento exponencial costuma ser, na realidade, uma série de retas sobrepostas em camadas rapidamente. A impressionante jornada de crescimento da Uber foi uma combinação de lançamentos em cada vez mais cidades a cada ano, ao mesmo tempo em que punha camadas em novos produtos — como carpooling e entrega de refeições. Enquanto cada reta inevitavelmente afunila à medida que cada mercado satura, adicioná-las em camadas pode neutralizar o crescimento lento.

Saturação de Rede versus Saturação de Mercado

Embora todo esse fenômeno seja frequentemente chamado de saturação de mercado, em um produto em rede há algo mais sutil acontecendo. Eu penso nisso como saturação de rede, não apenas saturação de mercado. Defino esse termo da seguinte forma: a centésima conexão para qualquer participante provavelmente será menos impactante do que para os primeiros; como a rede fica mais densa ao longo do tempo, os efeitos de rede associados tornam-se menos potentes em caráter incremental.

No caso do eBay, quando você pesquisa algo como "rolex daytona vintage", a experiência do produto (e a taxa de conversão associada) melhoram drasticamente à medida que se adiciona os primeiros anúncios. Pode até continuar a melhorar com algumas dúzias. A busca por mil ou 5 mil anúncios não é necessária — é improvável que o comprador faça uma navegação tão extensa. Essa mesma ideia se aplica à Uber, em que adicionar os primeiros cem carros na estrada é importante quando se abre o app para pedir uma viagem, mas em quantidades maiores surgem retornos decrescentes. E sites de reservas de viagens, lojas de aplicativos e muitos outros marketplaces enfrentam a mesma coisa.

Os aplicativos sociais têm uma dinâmica semelhante, em que cada amigo a mais adicionado não é tão valioso quanto o anterior. Em um memorando interno para a equipe do Snapchat, Evan Spiegel, o CEO da empresa, relatou os retornos decrescentes das conexões:

Seu melhor amigo em uma determinada semana contribui com 25% do volume de envio do Snap. Quando você chega a 18 amigos, cada amigo a mais contribui com menos de 1% do volume total de envio de Snaps.[66]

Isso fornece outra maneira de pensar na famosa heurística "7 amigos em 10 dias" do Facebook. Chegar a 7 conexões é ótimo, mas e quanto a 14? É melhor? Com certeza. Mas é 2 vezes melhor? Provavelmente não. E se você levá-la ao seu extremo lógico, cada pessoa com 10 mil amigos não multiplicará o engajamento por 1.000 — na verdade, pode começar a gerar menos engajamento conforme os efeitos de superlotação vão tomando conta.

Tanto a saturação da rede como a saturação do mercado podem abrandar o crescimento. A saturação do mercado limita o número total de pessoas na rede — em um momento futuro não haverá mais empresas que podem se inscrever em suas ferramentas de colaboração ou jogadores para seu novo jogo multiplayer em massa. Mas a saturação da rede também limita a eficácia do engajamento ao longo do tempo, à medida que as interconexões diminuem lentamente em valor incremental. Essas duas dinâmicas juntas impulsionam os efeitos de saturação que retardam o crescimento de uma rede. A maneira de combater essas forças inevitáveis é evoluir constantemente seu produto, o mercado-alvo e o conjunto de recursos — não há como fugir disso.

Redes Novas e Adjacentes

Em uma rede de redes, algumas estarão inevitavelmente mais engajadas do que outras. Normalmente, as redes centrais que entraram mais cedo e são as mais maduras funcionarão melhor. Mas, ao nos afastarmos o suficiente dessas redes centrais, encontraremos conjuntos de usuários não tão saudáveis assim, bem como redes que não estão funcionando. O principal mercado para o eBay no início pode ter sido a comunidade de colecionáveis dos EUA — o produto pode estar funcionando apenas para usuários que compram e vendem itens caros, como automóveis. Então existia uma vasta faixa da rede que poderia simplesmente não estar ativada, como os mercados internacionais, onde os pagamentos ainda não estavam operantes. Compreender essas redes adjacentes é fundamental para que possam ser direcionadas uma a uma para a expansão e o combate à saturação.

Bangaly Kaba, meu amigo e ex-chefe de crescimento do Instagram, chamou isso de "Usuários Adjacentes". Ele descreve sua experiência no Instagram, que continuava crescendo rapidamente anos após o lançamento, mas não em velocidade astronômica:

> *Quando comecei a trabalhar no Instagram em 2016, o produto tinha mais de 400 milhões de usuários, mas a taxa de crescimento havia diminuído. Estávamos crescendo linearmente, não exponencialmente. Para muitos produtos, isso seria visto como um sucesso incrível, mas para um produto social viral como o Instagram o crescimento linear não é suficiente. Nos três anos seguintes, a equipe de crescimento e eu descobrimos por que o Instagram havia desacelerado, desenvolvemos uma metodologia para diagnosticar nossos problemas e resolvemos uma série de questões que reacenderam o crescimento e nos ajudaram a chegar a mais de um bilhão de usuários quando eu saí.*
>
> *Nosso sucesso estava ancorado no que agora chamo de Teoria do Usuário Adjacente. Os usuários adjacentes estão cientes de um produto e possivelmente tentaram usá-lo, mas não são capazes de se tornar usuários engajados. Isso geralmente ocorre porque o posicionamento ou a experiência atual do produto tem muitas barreiras à adoção por eles. Embora o Instagram tivesse um mercado de produtos adequado para mais de 400 milhões de pessoas, descobrimos novos grupos de bilhões de usuários que não entendiam bem a plataforma e como ela se encaixava em suas vidas.*[67]

Em minhas conversas com Bangaly sobre esse tema, ele descreveu sua abordagem como uma avaliação sistemática da rede de redes que constituía o Instagram. Em vez de se concentrar na rede principal de Usuários Avançados — a minoria ativa e barulhenta que muitas vezes impulsiona as decisões do produto —, a abordagem seria descobrir constantemente o conjunto adjacente de usuários cuja experiência era abaixo da média.

Pode haver vários conjuntos de redes adjacentes não funcionais a qualquer momento e corrigir cada uma pode exigir abordagens diferentes. Para algumas redes, podem ser os recursos do produto, como o Instagram não ter um bom suporte para apps low-end de Android, ou por causa da qualidade das redes — se os criadores de conteúdo ou celebridades certos ainda não tivessem entrado. Deve-se corrigir a experiência desses usuários e realizar novamente a pergunta: quem são os usuários adjacentes? Repita esse processo. Bangaly detalha esta abordagem:

> *Quando comecei no Instagram, o Usuário Adjacente era composto de mulheres de 35 a 45 anos nos EUA que tinham uma conta no Facebook, mas não enxergavam o valor do Instagram. No momento em que saí do Instagram, o usuário adjacente era mulheres em Jacarta, em um telefone 3G Android mais antigo com um plano de celular pré-pago. Provavelmente havia oito tipos diferentes de usuários adjacentes que atendemos entre esses dois pontos.*

Para resolver as necessidades do Usuário Adjacente, a equipe do Instagram teve que ser ágil, se concentrando primeiro em atrair o público de mulheres norte-americanas da rede do Facebook. Isso exigiu que a equipe criasse recomendações algorítmicas que utilizassem perfis e conexões do Facebook, para que o Instagram pudesse exibir amigos e familiares na plataforma, não apenas influenciadores. Depois, direcionar usuários em Jacarta e em outros países em desenvolvimento pode envolver abordagens completamente diferentes — refinando aplicativos para telefones Android baratos com internet mais lenta. À medida que o Usuário Adjacente muda, a estratégia também precisa mudar.

Essas redes adjacentes são particularmente interessantes quando se examina o hard side de um marketplace, de uma rede social ou de outro produto. Os marketplaces tendem a ficar restritos ao vendedor ao longo do tempo, como a Uber viu acontecer com seus motoristas ou o Airbnb com os anfitriões. O mesmo ocorre com as redes sociais e seus criadores, ou lojas de aplicativos e seus desenvolvedores. No framework do Usuário Adjacente, as equipes precisam evoluir continuamente sua oferta para atrair o próximo conjunto de vendedores ou criadores para sua plataforma. Por exemplo, quando a Uber ficou sem motoristas de limusine em tempo integral para seu serviço, o próximo conjunto de usuários adjacentes foram pessoas que nunca dirigiram como forma de renda. Futuramente, esse pool também se exauriu, e a empresa começou a pensar em inscrever pessoas que não possuíam carros — ela mesma providenciaria os veículos. E assim por diante.

No framework de adicionar camadas a um bolo, servir cada rede adjacente é como adicionar uma nova camada. Fazer isso requer que uma equipe pense em novos mercados, em vez de ouvir seus mercados principais — um feito difícil quando é ele quem gera a maior parte da receita. Há uma maneira diferente de crescer no que se refere a esses mercados: adicionar novos formatos para que as pessoas se conectem e engajem umas com as outras.

Novos Formatos

A beleza de estratégias como o "Buy It Now" e as "Stores" do eBay é que elas ainda se conectam fundamentalmente à mesma rede de compradores e vendedores, mas fornecem uma nova interação que pode dar um suporte melhor a novos casos de uso.

Penso nelas como novos formatos, que permitem que as pessoas dentro de uma rede engajem e se conectem umas com as outras de novas maneiras. O formato de Stories do Snapchat — permitindo que as pessoas postem um conjunto de fotos e vídeos assíncronos para os amigos — pode aumentar o uso sendo um recurso que atua junto com o aplicativo principal de fotomensagens. Algumas fotos são mais adequadas para comunicação bilateral e outras mais adequadas para serem postadas em stories, que permitam ao Snapchat coletar ambos os conjuntos de fotos em vez de apenas um.

No caso do eBay, o "Buy It Now" torna a experiência de comprar certos tipos de produtos muito mais tranquila. Embora seja possível querer o formato de leilão para saber o preço certo de uma edição rara e antiga de *O Senhor dos Anéis*, por exemplo, é uma maneira inconveniente de comprar um livro novo de capa dura. Ter um preço fixo permite que os mesmos compradores e vendedores engajem em novos tipos de produtos, aumentando a atividade sem a necessidade de expandir a rede.

Novas Regiões

Colocar novas regiões em camadas — como o eBay fez ao expandir para o plano internacional — é outra maneira de montar o bolo de camadas. Isso é particularmente evidente em produtos que atuam em nível hiper-regional, como Open Table, Yelp, Uber e outros que crescem de cidade em cidade, bem como Tinder e Facebook, que cresceram de campus a campus. Para outros produtos em rede pode-se pensar de forma mais global, adicionando novos idiomas e pagamentos à medida que cruzam continentes — principalmente aqueles que são de natureza puramente digital, como SaaS e apps de mensagens. Cada região nova oferece um novo mercado para crescimento, mas também pode ser preciso resolver o Problema Cold Start novamente em cada uma delas.

A expansão regional é mais fácil quando as redes crescem em redes diretamente adjacentes. Quando uma rede hiperlocal centrada principalmente em São Francisco quer se expandir para uma cidade próxima, como Los Angeles, isso geralmente dá certo porque ambos os mercados compartilharão usuários. Um produto como o Tinder pode ter usuários que se deslocaram entre as cidades. Da mesma forma, o OpenTable pode ser capaz de alavancar o fato de que algumas redes de restaurantes são regionais — os mesmos proprietários podem ter restaurantes em São Francisco e Los Angeles, então fica mais fácil lançar um novo mercado nas proximidades.

Para outros tipos de produtos, uma rede "adjacente" não será orientada em torno de uma cidade, mas sim, a uma rede estreita de empresas. Por exemplo, o sucesso na proliferação de ferramentas de colaboração dentro de uma empresa tornará mais provável que um parceiro próximo também as adote, porque essas redes são muito interconectadas. Se todos os clientes de uma empresa de contabilidade usarem o Dropbox, é provável que a própria firma queira testá-lo.

No entanto, também há casos de fracassos. Um mercado altamente urbano como São Francisco possui muitos fatores únicos: muitos usuários antigos, custo de vida alto, um ambiente majoritariamente urbano e um mercado consumidor muito instruído. Isso, por sua vez, é muito diferente de mercados como Phoenix ou Detroit, ou muitos outros, que têm suas próprias características especiais. Às vezes, novas startups serão lançadas em um segundo ou terceiro mercado e só então se descobrirá que, por exemplo, o mercado de dog walking faz mais sentido em áreas urbanas nobres e menos em regiões onde predominam casas unifamiliares com quintais.

Inserir camadas no crescimento de locais distantes é muito mais difícil. Isso geralmente exige que a equipe inicie sua rede a partir do zero mais uma vez, além de todo o trabalho adicional: localizar conteúdo, encontrar parceiros locais, implementar novos métodos de pagamento e potencialmente iterar no próprio conceito do produto — porque às vezes a ideia não se traduz totalmente. A menos que seu produto seja do tipo raro que possui os efeitos de rede global do Airbnb, é provável que cada nova grande área precise de um grande esforço para recomeçar — novamente, o Problema Cold Start.

Estabelecer mercados internacionais completamente novos é difícil porque geralmente requer um esforço combinado de muitas funções de equipe diferentes. Para dar uma ideia de como outro mercado pode ser diferente, basta pensar na Uber, que teve sucesso nos Estados Unidos inicialmente como um app para o iPhone de limusine privada, mas acabou indo parar em Bangcoc como um produto quase irreconhecível: os consumidores se inscrevem apenas com seus números de telefone (sem cartão de crédito ou e-mails!) em seus telefones Android baratos. Usam o celular para pedir viagens, mas, em vez de um automóvel, pedem o Uber Moto; um motociclista vem buscá-los e eles têm de se segurar com força na garupa! Depois de chegarem ao seu destino, pagam em dinheiro, que o app suporta, porque a penetração do cartão de crédito é baixa nos mercados em desenvolvimento. Além disso, inovações em torno de tipos de veículos como motocicletas em Bangcoc, tuctucs na Índia e, finalmente, aluguel de patinetes e bicicletas exigem conhecimentos operacionais e técnicos para criar uma experiência coesa. É uma combinação de operações com tecnologia, fintech, parcerias e muito mais.

Por que Lutar Contra a Saturação de Mercado É Tão Difícil?

As soluções para a saturação de mercado podem parecer simples — adicione novas regiões, ofereça suporte a mais formatos e modelos de negócios e outras dicas que soem como senso comum. No entanto, o desafio está na execução, ela não pode ser subestimada. Lançar em todos os países grandes do mundo e ao mesmo tempo se manter no topo como uma startup de hipercrescimento em um mercado principal não é fácil. No entanto, era exatamente isso que o eBay tinha que fazer, tornando-se uma das empresas de internet mais valiosas da década de 1990 ao mesmo tempo que internacionalizava as operações, criava o "Buy It Now" e novos produtos verticais.

Uma vez que essas alavancas de crescimento óbvias são obtidas, o que vem a seguir?

Depois, novos produtos precisam ser colocados em camadas. É difícil pedir às equipes para criar e trabalhar em novos produtos do zero. Já é difícil o suficiente como uma startup, mas tentar fazer isso dentro de uma empresa maior adiciona uma infinidade de complexidades — política interna, distrações, falta de recursos, seleção adversa de talentos e dezenas de outros desafios. Os tipos de equipes que foram usadas para gradativamente construir grandes franquias de vários anos podem nunca ter se deparado com o Problema Cold Start, então trazem o histórico e as ferramentas erradas para a mesa.

Outra maneira de pensar no risco de novas iniciativas dentro de uma empresa é: se a taxa de sucesso de um novo produto dentro de uma empresa for semelhante à do setor de capital de risco como um todo, a taxa de sucesso será de 50%, no máximo. Resultados excepcionais podem acontecer 1 em 20 vezes, se esse padrão também espelhar o mundo das startups.

O código de trapaça para grandes empresas é simplesmente comprar startups que atingiram a Velocidade de Escape e integrá-las a uma rede preexistente. Foi exatamente o que o eBay fez com o PayPal, que deve ser uma das melhores aquisições do setor de tecnologia. Acabou sendo uma ótima ideia, já que o PayPal acabaria valendo mais do que sua empresa-mãe. Porém as aquisições atualmente são difíceis e caras em um mundo no qual as más aquisições são desenfreadas, as preocupações antitruste do governo assolam grandes produtos em rede e as startups se tornaram supercaras. No entanto, atingir o teto é uma consequência inevitável do sucesso, e as empresas precisam de uma resposta para que não diminuam essa velocidade para um rastejar.

25
A LEI DOS CLIQUES DE MERDA

Banners

Segundo a Lei dos Cliques de Merda, cada canal de marketing se degrada ao longo do tempo. Isso resulta em taxas mais baixas de cliques, engajamento e conversão, não importando se for em e-mail, marketing pago, mídia social ou vídeo. Essa é uma das principais razões pelas quais os produtos atingem os tetos de crescimento — quando os canais de marketing param de funcionar, a curva de crescimento começa a descer.

Novos produtos têm um apetite voraz por novos usuários. No início, a alavanca isolada de growth mais poderosa é ter cada vez mais inscrições. Basta ver os cálculos: se temos um pequeno número de usuários para um produto de compartilhamento de arquivos no local de trabalho, é difícil fazer com que esses grupos de usuários compartilhem cem vezes mais arquivos ou façam logon cem vezes mais vezes por dia — futuramente, o uso e o comportamento naturais chegam a um limite. As pessoas só precisam compartilhar arquivos algumas vezes por semana, e é difícil fazer isso aumentar para muito além. Por outro lado, é possível expandir a rede adicionando mais pessoas — basta adicionar cem ou mil vezes o número de novos usuários, e o engajamento agregado (e a receita) aumentará.

O problema é que o que poderia ter dado certo antes — sejam conferências e eventos, ou SEO e marketing pago — posteriormente para de crescer tão rápido quanto necessário. Quando os produtos precisam atingir 200% ou mais de crescimento anual durante os primeiros períodos de uma curva de crescimento Astronômico, os canais de aquisição do usuário também precisam escalar isso rapidamente.

Mas não escalam, e vou contar uma história que explica por quê.

Imagine a internet sem publicidade. Por incrível que pareça, entre os anos de 1989 e 1994, não existiam anúncios na internet — isso, junto a tudo mais que tem na web, tinha que ser inventado.

Os consumidores viram banners com anúncios pela primeira vez na *Hotwired*, a primeira revista web comercial. Como parte da Wired Ventures, ela era prima da revista *Wired*, o periódico impresso de notícias de tecnologia e que acompanha a sua cultura. Frank D'Angelo, da agência de publicidade Euro RSCG (agora Havas), alinhou um conjunto inicial de clientes para se tornarem os primeiros anunciantes na web:

> *Quatro de nossos clientes puseram banners como parte dessa primeira campanha, MCI, Volvo, Club Med e 1-800-Collect. (Os outros dois anunciantes eram a AT&T e a Zima.) Lembre-se, isso foi em 1994; o primeiro navegador com imagens da web, o Mosaic, tinha menos de um ano de idade (em breve seria substituído pelo Netscape Explorer). E o acesso à internet? Era puramente discado, a 24,4kbps, se você tiver sorte, ou seja, esses anúncios demoravam um pouco para carregar. A população online dos EUA tinha cerca de 2 milhões de pessoas, e olhe lá.*[68]

Os anunciantes lançaram a primeira campanha com um anúncio em banner que pedia ao espectador: "Você já clicou AQUI? Não? Mas vai." E com esse pequeno banner, a *Hotwired* lançou uma indústria que agora alimenta os negócios do Facebook, do Google e dos gigantes da tecnologia do mundo.

Hoje, a taxa de cliques em publicidade de banner geralmente gira em torno de 0,3-1%, mas os primeiros anúncios já tiveram um engajamento incrível: 78% no início! Essa era uma nova maneira de alcançar os consumidores, e as pessoas estavam curiosas, então clicavam muito. No entanto, mais de duas décadas depois, essa taxa caiu para 1/100 dos níveis iniciais.

Não foi apenas a publicidade online que seguiu essa tendência — o e-mail também. No início, era novidade receber um convite por e-mail para uma rede social ou uma notificação sobre um colega editando um documento. Anos depois, nossas caixas de entrada estão cheias de e-mails que não lemos. O Gmail e outros provedores adicionaram maneiras fáceis de filtrar e-mails promocionais, ou de "bacon" — e-mails de notificação de produtos em rede que não são bem um spam, mas geralmente não despertam interesse — para que as pessoas possam receber mensagens mais relevantes. E os consumidores foram para as mensagens de texto, o Slack, o WhatsApp e outras plataformas que hospedassem sua comunicação autêntica.

Não é de se admirar que a taxa de cliques por e-mail tenha seguido a mesma tendência decrescente. O ClickZ, um blog da indústria, publicou um gráfico mostrando que, ao longo de quase uma década, a taxa de cliques em marketing por e-mail caiu de 30% para menos da metade disso — 13%.

O mesmo pode ser observado em quase todos os canais de crescimento ao longo do tempo. No nível micro, uma campanha de marketing individual normalmente terá taxa de clique decrescente ao longo do tempo, então as equipes precisam atualizar as mensagens, imagens e canais. Em um nível mais macro, canais como e-mail ou marketing pago se degradam ao longo dos anos, embora alguns canais caiam ainda mais rápido — como a era Zynga + Facebook da década de 2010, que caiu não em anos, mas em meses. Por que isso acontece? Os consumidores se adaptam a marcas, técnicas de marketing e mensagens específicas e desligam esses canais.

Em estudos nos quais são mostradas páginas da web a pessoas e seus olhos são rastreados para ver exatamente para onde estão olhando, foi demonstrado que elas têm uma habilidade incrível de ignorar anúncios e se concentrar apenas no conteúdo. Em 1998, isso já havia sido observado por pesquisadores de usabilidade (Benway/Lane, Rice University) e denominado "cegueira de banner". Novos formatos de publicidade estão constantemente sendo introduzidos — agora os anúncios em vídeo estão em voga, ou anúncios com novidades, como a realidade aumentada —, mas é inevitável que seu desempenho também comece a cair.

Isso acontece no nível macro com todos os canais de marketing, mas também com o seu produto específico. Essa é a Lei dos Cliques de Merda.

Degradando a Rede

A degradação dos canais de marketing é uma ameaça concreta aos efeitos de rede de um produto. Como discuti, o Efeito de Aquisição pode ser pensado como uma série de etapas em que os usuários encontram um produto por meio de um convite, depois usam o produto e, por fim, convidam outras pessoas. Mas o que acontece quando uma dessas etapas, como o e-mail de convite a um novo usuário, perde metade de sua eficácia?

Como exemplo, imagine um aplicativo de colaboração no local de trabalho, como o Google Suite, no qual as equipes colaboram editando documentos — quanto mais pessoas convidam e engajam, mais forte é o ciclo. No entanto, há uma dependência: as pessoas dentro de uma empresa precisam verificar os e-mails para que recebam notificações de quando são feitas as edições em um documento. O que acontece se a Lei dos Cliques de Merda entrar em ação? Se o produto enviar muitos e-mails e notificações, com o tempo as pessoas começarão a ignorá-los. Se os criadores de documentos sentirem que suas edições e contribuições não estão sendo vistas por seus colegas, os efeitos da rede começarão a diminuir.

Esse não é apenas um resultado qualitativo — também é diretamente quantitativo. Imagine um novo aplicativo social que está crescendo viralmente, e cada 100 usuários que aderem a um produto convidam 75 outros, então esses, por sua vez, convidam 56, que convidam 42, e assim por diante. Esse é um fator viral bom e saudável de 0,75, como vimos no capítulo que trata do Efeito de Aquisição. No entanto, se esses convites começarem a atingir a pasta de spam e a taxa de conversão despencar para 50%, o fator viral também será reduzido. Todos os 100 usuários convidarão apenas 37, que convidarão 14, que convidarão 5; como você pode ver, a queda é muito mais veloz. Fazendo as contas, o resultado é surpreendente: para uma diminuição de 50% na conversão de convites, há uma redução de 80% no total de novos usuários.

Esses impactos negativos podem ocorrer em cascata. Os novos usuários geralmente são os mais engajados em se conectar com outras pessoas na rede, muitas vezes estimulando interações efusivas de boas-vindas com usuários mais experientes, que engajam para mostrar-lhes como é o produto e apresentar os novatos aos demais. Ao remover o fluxo de novos usuários, o engajamento dentro da plataforma de usuários mais experientes também pode diminuir.

Camadas em Novas Estratégias de Growth

A solução para a Lei dos Cliques de Merda é aceitar a sua inevitabilidade. Quando novos produtos são lançados, geralmente há um ou dois canais de aquisição que dão certo, mas pode ser que eles não escalem. No caso do Dropbox, a lista de espera inicial foi formada por usuários que assistiram ao vídeo de anúncio do produto. Eles vinham em picos, conforme a plataforma foi sendo descoberta por pessoas vindas do Hacker News e de outros produtos de mídia social. Canais como esses são ótimos, mas muitas vezes não são capazes de continuar impulsionando o crescimento ao longo do tempo. Se há algumas centenas de downloads por semana por meio de canais de marketing, o que é preciso fazer para duplicar esse número? Ou multiplicá-lo por dez e, afinal, por mil?

A resposta habitual é simplesmente investir mais dinheiro no marketing, mas isso muitas vezes cria problemas. As equipes bem-intencionadas começam com um gasto de marketing altamente eficiente, prevendo que cada dólar investido retornará em seis meses. Mas os custos aumentam com o tempo. À medida que mais dinheiro é investido em marketing, ele tem um desempenho pior, então a equipe muda o período de retorno para doze meses. Depois, dezoito, e assim por diante, até que a economia esteja totalmente de cabeça para baixo. Em um momento posterior, a equipe traça um limite nos gastos de marketing e não pode investir mais, e é quando a curva de crescimento atinge o teto.

A melhor atitude é constantemente colocar os produtos — independentemente de terem ou não efeitos de rede — em camadas em novos canais. Um app voltado para o consumidor deve investir mais em marketing pago no YouTube, Snapchat, Instagram e outras plataformas de anúncios. Mas também deve trabalhar nos loops de crescimento viral e engajar os criadores de conteúdo. Ele também pode se concentrar no marketing de conteúdo — fazendo SEO para ser classificado de forma mais orgânica no Google. A chave para uma nova equipe de produtos é entender quais canais melhor se encaixam em seu produto e contratar as pessoas relevantes que já fizeram isso. Às vezes, elas são como potenciais funcionários em tempo integral, mas também há consultores/freelancers ou empresas que se especializam em alguns dos canais mais maduros, como SEO/SEM.

Para produtos de local de trabalho/B2B, o foco muitas vezes se voltará para a criação de um canal de vendas diretas em combinação com os vários canais de aquisição de consumo "de baixo para cima", para que tudo funcione de forma integrada. Às vezes, isso é fácil; frequentemente, é tão fácil que basta observar todos os usuários que estão se inscrevendo ou que estão ativos e verificar seus domínios de e-mail para descobrir em quais empresas vender. Ou talvez apenas perguntar a esses usuários o nome da empresa e o tamanho da equipe — e então mandar e-mails de vendas. Outra solução rápida é adicionar um nível de serviço "Fale conosco" na página de preços. Ao mesmo tempo, executar um esforço paralelo que enfatize o marketing de conteúdo, eventos e outros programas que geram mais leads de topo de funil. Monte uma equipe de growth que possa pontuar contas individuais e adicionar gatilhos de ciclo de vida para que a equipe de vendas veja quando o produto atinge uma determinada pegada dentro de uma organização. Ao fazer tudo isso, vários canais podem ser combinados em uma estratégia mais ampla.

Se a Lei dos Cliques de Merda diz que os canais de marketing diminuem ao longo do tempo, é claro que a outra estratégia será adotar novas ideias de marketing o quanto antes. No período de três a cinco anos, parece haver uma explosão de novos formatos de mídia e plataformas para experimentar. Mais recentemente, com a ascensão do TikTok, da Twitch, do Instagram e de outras formas de mídia visual de alta escala, há uma nova safra de startups que entram no mercado com influenciadores e streamers. Da mesma forma, novas startups B2B começaram a adotar programas de indicação, memes, emojis, videoclipes e outras táticas anteriormente reservadas para produtos de consumo. O cenário está em constante mudança, com novos produtos e plataformas surgindo em poucos anos, abrindo oportunidades para os profissionais de marketing se destacarem antes dos outros.

Utilizando o Efeito de Rede de Aquisição

Enquanto um produto tradicional pode se inclinar mais profundamente para os gastos em vendas e marketing, os produtos em rede podem ser mais eficientes por crescerem sem custos, otimizando seus loops virais.

Por exemplo, na jornada da Twitch, a equipe se concentrou profundamente nos criadores, dando-lhes melhores ferramentas e monetização, o que, por sua vez, fez com que se tornassem mais ativos. Criadores mais satisfeitos fariam lives com mais frequência, trazendo mais espectadores, impulsionando ainda mais o engajamento e a monetização. A ideia de apenas dobrar os gastos com marketing era fácil, mas, em vez disso, a equipe procurou amplificar os efeitos de rede que engajavam seus streamers.

Alavancar os efeitos de rede para a aquisição de clientes é a regra para os produtos mais bem-sucedidos do planeta. Muitos deles têm mais de um bilhão de usuários ativos e, como pode imaginar, simplesmente não é sustentável comprar essa escala de usuários por meio de marketing pago. A instalação móvel paga em uma categoria de consumidor ampla, como a da Uber, pode custar US$10, em grande escala, e esse custo pode ser muitas vezes maior em categorias de alto valor, como finanças pessoais ou B2B. Multiplique esse número por alguns bilhões de instalações que, por sua vez, se traduzem em um bilhão de usuários ativos, e você chegará a uma conclusão importante: não se deve gastar dezenas de bilhões de dólares em marketing.

A Lei dos Cliques de Merda é mais bem combatida por meio da melhoria dos efeitos de rede, não gastando mais em marketing.

26
QUANDO A REDE SE REVOLTA

Uber

Como chegar ao ponto em que seus clientes mais importantes acabam protestando na frente de sua sede?

Em 2016, eu morava em um loft no bairro de Hayes Valley, em São Francisco, perto da sede da Uber, na 1455 Market Street. Meu trajeto matinal era comprar um café em uma pequena cafeteria no beco, depois passar pelos bares modernos, restaurantes e boutiques que margeavam as ruas — era uma caminhada curta e agradável até o escritório. Algumas vezes por ano, essa caminhada agradável era interrompida com algo não tão agradável: dezenas de motoristas da Uber irritados fazendo muito barulho, segurando placas do lado de fora do saguão. Eles gritavam, batiam tambores e estavam furiosos, muitas vezes ficando ali por horas. A segurança se alinhava na frente para dar espaço para os funcionários passarem, mas era uma visão perturbadora.

Isso se tornou uma ocorrência regular. Quando as coisas ficavam sérias, a equipe de estrutura predial enviava um e-mail para todos e dizia que precisavam sair da sede pela porta dos fundos de emergência por causa do que estava acontecendo lá fora. E, às vezes, a coisa ficava mais pessoal — uma vez, um motorista revoltado descobriu que eu trabalhava na Uber por meio dos meus perfis nas redes sociais e esperou horas no saguão para me abordar quando eu chegasse. Apertei o passo até os elevadores quando ele gritou meu nome.

Isso era um quebra-cabeças porque, quando entrava no prédio e tinha minhas reuniões matinais, meus debates tendiam a um tema recorrente: os motoristas são a parte mais importante da rede da Uber. Eles são o hard side da rede e, embora representem cerca de 5% dos nossos usuários, a empresa aloca 20 a 30 usuários para cada motorista, a maioria dos recursos da empresa precisa estar focada neles. Poderemos pagar US$20 a US$50 por um novo usuário ativo, mas para um motorista ativo esse valor sobe mais de dez vezes. Em alguns mercados de oferta muito restrita, como São Francisco, às vezes chegava a US$1 mil ou até US$2 mil por motorista.

Em meu tempo na empresa, isso foi exacerbado pelo fato de que uma pequena minoria de motoristas tinha uma importância crescente. Embora a maioria dos milhões de motoristas ativos da Uber fossem de meio período, havia um contingente de power drivers, os usuários mais ativos, que dirigiam quarenta horas por semana ou mais, que eram muito, mas muito importantes.

E, infelizmente, eram eles que estavam do lado de fora do prédio com as placas escritas à mão, pedindo tudo, desde salários mais altos a benefícios e melhor tratamento da empresa e dos usuários. Eu tinha empatia com os motoristas, mas a questão era, como resolver esse problema de uma forma que deixe todos na rede felizes?

A Dificuldade do Hard Side

A Uber enfrentou muitos problemas ímpares — o que certamente é um eufemismo —, mas o hard side de uma rede aumentar sua importância e ficar mais escasso, ao mesmo tempo que se desalinha da empresa ao longo do tempo, não é nada ímpar.

É um ônus-padrão em muitas categorias de produtos em rede: o hard side do eBay são seus vendedores, que se revoltaram muitas vezes sempre que as taxas de anúncio mudaram. O mesmo acontece com anfitriões do Airbnb, trabalhadores da Instacart e vendedores da Amazon. Essas mudanças geralmente beneficiam o easy side de suas redes, os compradores, que gostam de taxas mais baixas, mais garantia para compras e assim por diante. No entanto, a ditadura da maioria muitas vezes oprime a parte mais escassa da rede. O mesmo pode ser dito para plataformas de desenvolvedores, como o Microsoft Windows ou o iOS. Essas plataformas dependem de desenvolvedores de apps de um lado da rede para criar produtos, muitas vezes ao longo de muitos anos e com milhões de dólares investidos antecipadamente, que atenderão aos desejos dos consumidores, o easy side.

No caso da Microsoft, ocorreu uma competição feroz entre a empresa e seus parceiros de desenvolvimento, incluindo Netscape, Novell, Borland, Lotus e uma longa lista de empresas dos anos 1980 e 1990. O hard side da Microsoft consistia em grandes empresas de capital aberto apoiadas por capital de risco, não apenas indivíduos. O mesmo aconteceu com o Facebook, que construiu uma plataforma de desenvolvedores que atraiu startups como Zynga e Pinterest. Isso era bom, até que o Facebook se viu em desacordo com seus desenvolvedores sobre o uso excessivo de notificações, compartilhamento social de conteúdo e outras APIs. Os moderadores das comunidades do Reddit — o hard side da plataforma, que organiza, cria e modera pessoas e conteúdo — protestaram contra as políticas "obscurantistas", reduzindo substancialmente o engajamento e o tráfego do site.

Uma revolta bem organizada pelos membros principais de seu hard side pode aniquilar um produto. O Twitter comprou um app chamado Vine por cerca de US$30 milhões. Ele permite que usuários criem e vejam videoclipes de seis segundos em loop — estava à frente de seu tempo e não era diferente dos insights por trás do TikTok. Como muitos aplicativos sociais, os criadores de conteúdo mais populares se tornaram muito bem-sucedidos e foram importantes para atrair um público.

Infelizmente, alguns anos depois, mais de uma dúzia dos principais criadores de conteúdo organizaram uma revolta:

> *Liderado pelos criadores Marcus Johns e Piques, o grupo apresentou uma ideia: se o Vine pagasse a cada estrela US$1,2 milhão e mudasse certos recursos do aplicativo, cada criador postaria 12 Vines por mês. Caso contrário, todos os 18 deixariam a plataforma. "Estávamos gerando bilhões de visualizações — bilhões — antes de sairmos", afirmou DeStorm Power, sobre a requisição monetária.*[69]

O Vine recusou e, alguns anos depois, o serviço foi encerrado. O hard side vale o esforço. Os membros mais bem-sucedidos e prolíficos desse lado da rede também fornecem o mais alto nível de serviço, estão dispostos a fazer os investimentos para escalar seu impacto e, finalmente, se tornar a espinha dorsal defensível da rede — presumindo que possam ser retidos. No caso da Uber, os power drivers representavam 15% dos motoristas, porém, mais de 40% das nossas viagens. Eles também estavam entre os motoristas com as viagens mais seguras e mais bem avaliados — afinal, essa era sua principal fonte de renda.

Frequentemente, outras categorias de produtos são ainda mais concentradas. Cerca de metade dos principais apps em iOS são criados por um pequeno grupo de desenvolvedores de elite: Google, Facebook, Microsoft, Amazon, entre outros. Apenas 20 aplicativos geram 15% de todos os downloads! Dentro das ferramentas de colaboração SaaS, a concentração de clientes pagantes dá uma noção de seu hard side — muitas vezes a TI e os gerentes autorizam os gastos, implementam totalmente as ferramentas e ajudam a organizar o engajamento mais amplo dos funcionários na rede. Os números são igualmente concentrados: o Formulário S-1 do Slack dizia que 1% do total de clientes do Slack representava 40% da receita, e o Zoom informou que 30% da receita veio de apenas 344 contas, novamente, menos de 1% de sua base de clientes.

Isso também se observa nas plataformas sociais. Os canais do YouTube e os influenciadores do Instagram mais organizados podem começar como indivíduos, mas depois escalam sua produção para que seus milhões de espectadores vejam conteúdo criado profissionalmente. O Reddit tem essas dinâmicas para os moderadores, que organizam as maiores comunidades, com 20 milhões de assinantes cada! No entanto, desça a lista e os números descem de forma exponencial, de modo que uma comunidade do 98º percentil superior — posição 20 mil em mais de 2 milhões de sub-reddits — tem apenas alguns milhares de assinantes.

Na maioria das vezes, essa concentração é o resultado de loops saudáveis que impulsionam uma rede em direção a uma qualidade superior. Um bom criador de conteúdo recebe curtidas, compartilhamentos e seguidores; recursos como feeds algorítmicos distribuirão o conteúdo ainda mais. Um criador ruim não recebe nenhum impulso desse tipo e reduzirá seu nível de engajamento até se tornar espectador passivo ou cair no churn. Um bom organizador de equipe criará projetos, postará novos conteúdos e convidará colegas para espaços de trabalho que permaneçam ativos. Um ruim criará projetos que não captam o engajamento, e eles acabarão em churn ou seus colegas voltarão às atividades de antes. Um bom restaurante em uma plataforma de delivery receberá avaliações de cinco estrelas e, depois gerará dinheiro suficiente para investir em uma cozinha especializada nesse setor e se expandir para mais mercados. Um restaurante ruim receberá críticas negativas e, futuramente será fechado ou sofrerá com o churn. Todos esses loops de feedback criam mais concentração dentro de um número pequeno de players, mas isso beneficia toda a rede.

Um produto em rede geralmente quer nudges em seu ecossistema para a profissionalização, porque isso ajuda a escalar o hard side. A ideia é transformar negócios familiares em power sellers ou desenvolvedores de apps que trabalham solo em empresas de software. Essa é uma transição grande e importante, uma vez que melhora a capacidade de cada membro do hard side, já que os indicadores começam a desacelerar por causa da saturação.

A empresa pode oferecer treinamento, documentação e monetização. Muitas vezes, recursos corporativos são adicionados — como a capacidade de a TI gerenciar as redes e ferramentas internas de uma empresa, ou análises para que uma agência de mídia social possa disponibilizar métricas a um criador de conteúdo ou a uma marca. Essa oferta "profissional" ou "empresarial" pode se transformar em novos níveis do produto, com equipes dedicadas melhorando esses níveis ao longo do tempo. As equipes de customer success fornecem um serviço de maior contato a esses clientes e, por sua vez, celebram contratos que os retêm e oferecem uma economia favorável.

O investimento inicial para tentar profissionalizar o lado da oferta no início do desenvolvimento de uma rede inevitavelmente traz riscos. Em um erro famoso da Uber, a empresa procurou expandir o lado da oferta financiando veículos para fornecer carros a potenciais motoristas que não os possuíam, um programa chamado XChange Leasing. A tese era que isso levaria esses motoristas para o modo power driver rapidamente. As parcelas podiam ser automaticamente deduzidas dos respectivos rendimentos na Uber, as classificações de motorista e os dados de viagem podiam ser utilizados para avaliar os empréstimos.

O XChange Leasing infelizmente foi um prejuízo de US$525 milhões e não conseguiu profissionalizar o lado do motorista. O problema foi que ele atraiu motoristas altamente motivados pelo dinheiro — o que geralmente é um ponto positivo —, mas que não tinham altas pontuações de crédito por uma boa razão. Muitas vezes, eles ficavam inadimplentes, usando o carro que a Uber arrendou para dirigir para os concorrentes e evitar os descontos automáticos. Chegavam a roubar os carros e a vendê-los pela metade do preço, dirigiam para a Lyft em vez de para a Uber como forma de evitar os descontos automáticos das parcelas; pediram a mão e levaram o braço. A Uber precisou organizar um esforço colossal de recuperação dos carros, mas já era tarde demais — muitos haviam sido vendidos ilegalmente, alguns estavam em lugares longínquos, como Iraque e Afeganistão, com o GPS ainda ligado e funcionando. Esse é um exemplo claro de como pode ser complicado escalar o lado da oferta quando muito capital está envolvido.

No entanto, apesar dessa ilustração há pontos positivos imensos para a profissionalização dentro de uma rede. Incentivar os players de sucesso a ficarem ainda maiores pode trazer um crescimento enorme. Como os membros mais bem-sucedidos do hard side são os mais propensos a se profissionalizar, também são os mais propensos à experiência em ser bem-sucedido; podem contratar e treinar funcionários e ajudar a empresa a se expandir para outros serviços e categorias, podem aumentar o investimento e gastar em grandes projetos enquanto outros não o farão, dando-lhes a capacidade de escalar a qualidade e a consistência em sua rede. Com o tempo, esses negócios muitas vezes se tornam os melhores parceiros de uma rede, com uma relação simbiótica profunda.

E, assim, o paradoxo: à medida que uma rede escala, seu hard side vai se profissionalizar. A qualidade e a consistência provavelmente aumentarão, e os players mais arrojados serão capazes de fazê-lo em escala. Do outro lado do paradoxo, essa dinâmica desalinha os incentivos — motoristas, vendedores e criadores podem protestar. Os desenvolvedores de apps podem reclamar, sair ou virarem concorrentes. Seus parceiros SaaS podem negociar preços, solicitar recursos personalizados ou ameaçar desistir.

No entanto, acredito que não há escolha a não ser aceitar isso.

Como a Profissionalização Acontece

De duas maneiras: profissionais nativos e profissionais de fora da rede. Para os nativos, vamos usar o eBay como exemplo. É possível começar a vender roupas vintage em meio período no site para ganhar dinheiro, mas depois descobrir que dá para fazer isso em tempo integral. Depois de algum tempo, pode-se inaugurar sua própria boutique e contratar funcionários — tornando-se um "power seller", uma dentre os milhões de empresas desse tipo que vendem no eBay, na Amazon e em outras plataformas de comércio eletrônico. Ou, da mesma forma, a versão B2B pode se dar com um gerente querendo testar um novo produto, depois ter uma equipe específica e um conjunto de especialistas que o tenham e, em seguida, ter consultores e fornecedores que o implementem profissionalmente em um ecossistema mais amplo. Foi o que aconteceu com softwares de negócios, como o CRM.

Às vezes, esses grandes grupos profissionalizados podem ficar muito grandes. A escala dos vencedores depende da dificuldade de agregação — é mais fácil se tornar um criador de vídeo ou desenvolvedor de apps do que um mega-anfitrião do Airbnb. Uma grande estrela do YouTube pode chegar lá simplesmente fazendo vídeos de forma consistente, como algumas estrelas adolescentes fizeram, enquanto ser um anfitrião de grande escala requer milhões de dólares em imóveis como requisito. Um produto em rede, como o OpenTable, tem restaurantes em seu hard side, que provavelmente não crescerão até ficarem gigantes dentro da plataforma, porque o setor de comida é inerentemente fragmentado. É improvável que uma franquia enorme de restaurantes represente uma grande porcentagem do negócio. Por outro lado, as plataformas sociais costumam ficar muito grandes e concentradas, com apenas alguns vencedores no topo.

Quando os maiores membros de uma rede se tornam grandes, muitas vezes podem, por conta própria, se tornar startups de alta escala apoiadas por investidores. Historicamente, plataformas de desenvolvedores como o iOS, a internet e o Windows atingiram essa escala e tiveram fortes efeitos de rede que atraem investidores e capital de risco. Os membros de sua rede geralmente se tornam grandes o suficiente para, por fim, realizarem o IPO e se tornam grandes empresas — muitas das startups que abordei neste livro se enquadram nessa categoria.

Produtos em rede de grande escala que trabalham com vídeos, como o YouTube, transformaram seus influenciadores em empresas de produção mais profissionalizadas — a Maker Studios é um desses exemplos, adquirida pela Disney por US$500 milhões em 2014. Jogos multiplayer populares, como Overwatch, League of Legends e Fortnite, atraíram equipes profissionais de e-sports que aspiram a ser os próximos New York Yankees, dizendo que podem valer bilhões quando os jogos se tornarem mainstream. Ainda mais recentemente, as startups que operam na plataforma Zoom surgiram em setores tão diversos quanto educação infantil, networking profissional, eventos e conferências, e também atraíram investidores de empresas de alto nível. Todos esses são exemplos de profissionalização.

O hard side também profissionaliza por meio dos maiores players fora da rede, que entram nela com o tempo. Quando a App Store da Apple foi lançada, desenvolvedores nativos surgiram para criar os primeiros aplicativos, como Foursquare, Uber e outros. Mas desenvolvedores avançados de tecnologia, como Facebook, Yelp e eBay também foram lançados, juntamente com os primeiros sucessos nativos. Apenas anos depois a Microsoft levou seus aplicativos para o iOS — depois que Satya Nadella chegou ao cargo de CEO, sinalizou uma mudança de estratégia para colocar o Microsoft Office em todas as plataformas, não apenas nas da Microsoft. A Nintendo resistiu por anos, deixando o conteúdo first-party, como Super Mario e Zelda, apenas em seus dispositivos de hardware, pois esperavam que estes servissem como âncoras para seu próprio ecossistema de rede. Entretanto, depois eles lançaram um aplicativo iOS; o mercado móvel era grande demais para ser ignorado.

Quando uma rede se torna grande, forte e diversificada, é frequentemente descrita como uma "Economia" — você pode ter ouvido falar sobre a Gig Economy, a Economia de Atenção, a Economia dos Criadores, e assim por diante. Cada uma delas engloba os mundos do Airbnb/Uber/Instacart, do Facebook/Google, do TikTok/YouTube/Substack etc. Por sua vez, um ecossistema robusto de players emerge. Há conferências, eventos e jornalistas que cobrem exclusivamente empresas nesse espaço. Nascem programas de treinamento para integrar novos funcionários em potencial nesse ecossistema.

Há investidores de capital de risco especializados no financiamento de empresas do setor, indicando que os participantes da economia podem se tornar empresas de grande porte. Tudo isso é um sinal de que os vários produtos do ecossistema alcançaram dominância e estabilidade suficientes para que a rede possa agora contar com eles para existir por um longo período de tempo. Tudo isso é fundamental quando a fonte típica para o crescimento do hard side — a aquisição de novos usuários — começa a desacelerar à medida que a rede atinge a escala e começa a saturar o mercado.

Não Há Escolha Além de Escalar

O hard side da rede é o mais difícil e o mais caro de escalar. À medida que o mercado satura, acaba se tornando mais importante escalar do que continuar a adquirir novos membros no hard side.

Na Uber foi assim; ela começou conseguindo motoristas por meio de métodos de baixo volume e não escaláveis, enfatizando o esforço da equipe de operações e táticas como anúncios na Craigslist. Porém, quando dezenas de milhares de novos motoristas precisam ser recrutados para um mercado maduro, essas táticas não funcionam mais. O que antes era um anúncio de US$70 na Craigslist para recrutar um motorista nos anos iniciais acabou chegando a US$1 mil ou mais por motorista ativo, e isso em todos os meios — marketing pago, indicações, até mesmo em anúncios de TV e rádio.

Com a saturação de mercado, as novas pessoas que ingressam na plataforma começarão a mudar. Posteriormente, a Uber precisou convencer pessoas que nunca ganharam renda dirigindo a tentar fazer isso

— o mercado de motoristas profissionais estava saturado. Ela precisava expandir o mercado e integrar um segmento maior e mais dominante de usuários. Esse segmento exigia mais instrução, mais controle e mais incentivo sobre como interagir com os usuários. Nos primórdios da Uber, a permissão para dirigir limusines podia bastar para indicar que um motorista sabia o que estava fazendo, mas esse era um novo grupo de pessoas, que precisava de suporte para pegar passageiros, lidar com regras de aeroporto, e assim por diante.

Um produto em rede é bem-sucedido quando as pessoas em uma rede sabem como interagir umas com as outras. Um criador de conteúdo precisa aprender qual material é bem-sucedido em uma determinada plataforma, sejam dancinhas legais no TikTok ou ficção serializada em podcasts. Os vendedores de marketplace precisam de tempo para entender a melhor forma de apresentar produtos e serviços, seja usando em seus anúncios a fotografia profissional fornecida pelo Airbnb ou produtos endossados por influenciadores no Instagram.

A pena por adquirir novos membros do hard side, mas não prepará-los para ser bem-sucedidos é severa: o churn. Ao contrário dos inovadores e dos primeiros usuários, achar que o produto é legal ou divertido pode não ser suficiente para que continuem nele. Essas pessoas querem resolver um problema — muitas vezes, ganhar a vida —, e se um produto em rede não puder entregar isso, eles o abandonarão.

O dilema para produtos em rede é gritante. Aceite a profissionalização do hard side e colha os benefícios do aumento da escala. Porém isso leva à concentração de poder e possíveis desalinhamentos — mas esperamos que não haja protestos bem embaixo de suas janelas. Rejeite a tendência e verá o hard side combatendo a escala. Acredito fortemente que o caminho a ser seguido é o primeiro. No entanto, é incrivelmente difícil de ajustar — não surpreende que quase todas as empresas do mercado tenham que lidar com questões trabalhistas, e todas as plataformas de desenvolvimento de apps acabaram demitindo ou concorrendo com seus desenvolvedores. Contudo, os benefícios vencem em larga margem os ônus — é uma das principais alavancas para romper os limites de crescimento inevitáveis, e gerenciar bem essas dinâmicas estenderá o lado positivo da rede.

27
SETEMBRO ETERNO
Usenet

Antes do Snapchat, do Facebook, do Friendster, ou até mesmo do Geocities ou do Yahoo Groups, havia o avô de todas as comunidades da internet: o Usenet. Pense nele como a primeira rede social. Criado em 1980, no início da internet, o Usenet foi o primeiro sistema de discussão distribuído em todo o mundo, hospedando grupos de notícias como talk.politics, rec.arts.movies, rec.crafts.winemaking e uma centena de outros assuntos. Durante um período em que a web e o navegador ainda não haviam sido inventados, pessoas de todo o mundo — geralmente das universidades e instituições de pesquisa conectadas à primeira internet — se reuniam online nas threads de mensagens do Usenet.

Para a internet inicial, o Usenet era uma febre — eventos históricos aconteceram na rede. Anúncios importantes eram feitos lá, como o lançamento da World Wide Web por Tim Berners-Lee e do sistema operacional Linux, por Linus Torvalds. Assim foi o anúncio do navegador gráfico moderno por Marc Andreessen, cofundador da a16z. Nos doze anos após seu lançamento na década de 1980, o Usenet se instalou no centro da comunidade global da internet, com efeitos de rede evidentes, semelhantes aos que impulsionam o Reddit ou o Twitter. Como o Usenet reunia a maioria das pessoas e o conjunto mais abrangente de temas, por que alguém participaria em discussões em qualquer outro lugar?

Mas alguma coisa aconteceu. Em 2000, o Usenet estava praticamente morto, com seus principais membros fugindo para outro lugar. O Usenet atingiu o teto, e nunca se recuperou. O que será que o levou ao colapso?

Os problemas que se abateram sobre o Usenet são os mesmos que assolam as redes sociais hoje. Entretanto, isso ocorreu em um momento tão incipiente da internet que ninguém sabia dos problemas graves que estavam por vir, muito menos sobre as possíveis soluções. Por exemplo, atualmente, todos estão familiarizados com o "spam", mas isso se originou no Usenet. Sim, no início da internet, houve um período glorioso com zero spam e as pessoas apenas usavam o Usenet e e-mail de forma autêntica. Mas não demorou muito para que o spam fosse inventado e isso aconteceu no Usenet e no início do e-mail.

Quando o público cresceu a ponto de atrair atividade comercial, as pessoas começaram a usar a plataforma para vender produtos e serviços com conteúdo imprudente e repetitivo enviado para dezenas de diferentes grupos de notícias do Usenet. Olhando para trás, sabemos que o sucesso em uma rede de comunicações como o Usenet atrairia o spam inerentemente, e o mesmo vale para flamers e trolls. Os primeiros usuários da internet até inventaram um termo, chamado "Lei de Godwin" — toda discussão digital exaltada se transforma em comparações com os nazistas — para descrever os debates inflamados que aconteceram no Usenet na década de 1980. Essas ideias são tão aplicáveis hoje, e tão difíceis de controlar, quanto eram décadas atrás. E o Usenet foi a primeira comunidade global de internet que teve que lidar com todos esses maus comportamentos, em grande escala.

O Usenet cresceu incontrolavelmente, e isso foi ficando difícil de gerenciar. No início, a primeira rede atômica para o Usenet surgiu na Universidade Duke, onde estudavam Jim Ellis e Tom Truscott, os criadores da plataforma. Em seguida, foi adicionada a Universidade da Carolina do Norte, seguida por instituições como Bell Labs, Reed College e University of Oklahoma. Como muitas das primeiras organizações na rede eram universidades, a cada setembro uma nova coorte de alunos entrava no Usenet quando começava a estudar. Nos meses seguintes, eles aprendiam as normas sociais, o jargão e a cultura e, em seguida, se integravam à comunidade ou saíam se as pessoas os acusassem de ferir a "netiqueta". Muitos dos primeiros participantes do Usenet se conheciam por causa das atividades acadêmicas, criando um vínculo real que ajudou a reforçar o bom comportamento.

Em setembro de 1993, tudo mudou. A AOL, o maior provedor de internet da época, iniciou uma campanha enorme para enviar milhões de CD-ROMs e disquetes para os consumidores. Em vez de um surto anual previsível de usuários em setembro, quando os alunos costumavam entrar na rede do Usenet, milhões de pessoas de todas as esferas sociais começaram a entrar. Isso se tornou uma torrente que não acabaria.

Alguns meses depois, Dave Fischer, o pioneiro do Usenet, pontuou:

Setembro de 1993 vai entrar para a história das redes como o setembro que nunca terminou.[70]

Hoje, esse momento na história da internet é conhecido como o Setembro Eterno, quando uma onda de usuários inexperientes inundou a rede do Usenet. A comunidade da plataforma e sua netiqueta mudaram para sempre, pois o rápido crescimento de novos usuários fez com que sua cultura central fosse forçada a evoluir rapidamente. Os usuários trouxeram consigo novos casos de uso, temas de discussão e demandas por recursos. Parte dessa evolução foi boa, pois os protocolos foram atualizados para serem mais rápidos, escalarem com mais volume e, notavelmente, suportar arquivos binários, como fotos, músicas e vídeos.

Todavia, com isso também veio a pornografia, filmes e música pirateados, além de outros conteúdos indecentes. Essa enxurrada de conteúdo inadequado, spam e novatos tornou o Usenet difícil de usar. O colapso da netiqueta dificultou a descoberta de nichos de conversas de alta qualidade que definiram os primeiros anos do Usenet. As pessoas começaram a migrar para outras tecnologias — grupos online, fóruns de discussão e, futuramente, redes sociais.

O núcleo da rede Usenet então entrou em colapso. A Universidade Duke, onde o protocolo foi inventado, aposentou seus servidores após três décadas, em 2010. AOL, Verizon, Microsoft e outros grandes ISPs cortaram o acesso ao mesmo tempo, alegando falta de uso combinado com pirataria de conteúdo, pornografia e outras questões. Artigos como "O Usenet é um moribundo há anos" foram publicados, citando setembro de 1993 como o início do colapso.

Todo o ciclo de vida da ascensão e queda do Usenet serve como um alerta para quando os produtos em rede atingem a escala — eles sofrem com os efeitos antirrede combinados: spam, trolling e outros comportamentos ruins, e o mais importante, colapso do contexto. Tudo isso é um forte contrapeso natural para o crescimento viral e para os loops de engajamento que tornam a rede mais forte, acabando por cancelar essas forças positivas. Se isso não for tratado a tempo, pode causar a morte da rede inteira.

Colapso do Contexto

Toda rede iniciada com uma rede atômica focada tem um conceito como a "netiqueta". Há um contexto compartilhado nos primeiros anos do que se deve ou não fazer dentro dela — uma cultura. Contudo, isso se torna suscetível posteriormente a um colapso do contexto, que é um problema sutil e único para produtos em rede. Vejamos uma história que descreve isso. Adam D'Angelo, CEO da Quora e ex-CTO do Facebook, explica como isso afeta os produtos sociais e de comunicação:

> *Quando você entra pela primeira vez em uma rede social com seus amigos próximos, é fácil usá-la muito. É possível postar fotos e comentários cheios de piadas internas e histórias compartilhadas o tempo todo. Você gosta tanto dela (assim como os amigos que já estão nela) que convida seus outros amigos, e depois seus irmãos, e assim por diante. Mas, depois, as fotos e o conteúdo destinado aos seus amigos próximos podem atrair comentários de pessoas que você não conhece bem. Seus pais são convidados, e talvez seus professores, ou seu chefe. As fotos daquela festa na qual você foi podem causar problemas.*[70]

O relato de Adam diz respeito aos produtos de consumo, mas também é relevante para os produtos do local de trabalho — substitua amigos próximos, pais e professores por colegas, gerentes, outras equipes e executivos, e pronto. O que você diz em um contexto — como dar feedback construtivo a um colega individualmente ou desabafar sobre um projeto — pode parecer deseducado quando todos estão assistindo. Isso inclui quais tipos de conteúdo você publica, como interage com as pessoas e o que faz um comentário ser apropriado.

O colapso do contexto é o que acontece quando muitas redes são reunidas simultaneamente, e elas desabam em uma só. Isso é mais problemático para as redes sociais porque inibe o comportamento dos criadores de conteúdo — o hard side —, pois eles não conseguem mais postar fotos que satisfaçam a todos em todos os contextos.

O termo foi cunhado pela primeira vez pelo pesquisador Michael Wesch em sua análise do YouTube. Ele indagou:

> *O que dizer ao mundo e ao futuro? O problema não é a falta de contexto. É o colapso do contexto: um número infinito de contextos colapsando uns sobre os outros naquele momento único da gravação. As imagens, ações e palavras capturadas pela lente a qualquer momento podem ser transportadas para qualquer lugar do planeta e preservadas (o artista deve presumir isso) por todo o tempo. A pequena lente de vidro se torna a porta de entrada para um buraco negro sugando todo o tempo e espaço — praticamente todos os contextos possíveis — em si mesma. O aspirante a vlogger, agora congelado na frente desse buraco negro de contextos, enfrenta uma crise de autoapresentação.*[72]

Em outras palavras, para corroborar Wesch, um vídeo postado no YouTube pode ser assistido em qualquer lugar do mundo, para sempre. Como um criador pode garantir — seja qual for a intenção original dele — que vai transmitir sua mensagem adequadamente? Como saberá que não vai ofender, ou ser duramente julgado, se o vídeo for parar no contexto errado? Essa "crise de autoapresentação" é exatamente o que impulsiona os efeitos antirrede no lado do criador.

As consequências negativas para os usuários de uma rede são reais. Pais, professores e chefes são algumas das pessoas mais poderosas da sua vida, e o conteúdo que compartilha pode aparecer rapidamente para eles algoritmicamente. Para redes nas quais os nomes dos usuários são os reais, como Slack, LinkedIn ou Facebook, o problema é particularmente relevante, pois seu conteúdo digital afeta diretamente sua reputação. Quanto maior a rede, mais pessoas podem ver seu conteúdo, tornando inseguro contribuir. D'Angelo chama isso de "desfazimento" das redes — quando uma rede perde seus principais criadores, muitos de seus consumidores também a abandonarão. Se consumidores suficientes forem perdidos, criar se torna menos atraente. Caso esse círculo vicioso perdure muito, uma subcomunidade inteira dentro de uma rede pode deixá-la.

O colapso do contexto não afeta apenas as redes sociais. Todas as redes atômicas começam com sua própria versão de "netiqueta" e subconjuntos isolados de usuários. Pode ser a cultura de preços baixos e sem frescuras da Craigslist, o foco inicial do Airbnb em lugares únicos para alugar ou o uso antecipado do Slack pela comunidade tecnológica de usuários. São três categorias diferentes — um site de classificados, um marketplace de viagens e um produto SaaS no local de trabalho —, e ainda assim enfrentam a mesma coisa. À medida que a rede cresce, o hard side é muitas vezes forçado a participar menos.

No caso das ferramentas de colaboração, o colapso do contexto pode ser impulsionado pela passagem da rede composta por sua equipe imediata para muito mais redes à medida que o produto pousa e se expande. Quando entram escritórios remotos distantes, mais gerentes e muitas centenas de outros funcionários, o uso pode se tornar mais silencioso, pois uma piada mal formulada ou uma observação excessivamente casual, que sua equipe acharia divertida, pode ser mal vista pelos demais.

Em um produto de marketplace, uma comunidade inicial de entusiastas de tênis caros pode crescer e encontrar-se inundada por compradores casuais que se preocupam mais com preços acessíveis. Se eles não gostarem tanto dos produtos, ou disserem as coisas erradas, isso pode afastar os vendedores iniciais. Por outro lado, os vendedores novos podem começar a listar produtos mais baratos, mas menos legais, tornando mais difícil para a comunidade inicial de compradores encontrar o que procura. O que é um produto atraente em um contexto pode ser menos atraente para outro, e essa é uma das razões pelas quais o colapso do contexto pode prejudicar o pareamento no núcleo dos marketplaces.

Enquanto a experiência desses usuários se degrada lentamente à medida que a rede cresce, simultaneamente as equipes de produtos que constroem a rede estão se esforçando muito e continuando seu crescimento. Em essência, a tensão é: efeitos de rede versus efeitos antirrede. E quando os efeitos antirrede se tornam fortes a ponto de anular os esforços da equipe, a rede atinge seu teto.

Redes de Redes... de Redes

Então, como evitar o colapso do contexto? Produtos como iMessage ou WhatsApp nos dão uma pista. Os apps de mensagens são resistentes ao colapso do contexto. Você fala com um determinado número de amigos e familiares, e mesmo que a rede adicione milhões de pessoas, isso não muda sua experiência. Os canais do Slack oferecem um modelo diferente — à medida que mais e mais pessoas dentro de uma empresa entram, elas configuram espaços menores para interagir com colegas de equipe próximos. Isso permite que as pessoas dividam a rede de toda a empresa em redes de equipe ou até baseadas em projetos. Se um desses canais ficar muito grande, as pessoas podem criar um ainda menor.

Em outras palavras, nem todos os produtos em rede passam pelo colapso do contexto tão rapidamente quanto os outros. Quando os usuários são capazes de se reunir, se mostram particularmente resilientes. Os grupos do Facebook fornecem espaços menores e mais desarticulados separados do feed de notícias principal, assim como os stories do Snapchat são um complemento aos recursos de mensagens de fotos individuais do aplicativo — ambos fornecem uma rede dentro de uma rede que pode manter seu próprio contexto. Os padrões de uso do Instagram incluem "finstas" — contas secundárias e terciárias —, nos quais diferentes conteúdos podem ser compartilhados, cada um deles têm grupos específicos de seguidores, para que as fotos possam ser postadas longe dos olhos curiosos de pais e chefes.

Os recursos de produto também podem conscientizar os usuários quando estão interagindo em diferentes contextos. Quando se digita uma mensagem em um canal do Slack e ela avisa que seus destinatários estão em outro fuso horário, isso o ajuda a perceber que seu contexto pode diferir do destinatário. Sua mensagem totalmente apropriada relacionada ao trabalho pode não ser apropriada se estiver chegando para o destinatário no fim de semana dele. Da mesma forma, as permissões e os recursos de privacidade, como a possibilidade de compartilhar o Google Docs com indivíduos, grupos específicos de pessoas ou todos em seu domínio de e-mail corporativo, oferecem a capacidade de criar espaços menores dentro de espaços maiores.

A criação de muitos espaços menores e privados gera uma tensão natural. Não é uma solução mágica. Se uma rede for dividida em pedaços muito pequenos, em breve haverá muitos canais ou grupos inativos que não são úteis. Da mesma forma, a capacidade de descoberta pode se tornar um problema à medida que o número de canais e conversas de mensagens diretas aumenta com o tempo — até mesmo o iMessage se torna pesado quando se tem dezenas de conversas ativas ou textos de grupo acontecendo simultaneamente. O colapso do contexto deve ser gerenciado com cuidado, para que haja descoberta suficiente para manter a rede unida, mas não de tal forma que aliene ou sobrecarregue os usuários.

O Poder do "Descurtir"

O colapso do contexto também está alinhado com os outros problemas que atormentaram o Usenet ao longo do tempo, spam e trolls. Esse não é um problema novo, o que não surpreende.

Imagine receber uma mensagem anônima:

> O senhor, com certeza, está surpreso por receber essa mensagem de uma pessoa desconhecida, que está prestes a pedir um favor...

A mensagem é da realeza francesa e descreve como, através de uma série de acidentes, perderam muito dinheiro recentemente. No entanto, eles têm um plano para recuperá-lo, se estiver disposto a ajudar. E, claro, ao completar a tarefa, seria justo compartilhar uma parte.

Isso não o lembra alguma coisa? O plot twist: isso é uma carta, não como um e-mail ou mensagem do LinkedIn. O tesouro é avaliado em francos dourados, foi perdido em uma aldeia francesa, e o escritor era um valet-de-chambre de um marquês. Esse tipo de carta foi chamado de "Carta de Jerusalém" e foi descrito por Eugène François Vidocq, um criminoso francês que se tornou detetive, em suas memórias publicadas em 1828.[73]

Embora esse golpe seja de quase duzentos anos atrás, existe no formato de e-mail hoje. E tem inovado desde então — há o que se parecem com este, como golpes envolvendo propostas românticas, mas também exemplos mais distantes de fraude — catfishing** em aplicativos de namoro, ICOs falsos no ecossistema de criptomoedas e lavagem de dinheiro e fraude dentro de apps de marketplace sob demanda. Os produtos em rede podem atingir um teto quando se tornam grandes e inevitavelmente se tornam alvos atraentes para fraudadores, spammers e trolls.

Esses agentes mal-intencionados usam a abertura da rede e sua capacidade de conectar os usuários — pagamentos, mensagens, seguidores e assim por diante — para obter vantagens pessoais, muitas vezes enganando as pessoas com os mesmos golpes que persistem há séculos. Eles inundam os canais de comunicação interna que conectam nodos em uma rede para que as mensagens de usuário a usuário fiquem entupidas com conteúdo comercial de spam, gerado automaticamente por bots. Mercados multifacetados como a Craigslist, e aplicativos de namoro acabam exibindo anúncios fictícios administrados por usuários fake que aplicam golpes em quem interage com eles. As redes de e-mail corporativas são atingidas por mensagens falsas em ataques de phishing altamente direcionados que buscam roubar credenciais.

Todas essas atividades nocivas degradam as redes e desfazem as vantagens da rede que os produtos lutam tanto para alcançar. A retenção cai se os usuários se tornarem céticos em relação às notificações provenientes de um app — será que é um amigo de verdade ou simplesmente um spammer? A aquisição torna-se mais difícil se uma experiência se degrada ao ponto em que não se quer mais convidar

---

** Nome dado à prática de criar perfis falsos para se aproximar afetivamente de pessoas na internet. (N. do T.)

amigos e dividi-la com eles. E o negócio é prejudicado quando há fraudes e transações falsas e usuários altamente valiosos começam a sair.

Alavancar a própria rede para combater o abuso é um dos métodos mais escaláveis de combater os agentes mal-intencionados. À medida que a rede fica maior, há mais usuários que podem ser moderadores, e o farão sem custo. Ao dar aos usuários a capacidade de denunciar spam, sinalizar contas maliciosas, bloquear conteúdo ruim e assim por diante, não apenas se está criando maneiras para os usuários personalizarem sua própria experiência, mas também fornece os dados que podem ser usados para moderar de outras maneiras.

Uma das formas mais simples de fazer isso é simplesmente permitir que os usuários votem se gostam ou não de um conteúdo e o sinalizem. O Reddit é uma das redes online mais complexas e dinâmicas e desenvolveu algumas das políticas mais sofisticadas ao longo dos anos sobre esse tema. Steve Huffman, cofundador e CEO, descreveu a filosofia do Reddit em um depoimento escrito enviado à Câmara dos Representantes dos EUA:

> *A maneira como o Reddit lida com a moderação de conteúdo hoje é única no setor. Usamos um modelo de governança semelhante à nossa própria democracia — no qual todos seguem um conjunto de regras, têm a capacidade de votar, se auto-organizar e compartilham certa responsabilidade sobre como a plataforma funciona.*
>
> *Os usuários podem aceitar ou rejeitar qualquer conteúdo. Embora a maioria das plataformas tenha uma versão da função de voto positivo, uma ação que transmite aprovação ou concordância, nós do Reddit acreditamos que o voto negativo adicional tem a mesma importância; é onde a cultura comunitária se constrói, por meio da rejeição de comportamentos transgressivos ou conteúdo de baixa qualidade.*[74]

Em minhas conversas com Steve, ele frequentemente compara o Reddit a uma cidade e ao papel de sua equipe como planejadores urbanos. O objetivo não é executar toda a atividade na cidade, mas criar espaços onde comunidades grandes e pequenas possam florescer. Para estender mais essa metáfora, a fim de administrar a cidade é preciso que haja leis, cultura e atitudes melhores, todas codificadas em software. É por isso que as capacidades de votar negativamente, de avaliar um motorista parceiro com uma estrela ou ainda de escrever um comentário mordaz no Yelp para o restaurante tailandês que recentemente o fez passar mal estão todas interligadas.

Se for necessário tomar medidas mais sérias, sinalizar e bloquear conteúdo também são importantes. Isso permite que a rede se autogoverne, mas dentro da estrutura definida pela equipe de produto que constrói o software. Como observa Huffman, enquanto usamos leis para regular a forma como agimos uns em relação aos outros em um Estado, para produtos em rede são o código e a cultura emergente moldada por esse software os responsáveis por isso.

Na verdade, acredito que o software é a única maneira de regular redes grandes de pessoas e manter os mal-intencionados de fora. Lembra-se do número de Dunbar? A teoria de Robin Dunbar, um psicólogo evolucionista britânico, afirma que "a evolução dos cérebros de primatas foi impulsionada pela necessidade de coordenar e gerenciar grupos sociais cada vez maiores". Ele então descreve uma série de grupos de tamanhos diferentes, começando em múltiplos aproximados de três. É possível começar com 3–5 pessoas em seus amigos próximos e familiares, e expandir para o seu grupo de amigos, para um bando, para cerca de 150 em seu clã, e depois para 1.000–2.000 pessoas reunidas em uma tribo. Mas o que acontece com o "número de Dunbar" quando um produto de tecnologia com efeitos de rede, fora das regras do mundo físico, agrega uma rede digital de 150 mil pessoas? Ou 150 milhões? Ou 1 bilhão?

Essas são as escalas das redes humanas modernas, e é o número de Dunbar multiplicado por milhões. Nessas comunidades de grande escala, os padrões e a autorregulação não podem ser mantidos pelas pessoas que simplesmente correm e conversam umas com as outras. Em vez disso, os desenvolvedores desses produtos em rede devem criar recursos que conduzam as interações na direção certa. Os votos positivos e negativos do Reddit incentivam comentários engraçados e detalhados. O recurso de "horário de trabalho" do Google Agenda incentiva as pessoas a terem consideração com seus colegas em outros fusos horários. A capacidade de denunciar a conta hackeada de um usuário do Twitter significa que ela pode ser sinalizada para revisão.

Posteriormente, isso se combina com o aprendizado de máquina e a automação para detectar ainda mais golpistas e bloqueá-los. Votos positivos, negativos e sinalização humanos são entradas que podem ser desenvolvidas em sistemas automatizados. O software permite que os usuários criem e imponham padrões em uma rede — isso é a "netiqueta" incorporada ao produto, na forma de software. À medida que as redes aumentam, a funcionalidade para as pessoas dentro do produto se autorregularem se torna uma inevitabilidade e uma necessidade.

O Colapso do Usenet em Retrospecto

Com o benefício da retrospectiva — décadas de trabalho no desenvolvimento de ferramentas de comunicação e software — é possível perguntar: o Usenet poderia ter sido salvo?

Acredito que a resposta seja sim. Afinal, protocolos como e-mail e a web foram inventados na mesma era inicial da internet e prosperam até hoje. O e-mail, por sua natureza, consiste em uma criação constante de espaços menores (conversas individuais e tópicos de e-mail em grupo). E, como todos sabemos, se expandiu para bilhões de usuários e ainda é usado, mesmo com spam e trolls surgindo ao longo do tempo. Os provedores tiveram que ser atualizados e evoluir — do Hotmail ao Outlook, ao Gmail e muito mais — mas ainda é algo que a maioria de nós ainda usa todos os dias. A web funciona da mesma forma; há uma variedade quase infinita de espaços privados para conhecer, alimentados pela combinação de domínios da web, mecanismos de busca, links e navegação.

Salvar o Usenet teria dado bastante trabalho. Afinal, ele foi desenvolvido em uma época em que a internet era um lugar aberto e confiável, antes do spam, de bots criados pelo Estado e trolls. Poderíamos dizer que se o Usenet tivesse implementado feeds algorítmicos, mensagens privadas, a criação de sub-redes menores e assim por diante, talvez ainda estivesse prosperando. No entanto, seria uma tarefa difícil e, obviamente, mesmo os nossos produtos sociais modernos não resolveram totalmente esses desafios.

O Usenet também foi abençoado — e amaldiçoado — por ser desenvolvido como um protocolo descentralizado e de código aberto, como era comum naquela época. Os produtos em rede precisam ajustar e iterar constantemente seus produtos para responder ao comportamento e às necessidades do público. Em muitos aspectos, é aqui que o controle centralizado — geralmente nas mãos de uma empresa bem financiada — fica em uma posição melhor para enfrentar a miríade de desafios que podem surgir à medida que a rede se expande. Uma startup pode fazer alterações em seus algoritmos de descoberta, interfaces de usuário e contratar moderadores rapidamente — como vimos acontecer em muitos apps sociais.

Em contrapartida, o Usenet nunca foi uma empresa, nunca arrecadou dinheiro e não tinha centenas de funcionários em tempo integral. Qualquer produto novo confrontado com milhões de usuários entrando durante um Setembro Eterno terá dificuldade em lidar com isso, mas será particularmente desafiado se não tiver o suporte dos recursos e dos conhecimentos para enfrentá-lo. Não ser capaz de evoluir impede o crescimento, pois o produto atinge o teto.

28
SUPERLOTAÇÃO

YouTube

Quando o YouTube chegou a milhões de vídeos, ficou difícil encontrar o que se queria assistir.

Sim, esse é um problema chique para um produto em rede, mas foi exatamente o que o YouTube enfrentou com seu crescimento. Para o livro *O Problema Cold Start*, entrevistei Steve Chen, cofundador do YouTube, e perguntei como eles escalaram o produto para que o conteúdo permanecesse detectável ao longo do tempo.

Muitos vídeos no YouTube são um caso específico de um fenômeno mais amplo de superlotação, que pode prejudicar os efeitos da rede e, no fim das contas, tornar um produto inutilizável. É o que acontece quando há muitos comentários, tópicos e e-mails em sua caixa de entrada profissional, quando você segue muitas pessoas em um app de mídia social e há muito conteúdo a lidar, ou se muitos jogadores em um multiplayer levarem à sobrecarga do servidor e à dificuldade de encontrar a partida certa.

Steve cofundou o YouTube em 2005, depois de uma temporada como engenheiro de software no PayPal. Eu o conheci como um investidor anjo frequente em novas startups de jogos, mídias sociais, vídeos e muito mais — ele sempre teve fortes insights sobre o futuro dessas indústrias. Embora tenha passado a maior parte de seus 20 aos 30 anos na Bay Area, mais recentemente ele se mudou com a família para Taiwan, portanto, nossos encontros acontecem principalmente por videoconferência. Ele falou sobre os primórdios do produto, em que a premissa inicial era bem diferente — só era possível fazer upload de vídeos de namoro. Isso mesmo, o YouTube começou como um site de relacionamentos, no qual as pessoas podiam fazer upload de vídeos de si mesmas como parte de um perfil.

Os Primórdios da Organização de Vídeos

O YouTube não seguiu muito tempo sendo um site de namoro e, em poucas semanas, os fundadores — Steve, Chad e Jawed — perceberam que era uma ideia melhor abri-lo para qualquer tipo de conteúdo, não apenas para pessoas tentando encontrar romance.

A capacidade de "dar amei" nos vídeos foi rapidamente alterada para um ícone de estrela. Logo qualquer vídeo poderia ser carregado, e o primeiro foi um clipe de dezenove segundos chamado "Me at the zoo" [Eu no zoológico], no qual Jawed Karim, cofundador do YouTube, estava na frente de alguns elefantes, vestindo uma jaqueta vermelha e cinza. Ele comenta sobre suas "trombas muito, muito, muito... longas", fechando o vídeo com: "Isso é legal, e isso é praticamente tudo o que há para dizer."

Como tenho afirmado neste livro, os produtos em rede tendem a começar de origens humildes — em vez de grandes e extravagante lançamentos — e para o YouTube não foi diferente. O primeiro vídeo de Jawed é um bom exemplo. Steve descreveu os primórdios do conteúdo e como ele cresceu:

> No início, havia muito pouco conteúdo para organizar. Chegar aos primeiros mil vídeos foi a parte mais difícil da vida do YouTube, e estávamos focados nisso. Organizar os vídeos foi uma reflexão tardia — tínhamos apenas uma lista de vídeos recentes que foram enviados, e o usuário poderia simplesmente navegar

> *por eles. Tínhamos noção de que todo mundo que carregasse um vídeo o compartilha com, digamos, dez pessoas, e cinco delas o veriam de fato, e depois pelo menos uma carregaria outro vídeo. Depois que implementamos alguns recursos-chave — incorporação de vídeo e transcodificação em tempo real — tudo começou a dar certo.*[75]

Em outras palavras, nos primórdios trataram apenas de resolver o Problema Cold Start, não de projetar os algoritmos de recomendações sofisticadas pelos quais o YouTube é conhecido. E mesmo quando havia mais vídeos, a tentativa de descoberta se concentrava na organização relativamente básica — mostrando apenas vídeos populares em diferentes categorias e países. Segundo Steve:

> *Quando conseguimos muitos vídeos, tivemos que redesenhar o YouTube para facilitar a descoberta dos melhores. No início, tínhamos uma página no YouTube para ver os cem melhores vídeos no geral, classificados por dia, semana ou mês. Depois, foram divididos por país. A homepage era o único lugar onde o YouTube teria o controle das coisas como empresa, já que escolheríamos os dez vídeos, que frequentemente eram documentários, ou conteúdo produzido semiprofissionalmente para que as pessoas — particularmente anunciantes — que vissem a primeira página do YouTube pensassem que tínhamos um ótimo conteúdo.*

Fez sentido criar um sistema posterior de categorização para vídeos, mas nos primeiros anos tudo era agrupado. Mesmo enquanto o número de vídeos estava crescendo rapidamente, todas as outras formas de conteúdo do site também estavam. O YouTube não era apenas vídeos, mas também os comentários deixados pelos espectadores:

> *No início, percebemos que havia cem vezes mais espectadores do que criadores. Todos os produtos sociais da época tinham comentários, então os adicionamos ao YouTube, que também era uma maneira daqueles participarem. Parece ingênuo agora,*

mas estávamos apenas pensando no crescimento bruto naquele momento — o número bruto de vídeos, de comentários — então não pensamos muito na qualidade. Não estávamos pensando em fake news nem nada do tipo. A ideia era: basta obter o maior número possível de comentários, quanto mais controversos, melhor! Lembre-se de que a grande maioria dos vídeos tinha zero comentários, portanto, receber feedback para nossos criadores geralmente tornava a experiência melhor para eles. É claro que agora sabemos que quando se chega a um certo nível de engajamento, uma solução diferente é necessária.

Em um ano, ficou claro que o crescimento do YouTube em vídeos, comentários, canais e perfis superou rapidamente as expectativas da equipe. Sua ascensão foi rápida, e passou voando pelos marcos que a equipe estabeleceu em seu primeiro ano. Inicialmente, tentaram chegar a mil visualizações por dia. Então, dez mil visualizações/dia, e quando as atingissem, 100 mil visualizações/dia. Em menos de um ano, o YouTube atingiu 1 milhão de visualizações por dia — o início de uma jornada de crescimento colossal.

A equipe do YouTube implementou solução após solução para resolver a superlotação, mas primeiro se concentrou nos vídeos simples — exibindo uma lista de vídeos enviados recentemente, seguida por uma classificação baseada em popularidade e, depois, segmentação por país. A evolução da solução do YouTube para a superlotação passou da organização manual para classificações de popularidade e métodos algorítmicos. Essa é uma transição necessária que cada produto em rede tem que fazer para resolver o problema da superlotação.

Veja o exemplo de uma startup de marketplace — no início, as escolhas relativamente limitadas significam que os vendedores não competem entre si, evitando a superlotação. Os consumidores têm um catálogo mais focado em comprar. Uma vez que ela cresce e alcança milhões de usuários, pode haver centenas de vendedores para cada produto, e escolher o melhor pode não ser fácil. Da mesma forma, um app de comunicação no local de trabalho precisa notificá-lo sobre as mensagens mais cruciais de colegas importantes, o que é fácil quando se trata apenas de sua equipe. Mas se depois disso todos na sua empresa estiverem em uma ferramenta, muitas notificações podem prejudicar a experiência. Essas são diferentes variações de efeitos de superlotação que precisam ser resolvidas ao longo do tempo.

Assim como o YouTube começou com a organização manual, a maioria dos produtos em rede pode se iniciar com esforços manuais. Isso significa exercer julgamento editorial ou permitir que os usuários organizem o conteúdo por conta própria. A App Store tem milhões de aplicativos; então, quando a Apple publica uma lista de "Apps do Ano", isso facilita a descoberta para os consumidores, mas também inspira os programadores de apps a investirem no design e na qualidade dos seus produtos. Ou as plataformas podem aproveitar o conteúdo gerado pelo usuário, em que o material é organizado pela famosa hashtag — um exemplo são as listas de desejos da Amazon, conduzidas principalmente por usuários, sem editores. Da mesma forma, usar dados implícitos — sejam os atributos do conteúdo ou agrupar os criadores por nome de domínio de e-mail da empresa ou da faculdade — pode unir as pessoas aos dados da rede. O Twitter usa uma abordagem híbrida — a equipe analisa a atividade na rede para identificar eventos trending, que são, então, editorializados em histórias.

O Rico Cada Vez Fica Mais Rico

Até então, falei da experiência de visualização no YouTube, mas há outro componente que não pode ser ignorado: os criadores. Esse é o hard side da rede do YouTube e eles desempenham um papel fundamental: fazer upload de conteúdo, produzir vlogs, shows e outras formas de entretenimento. Logo no início, o conteúdo mais importante da plataforma de vídeo pode ter sido o upload de clipes do *Saturday Night Live* com a esquete "Lazy Sunday" [Domingo Preguiçoso], mas nos últimos anos o mais importante é a longa fila de criadores que postam conteúdo de vídeo exclusivo. É esse grupo que impulsiona a biblioteca de conteúdo exclusiva da plataforma gerada pelo usuário.

A superlotação funciona de maneira diferente para os criadores do que para os espectadores. Para os criadores, o problema é: como se destacar? Como fazer com que seus vídeos sejam vistos? Isso é particularmente importante para os novos criadores, que enfrentam um fenômeno onde "o rico cada vez fica mais rico". Em muitas categorias de produtos em rede, quando os primeiros usuários entram em uma rede e começam a produzir valor, os algoritmos os recompensam naturalmente — e isso é uma coisa boa. Quando fazem um bom trabalho, talvez ganhem avaliações de cinco estrelas ou muitos seguidores rapidamente. Talvez fiquem em destaque, ou sejam muito bem classificados em listas de popularidade. Isso ajuda os consumidores a encontrar rápido o que querem, mas a desvantagem é que quem é popular fica mais popular ainda.

O problema seguinte é: como permitir a entrada de um membro novo da rede? Se todos os outros tiverem milhões de seguidores, ou milhares de comentários de cinco estrelas, pode ser difícil. Eugene Wei, ex-CTO do Hulu e notável pensador de produtos, escreve sobre o "Old Money" no contexto das redes sociais, argumentando que as redes estabelecidas são mais difíceis para os novos usuários:

> *Algumas redes recompensam quem tem muitos seguidores desde o início com tanta exposição adicional que continuam a ganhar mais seguidores do que outros usuários, independentemente da qualidade de seus posts. Uma hipótese sobre a perda de força em escala nas redes sociais é que esse tipo de old money não pode ser eliminado, e o new money perde o incentivo de jogar o jogo.*
>
> *Não é que a existência de old money ou capital social herdado condene uma rede social à inevitável estagnação, mas essa rede deve continuar a priorizar a distribuição para o melhor conteúdo, qualquer que seja a definição de qualidade, independentemente da antiguidade do usuário que a produz. Caso contrário, se instaura uma forma de desigualdade de capital social, e no mundo virtual, no qual os custos de saída são muito mais baixos do que no mundo real, novos usuários podem facilmente ir para uma nova rede em que seu trabalho seja recompensado mais adequadamente e onde a mobilidade de status seja maior.*[75]

Isso vale para redes sociais e também para marketplaces, lojas de aplicativos e outros produtos em rede. Sistemas de classificação, comentários, seguidores, sistemas de anúncios, todos reforçam isso, dando aos membros mais estabelecidos de uma rede o domínio sobre todos os outros.

Usuários de alta qualidade que detêm toda a atenção são a boa versão do problema, mas a versão ruim é muito mais problemática: O que acontece, particularmente para produtos sociais, quando os usuários mais controversos e obstinados são recompensados com loops de feedback positivo? Ou quando apps de baixa qualidade em uma plataforma de desenvolvedor — como a proliferação inicial de aplicativos de puns na AppStore — são baixados por usuários e ficam muito bem nos rankings de classificação dos usuários? Em última análise, esses loops precisam ser rompidos; caso contrário, sua rede pode ir em uma direção indesejada.

O termo extravagante para isso é conexão preferencial, definido como: "quanto mais conectado um nodo estiver, maior a probabilidade de receber novas conexões." Posteriormente, isso reduz o crescimento do hard side da rede, porque novos usuários podem começar a procurar outra rede onde possam ser bem-sucedidos. Eles querem condições de jogo mais equitativas e, para conseguir isso, testarão novos produtos dos concorrentes constantemente — não é o que uma rede de sucesso deseja.

O Poder dos Dados e Algoritmos

A solução do YouTube para a superlotação — de espectadores e criadores — foi profundamente moldada pelo Google, que acabou adquirindo a empresa. Em 2006, menos de dois anos após seu início, o YouTube foi comprado por US$1,65 bilhão. Parecia uma soma enorme na época, mas a taxa de crescimento era tão tremenda e os efeitos de rede tão fortes que, anos depois, alguns analistas estimaram seu valor como uma empresa independente em cerca de US$300 bilhões.

Nos anos seguintes à aquisição, Steve descreveu o foco da empresa de forma muito simples: "Estávamos apenas tentando acompanhar todo o tráfego." Não houve muitos lançamentos enormes de recursos, pois o foco estava em escalar a infraestrutura, já que o YouTube se tornara a principal plataforma de vídeo para a internet.

As poucas atualizações de recursos que existiam focavam apenas isso: relevância, pesquisa e recomendações algorítmicas. Em outras palavras, as alavancas essenciais para resolver os problemas de superlotação que poderiam tornar o YouTube um lugar confuso e fragmentado. Nesse momento, a experiência do Google em lidar com grandes quantidades de dados foi crucial no desenvolvimento de dois recursos-chave para o YouTube nos anos seguintes: Pesquisa e Vídeos Relacionados. Ambos ajudaram os usuários a navegar rapidamente para os vídeos de que gostavam e como isso era orientado por algoritmos, não exigia que a empresa editasse ou organizasse manualmente o conteúdo. A equipe também teve tentativas precoces e breves de combinar o reconhecimento de imagens dentro do conteúdo do vídeo, mas muitas vezes um termo de pesquisa cairia em um texto aleatório de segundo plano — digamos, a palavra "cheerios" em uma caixa de cereais — em vez de acertar o texto-chave do vídeo.

Um pareamento mais alinhado entre os criadores e seus espectadores alivia os problemas de superlotação que surgem naturalmente em um produto que tem mais de 1 bilhão de usuários. Os criadores de nicho, quando novos, são rapidamente ligados aos espectadores que gostam desse trabalho, na verdade, essa é uma maneira orientada por algoritmos de criar redes dentro das redes, um jeito de equilibrar a oferta e a demanda de conteúdo, para que os criadores populares não afastem os novos e os espectadores ainda recebam um fluxo de conteúdo novo e relevante.

Atualmente, anos depois que os cofundadores Steve, Chad e muitos dos primeiros membros da equipe deixaram o YouTube, a descoberta de conteúdo continua a melhorar, mesmo enquanto o produto escala para 2 bilhões de usuários ativos mensais. Os vídeos mais populares do YouTube atingiram 4 bilhões de visualizações em menos de um ano. Nos últimos anos, o produto enfatizou as assinaturas e um feed gerado por algoritmos que mostra vídeos de alto potencial de engajamento. Reproduzir automaticamente o próximo vídeo — melhor ainda, escolher o vídeo mais relevante a ser reproduzido em seguida — aumenta o tempo que o usuário passa na plataforma. Aplicar o reconhecimento de voz automático do Google no áudio de vídeos fornece legendas automáticas que podem ser pesquisadas pelos usuários. As descrições e outros conteúdos de texto são traduzidos automaticamente para vários idiomas para torná-los mais úteis para o público internacional. E mesmo os comentários muito difamados — que nos primeiros anos costumavam ter uma qualidade péssima — melhoraram drasticamente, já que os algoritmos de classificação agora elevam os melhores pontos de discussão.

O YouTube e suas recomendações de vídeo não são a única ocasião em que o aprendizado de máquina pode ajudar a aliviar a superlotação. Essas mesmas ideias também podem ajudar a construir a rede de um usuário.

Um exemplo notável disso é o recurso "Pessoas que Talvez Você Conheça" ou "Sugestões de amigos". Toda plataforma social em escala tem algum tipo de implementação dessas por uma razão: funciona incrivelmente bem. Aatif Awan, meu amigo e ex-vice-presidente de growth do LinkedIn, que os ajudou a escalar para centenas de milhões de usuários e liderou sua aquisição pela Microsoft, explica como seu algoritmo funciona:

> *O "Pessoas que Talvez Você Conheça" foi uma parte fundamental do sucesso do LinkedIn, gerando bilhões de conexões dentro da rede. Tudo começou com "completar o triângulo" — se alguns de seus amigos se conectaram com Alice, mas você não, então há uma boa chance de que você também conheça Alice. Mais tarde, incorporamos sinais implícitos — talvez Alice tenha atualizado o perfil dizendo que trabalha na sua empresa. Talvez ela tenha visto seu perfil várias vezes por vários dias. Colocar todas essas entradas em um modelo de aprendizado de máquina fez com que nos beneficiássemos desse recurso por muitos anos.*[77]

Isso ajudou a escalar a densidade da rede do LinkedIn para que, mesmo depois de adicionar centenas de conexões, o site ainda pudesse ajudar a recomendar pessoas relevantes para você. Esse é um exemplo direto de como mitigar a dinâmica de superlotação de uma rede social, e é exatamente por isso que as recomendações de pessoas, feeds orientados por relevância, trending topics e uma série de outras abordagens algorítmicas foram colocadas em camadas em produtos sociais com o passar do tempo.

A mesma abordagem aproximada pode ser aplicada para fazer as pessoas encontrarem seus pratos favoritos dentro de aplicativos de delivery ou recomendar um feed de vídeos relevantes de uma biblioteca de bilhões de conteúdos. Por baixo de tudo isso estão os sinais implícitos e explícitos da interação do usuário. Alguns produtos chegaram ao ponto de basear sua proposta de valor principal nesses algoritmos — um bom exemplo é o TikTok, cujo feed "For You" [Para você] é a principal maneira pela qual os usuários navegam no conteúdo. O feed é impulsionado por ações explícitas e implícitas dos usuários, e foi detalhado em um blog da empresa, veja um trecho dele:

No TikTok, o feed For You reflete as preferências específicas de cada usuário. O sistema recomenda o conteúdo classificando os vídeos com base em uma combinação de fatores — começando pelos interesses que você expressa como um novo usuário e ajustando as coisas nas quais indica que também não está interessado — para montar seu feed personalizado. As recomendações são baseadas em uma série de fatores, incluindo:

- Interações do usuário, como os vídeos que curte ou compartilha, contas que segue, comentários que publica e conteúdo que cria.
- Informações de vídeo, que podem incluir detalhes como legendas, sons e hashtags.
- Configurações de dispositivo e conta, como sua preferência de idioma, configuração de país e tipo de dispositivo. Esses fatores são incluídos para garantir que o sistema seja otimizado para o desempenho, mas eles recebem menor peso no sistema de recomendação em relação a outros pontos de dados que medimos, uma vez que os usuários não os expressam ativamente como preferências.[78]

Os algoritmos de relevância do TikTok garantem que, mesmo que centenas de milhões de vídeos sejam adicionados, os criadores ainda encontrarão os espectadores que desejam consumir seu conteúdo — e vice-versa.

Os "efeitos de rede de dados" são frequentemente vistos como um caminho para as redes resolverem problemas de relevância e superlotação que surgem ao longo do tempo. Os sinais são uma combinação de ações individuais, mas também são baseados em modelos algorítmicos construídos sobre os comportamentos combinados de centenas de milhões de usuários. Mais usuários significam mais dados comportamentais, o que, por sua vez, permite recomendações de conteúdo mais refinadas — um tipo de efeito de rede orientado por dados que desmente os exemplos de pontuação de crédito que discuti anteriormente também.

Algoritmos Não São uma Solução Final

Não apenas o YouTube, LinkedIn ou TikTok enfrentam problemas de superlotação. À medida que as redes crescem, torna-se mais difícil conectar os usuários com o que estão procurando. Um mercado com um conjunto cuidadosamente organizado de algumas centenas de vendedores parecerá muito diferente quando houver centenas de milhares ou milhões, com uma infinidade de ofertas. As ferramentas de colaboração no local de trabalho são fáceis de usar quando há apenas algumas pastas e pessoas para acompanhar, mas uma vez que se espalha para toda a empresa, a interface do usuário precisa evoluir para lidar com a pesquisa entre os projetos de centenas de pessoas. Isso afeta até mesmo as lojas de aplicativos; a Apple teve que fazer uma declaração: "Temos mais de 250 mil aplicativos na App Store. Não precisamos de mais aplicativos de pum." Os métodos podem precisar mudar, seja a organização, a navegação ou a pesquisa em interfaces acionadas por algoritmos.

Nenhuma das abordagens — algorítmicas ou não — é uma solução final, já que a luta contra a superlotação nunca termina. E, na verdade, os ciclos de feedback às vezes podem levar a consequências inesperadas. Como vimos nas mídias sociais, é preciso ter cuidado com o que se está otimizando — se o engajamento puro for escolhido, um feed algorítmico pode mostrar uma série de clickbaits controversos como conteúdo. Ou se um marketplace se otimizar puramente com base na receita, pode obter uma série de itens de preço alto e de baixa relevância que têm alto valor esperado quando alguém faz a compra. Mas qualitativamente, isso não parece bom.

Em minhas conversas com Steve sobre seus primórdios no YouTube, ficou claro que organizar o conteúdo do produto — vídeos, usuários e comentários — era um foco importante no início. Mas por causa da velocidade vertiginosa em que ele cresceu — zero a milhões de usuários e uma aquisição de bilhões de dólares em menos de dois anos —, as técnicas para auxiliar a descoberta de conteúdo tiveram que mudar rapidamente. Isso não acabou depois dos primeiros anos. Mais de uma década depois, o YouTube continua a lidar com os mesmos problemas de superlotação, mas com ferramentas cada vez mais sofisticadas. A estatística mais recente é que o YouTube adiciona quase seiscentas horas de conteúdo a cada minuto, à medida que continua a expandir sua rede para os muitos bilhões de usuários na web e no celular.

Para mim, o principal aprendizado da história do YouTube é a jornada que todos os produtos em rede precisam fazer. Quando começaram, precisavam de muito pouca organização, mas à medida que a rede crescia, aplicava-se cada vez mais estrutura — primeiro por editores, moderadores e usuários — e depois por dados e algoritmos. As primeiras iterações não eram sofisticadas, se estivesse funcionando, tudo certo. Algoritmos vieram mais tarde, e mesmo anos depois, manter a rede saudável ainda é uma batalha diária.

PARTE VI
O FOSSO

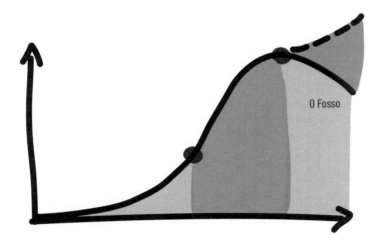

29
WIMDU VERSUS AIRBNB

Se o seu produto tem efeitos de rede, seus concorrentes provavelmente também os têm — o que pode criar uma situação perigosa. Foi exatamente o que o Airbnb enfrentou, em 2011, quando se deparou com seu primeiro concorrente direto: uma nova e temível startup que emergiu de Berlim chamada Wimdu.

Quando o Wimdu foi lançado, tinha um aspecto estranhamente semelhante ao do Airbnb, e isso foi proposital. O título da página da web do Wimdu é "Apartamentos e Pousadas" e o subtítulo é "Encontre seus Lugares Favoritos para Ficar", inspirado no slogan do Airbnb "Encontre um Lugar para Ficar". A parte inferior da página inicial informa que esse conceito foi apresentado no *New York Times,* mas é claro que o artigo foi sobre o Airbnb, não sobre o Wimdu.

O Wimdu era uma cópia direta do Airbnb focando inicialmente o mercado europeu e, desde o primeiro dia, era um concorrente assustador — foi lançado com US$90 milhões em financiamento, o maior investimento em uma startup europeia de todos os tempos e, em menos de 100 dias, a empresa já contratou mais de 400 pessoas e tinha milhares de propriedades em seu marketplace. O Wimdu foi criado pelos irmãos Samwer e pela Rocket Internet, seu startup studio, que tinha uma estratégia explícita de clonar empresas dos EUA. Eles já haviam feito isso antes, com grande sucesso, começando com a Alando, que foi vendida para o eBay por US$50 milhões, e a CityDeals, inspirada e adquirida pela Groupon por US$170 milhões, depois de apenas 5 meses. A Rocket Internet muitas vezes clonava descaradamente esquemas de cores, texto em páginas, recursos e assim por diante. Eles executaram essa cartilha com o eBay e tiveram um sucesso imenso, e agora estavam prontos para ir atrás do Airbnb.

O Wimdu não foi uma boa notícia para o Airbnb. Brian Chesky, cofundador e CEO, falou sobre os irmãos Samwer e sua abordagem em uma entrevista para o "Blitzscaling":

> *Então, soube que, basicamente, esses dois irmãos não só matariam qualquer um que clonassem, eles eram como o ataque dos clones, mas eles também criaram o que seria, pelo menos estava pronta para ser na época, a startup de crescimento e sucesso mais rápidos de todos os tempos.*
>
> *De repente, esse dragão gigante aparece e você pensa que não é possível derrotá-lo. E naquele momento, havíamos conquistado 7 milhões de dólares.*[79]

Na época, o Airbnb tinha apenas dois anos e meio de vida, quarenta funcionários e conseguiu uma rodada pequena de capital de risco. Ele só suportava pagamentos em dólares, sem moedas europeias e não havia sido traduzido para nenhum idioma além do inglês. Em poucos meses, o Wimdu contratou 400 funcionários e teve US$90 milhões em financiamento — literalmente dez vezes maior do que o Airbnb em um décimo do tempo.

Não era apenas o mercado europeu que estava em jogo. Havia precedentes no setor de viagens para que esse tipo de competição se tornasse um problema muito maior. O Booking.com também se originou na Europa e depois veio a desafiar a Expedia, a TripAdvisor e outras startups norte-americanas como um player global. Se o Wimdu foi capaz de construir fortes redes atômicas originárias da Europa, podia se tornar um concorrente global direto que desafiaria o Airbnb em muitos mercados ao redor do mundo.

Esse foi um momento importante porque, para o Airbnb, até este momento, a concorrência tinha sido indireta ou pouco impressionante. Esse foi o primeiro desafiante à altura. Quando o Airbnb foi lançado pela primeira vez, já havia vários concorrentes adjacentes. Primeiro, o VRBO — acrônimo de "Vacation Rental by Owner" [Aluguel por Temporada do Proprietário, em tradução livre] —, ele foi fundado em 1995 para alugar o condomínio da estância de esqui do fundador. Ele teve basicamente a mesma ideia que o Airbnb; juntar proprietários e hóspedes, mas a interface do usuário do produto era menos polida, com mais dificuldade para anunciar e fazer transações. Posteriormente, o VRBO foi fundido com a HomeAway e o mais importante foi que a rede se concentrou em aluguéis por temporada localizados em destinos fora do padrão, em vez do foco inicial do Airbnb em espaços compartilhados em cidades urbanas densas. Outro produto, o Couchsurfing, também já existia, e era um concorrente indireto, ainda que peculiar.

Fundado em 2003 como uma organização sem fins lucrativos, o Couchsurfing permitia que as pessoas dormissem no sofá umas das outras enquanto viajavam, mas não exigia pagamento. Em vez disso, o foco estava na comunidade e em permitir que os membros servissem de guias aos visitantes na nova cidade. (Na ausência de clareza econômica ou de intenções, o resultado foram investidas românticas ocasionais, desejadas ou não.) E, claro, o Craigslist também existia, com uma seção para alugar quartos sobressalentes e estadias de curta duração, mas faltava consistência em descrições, inventário, fotos e segurança, como já comentamos.

Em meados de 2011, o Wimdu foi assumir o mercado europeu agressivamente. Para criar oferta rapidamente, a plataforma se concentrou em replicar os anúncios do Airbnb por meio de vários esforços coordenados, tanto automatizados quanto manuais. Na parte automatizada, o Wimdu criou bots que coletavam dados de anúncios — espelhando descrições, fotos e disponibilidade para que fosse fácil para os anfitriões manter anúncios em ambas as plataformas. No entanto, houve relatos da comunidade de que, às vezes, os anúncios eram simplesmente falsos. Se houvesse a tentativa de reservá-los e eles não existissem no Wimdu, os hóspedes simplesmente eram redirecionados para outros anúncios disponíveis. No chão de fábrica, equipes se passavam por hóspedes e alugavam com os anfitriões pelo Airbnb e, durante esse processo, tentavam convencê-los a anunciar no Wimdu. Junte isso com um grande lançamento e uma blitz de RP em toda a Europa: a empresa tinha mais de 50 mil anúncios e estava a caminho de US$130 milhões em receita bruta em seu primeiro ano de operações.

Em 2012, um artigo falou sobre o progresso do Wimdu:

> *Depois de um ano, o site do Wimdu possui 50 mil propriedades listadas em mais de 100 países, tornando-o, de longe, o maior site de busca de acomodações sociais vindo da Europa...*
>
> *A empresa recém-fundada está atualmente registrando receitas de 5 milhões de euros (US$6,6 milhões) por mês novamente, depois de apenas um ano. Ela ainda espera que a receita exceda 100 milhões de euros (US$132 milhões) para todo o ano de 2012.*
>
> *Ela também está tendo um rápido crescimento: na verdade, o Wimdu diz que sua receita mensal quadruplicou nos últimos três meses.*[78]

Após esse início rápido, uma coisa inacreditável aconteceu: o Wimdu foi a zero.

Demorou apenas dois anos para se desfazer. Incrivelmente, em 2014, estava demitindo funcionários e aceitando que perdeu a liderança no mercado europeu. Depois de várias rodadas de fusões e aquisições, todos os funcionários foram demitidos em 2018.

Todos os atalhos que o Wimdu tomou nos primeiros anos ajudaram a obter oferta no papel, mas a empresa ignorou uma lição importante sobre como adicionar anfitriões no hard side da rede. Michael Schaecher, um dos primeiros funcionários do Airbnb (#17) que liderou alguns dos esforços internacionais na resposta de concorrência, disse sobre a estratégia do Wimdu:

Nenhuma oferta se cria da mesma forma. Os 10% mais importantes do inventário do Wimdu estavam entre os 10% mais baixos do Airbnb. Eles correram atrás de números, mas recrutaram grandes proprietários que gerenciavam centenas de unidades na forma de albergues de baixo custo. Eles seguiram o caminho mais fácil e conseguiriam 1000 anúncios por meio de 10 proprietários, mas a experiência para os clientes foi decepcionante.

Nos primeiros dias no Airbnb, sempre falávamos sobre a criação de uma "Lacuna de Expectativas" positiva. No início, quando éramos novos, os hóspedes entravam com expectativas baixas, mas depois ficavam impressionados com a experiência. Esse NPS precisa ser elevado para que as pessoas chamem seus amigos, e isso também torna os anfitriões mais propensos a participar. Nossos concorrentes que pegaram atalhos não conseguiram entregar isso.[81]

Enquanto o Wimdu foi capaz de anunciar números impressionantes rapidamente, o hard side da rede não estava totalmente formado nem organizado para refletir a qualidade. E para satisfazer esse rápido influxo de inventário, o Wimdu seria forçado a aumentar simultaneamente a demanda de forma tão explosiva quanto. Como resultado, o lado da demanda da empresa — atrair viajantes — também se baseou em optar por velocidade em vez de qualidade. A aquisição rápida de viajantes foi impulsionada principalmente pelo marketing pago, já que o site era novo demais para depender do boca a boca, marketing viral, SEO ou outros canais de baixo custo de aquisição de usuários. Catalisar ambos os lados da rede pode dar certo se as redes atômicas se formarem rapidamente e os efeitos começarem a agir, mas a rede do Wimdu tinha problemas de qualidade. Levaria tempo para resolver isso. Além disso, a resposta de concorrência do Airbnb seria feroz.

A pequena equipe do Airbnb focou a ideia de que era uma "empresa pacífica, mas agora eram tempos de guerra". Havia muito a se fazer: grande parte do lado da oferta da rede do Airbnb tinha sido construída organicamente, não era algo montado. Desde que uma propriedade tivesse um endereço no Google Maps, poderiam fazer um anúncio e, como era uma plataforma aberta, os anfitriões começaram a aparecer na Europa, mesmo considerando a falta de opções de pagamento internacionalizadas e localização do idioma. Brian Chesky e a equipe inicial ocasionalmente iam à Europa, palestrando em conferências e organizando festas e eventos, mas não havia funcionários em tempo integral no local para combater a ascensão rápida do Wimdu. Isso estava prestes a mudar.

Por outro lado, a oferta orgânica do Airbnb fazia com que ele tivesse vários anos de inventário único e de alta qualidade. A rede na Europa já havia criado redes atômicas, embora em menor escala do que nos Estados Unidos. Viajantes dos Estados Unidos podiam usar o Airbnb, pagar em dólar e ficar em acomodações na Europa em que os anfitriões aceitavam PayPal. Estava dando certo, e o Airbnb poderia alavancar seu sucesso nos Estados Unidos para ter sucesso na Europa — o que muitos chamam de "efeito de rede global". O problema do Airbnb era mais escalar a rede do que resolver o temido Problema Cold Start.

Quando o Wimdu foi lançado, os Samwers entraram em contato com o Airbnb para discutir a combinação de forças, assim como fizeram com o Groupon e o eBay para facilitar uma saída rápida. Seguiram-se discussões entre o Airbnb e os cofundadores e investidores do Wimdu — reunindo-se várias vezes, visitando a sede desta e falando com outros fundadores, como Andrew Mason, do Groupon, para entender melhor o resultado potencial. No final, o Airbnb optou por lutar. Brian Chesky descreveu seu processo de pensamento:

> *Minha opinião era a seguinte: o maior castigo, a maior vingança é fazer você dirigir esta empresa por muito tempo. Então toma que o filho é teu. E você está preso a ele por dezoito anos. Eu sabia que ele queria vender a empresa.*
>
> *Sabia que ele poderia crescer mais que eu por um ano, mas pararia por aí. Essa era a nossa estratégia, e criamos nossa empresa para o longo prazo; e nossa vitória veio porque tínhamos uma comunidade melhor. Ele não entendia a comunidade, e acho que tínhamos um produto melhor.*[82]

Para fazer isso, a empresa mobilizou suas equipes de produtos para melhorar seu apoio às regiões internacionais rapidamente. Jonathan Golden, o primeiro gerente de produto do Airbnb, falou sobre seus esforços:

> *No início, a experiência de anúncio do Airbnb era básica. Você preenchia formulários, enviava uma foto — geralmente não profissional — e editar o anúncio depois era difícil. O app de celular nos primeiros dias era leve, e você podia apenas navegar, não reservar. Havia muitos mercados nessa época com apenas um ou dois anúncios. Só havia suporte para dólar, por isso, as reservas destinavam-se apenas a viajantes norte-americanos e, os anfitriões recebiam por meio de uma transferência bancária para um banco dos EUA por meio de ACH ou PayPal.*
>
> *Precisávamos transformar esse esqueleto de produto para algo que desse certo internacionalmente se quiséssemos bater o Wimdu.*
>
> *Internacionalizamos o produto, traduzindo-o em todas as principais línguas. Passamos do suporte a apenas uma moeda para 32. Compramos todos os domínios locais, como airbnb.co.uk para o site do Reino Unido e airbnb.es para a Espanha. Agir rapidamente para garantir a oportunidade na Europa era importante.*[83]

Junto ao produto, a maneira mais rápida de lutar no território do Wimdu era expandir rapidamente o marketing pago na Europa usando Facebook, Google e outros canais para aumentar os canais orgânicos da empresa, construídos ao longo dos anos. O mais importante foi que o Airbnb finalmente puxou o gatilho quando colocou os pés em terra firme e contratou Martin Reiter, o primeiro diretor internacional da empresa, bem como fez uma parceria com a Springstar, uma incubadora alemã e par da Rocket Internet, para acelerar sua expansão internacional.

Em 2012, em uma estadia na Espanha, os futuros gerentes internacionais se reuniram para começar a escrever a cartilha da "Invasão da Europa". Eles lançaram uma blitz de RP em cada região, com uma campanha de marketing integrada com imprensa, anúncios no Facebook, e-mail e outros pontos de contato. Eles montaram sete filiais ao longo de quatro meses. Todos os novos sites localizados seriam lançados de forma coordenada.

E foi assim que a Europa foi conquistada.

A história do Wimdu e do Airbnb é fascinante porque engloba muitos dos aspectos contraintuitivos da competição baseada em rede. Vemos o Airbnb, com sua rede europeia menor, derrotar um concorrente maior e com um foco cirúrgico. É a batalha de uma rede global tentando obter densidade suficiente em uma rede regional. Vemos a importância da qualidade sobre a quantidade e diferentes abordagens para os easy e hard sides de uma rede. Essas nuances se aplicam a outras situações de concorrência em rede, como Uber versus DoorDash ou Slack versus Microsoft Teams. Esse estudo de caso também sugere alguns fundamentos importantíssimos que ditam a concorrência entre dois players que têm efeitos de rede.

Apresentando o Fosso

Nesta fase do framework, o fosso, trataremos do que acontece quando as redes concorrem com outras, e por que essa forma de concorrência é tão única. Os capítulos desta parte abrangem tanto a teoria quanto os estudos de caso do Craigslist, da Uber, do Google+, do eBay e da Microsoft.

Para apresentar a natureza da concorrência baseada em rede, explicaremos por que ela é de alto risco; o perdedor pode ir a zero enquanto o vencedor aproveita seus efeitos de rede para tomar o mercado — este é o "Círculo Vicioso, Círculo Virtuoso". Mas a dinâmica da concorrência é contraintuitiva. Os produtos em rede existem em um mercado onde todos os concorrentes também têm esforços de rede, e o que você faz difere dependendo se você é Davi ou Golias. Se você é Golias, o que fazer quando uma nova startup de alta dinâmica está surgindo? Se você for Davi, o que acontece quando um gigante o persegue?

Uma das principais estratégias na concorrência baseada em rede é o "Cherry Picking" [expressão idiomática que significa Escolher a Dedo]. Um incumbente pode parecer invencível, mas seu império geralmente é composto de muitas redes menores, e algumas delas são mais vulneráveis do que outras — basta ver o Craigslist e a fila enorme de empresas que aplicaram essa estratégia nele, incluindo o Airbnb. Do ponto de vista do maior player do mercado, enfrentar uma startup em rápido crescimento com um lançamento Big Bang é tentador — talvez um anúncio grande, chamativo e impulsionado pela mídia, como os que Steve Jobs fazia. O Google+ é o estudo de caso por excelência, pois eles foram atrás do Facebook. No entanto, isso cria um "Fracasso Big Bang", quando as redes acabam difusas, fracas e propensas ao colapso.

Encerraremos esta seção detalhando um tema que aparece repetidamente na concorrência baseada em rede: a assimetria. O menor player e o maior usam estratégias diferentes. E a concorrência mais intensa tende a acontecer à medida que as redes competem pelos usuários mais valiosos de uma rede para outra — isso é "Competir pelo Hard Side". Os motoristas, criadores e organizadores que fazem o trabalho árduo na rede são incrivelmente valiosos e, ao mudá-los, uma nova rede pode surgir enquanto um incumbente desmorona. Obviamente, o player maior tem suas jogadas, e nenhuma delas é mais poderosa do que o "Bundling". Ao estabelecerem uma posição dominante no mercado, eles podem assumir posições adjacentes simplesmente combinando produtos. Trataremos da dinâmica da Guerra dos Navegadores dos anos 1990, em que a Microsoft usou o Internet Explorer na luta contra o Netscape. Às vezes, isso funciona muito bem, às vezes, não.

O Fosso é a fase final da Teoria do Cold Start. Os primeiros capítulos do livro enfatizam começar do zero, depois a escala e, por fim, o incumbente estabelece seu monopólio na indústria. O fosso está relacionado a uma rede de sucesso que defende seu território, usando efeitos de rede em uma batalha perpétua contra redes menores tentando entrar no mercado.

30
CÍRCULO VICIOSO, CÍRCULO VIRTUOSO

Warren Buffett, o lendário investidor, popularizou o conceito do fosso de concorrência ao descrever sua estratégia de investimento:

A chave para investir não é avaliar o quanto uma indústria vai afetar a sociedade, ou quanto ela vai crescer, mas sim determinar a vantagem competitiva de uma determinada empresa e, acima de tudo, a durabilidade dessa vantagem. Os produtos ou serviços que têm fosso amplo e sustentável ao seu redor são os que entregam retornos aos investidores.[84]

Como Buffett geralmente investe em empresas low-tech, como a See's Candies ou a Coca-Cola, o fosso a que ele se refere geralmente é uma marca forte ou um modelo de negócios único. Para produtos de software com efeitos de rede, um fosso forte tem um significado diferente: quanto esforço, tempo e capital são necessários para replicar os recursos de um produto e sua rede? Na era moderna, os recursos de software de clonagem geralmente não são a parte mais difícil

— replicar a funcionalidade completa de um Slack ou do Airbnb pode levar tempo, mas é rastreável. É a dificuldade de clonar sua rede que torna esses tipos de produtos altamente defensíveis.

Para pensar no fosso de concorrência, darei um exemplo. Vejamos os princípios iniciais com um exemplo do Airbnb tentando lançar em uma nova cidade sem concorrentes à vista. Como a equipe do Airbnb afirmou no início, o Problema Cold Start está na dificuldade de lançar em uma nova cidade e chegar a um Ponto de Virada de mais de trezentos anúncios com cem comentários. Isso requer muito esforço, porque o tamanho mínimo da rede é muito grande — em contraste com muitos outros tipos de rede, como as de apps de comunicação, que podem exigir apenas duas ou três pessoas para serem iniciados. Mas assim que o Airbnb atinge a Velocidade de Escape em um mercado, o Problema Cold Start arma a defesa contra novos players.

Afinal, cada novo concorrente que entrar na cidade precisará resolver o Problema Cold Start e acumular a mesma densidade — por mais difícil que tenha sido para o seu produto ir do zero a um Ponto de Virada, será ainda mais difícil para os concorrentes, que partirão de uma desvantagem.

É por isso que algo mais interessante acontece quando já existe um player. Muitas vezes, não basta que um novo concorrente simplesmente recrie o que o Airbnb já fez e consiga os trezentos anúncios. Quando a rede tem escala e está crescendo organicamente, o produto já conquistou boa parte da oferta e da demanda, e ambas são as melhores e mais fáceis de adquirir do mercado. Um novo concorrente está competindo com uma rede que está se expandindo para quatrocentos, quinhentos, e mais, rapidamente. Além disso, assim que o Airbnb consegue uma rede atômica totalmente preparada, um novo player geralmente precisa oferecer uma experiência melhor e mais diferenciada para hóspedes e anfitriões. Caso contrário, por que não usar o que já está dando certo?

Esse é o fosso e ele reformula o Problema Cold Start para os concorrentes do Airbnb. Os efeitos antirrede que atormentam qualquer rede nova se multiplicam quando o Airbnb já está no mercado. Quanto maior e mais íngreme a curva, mais difícil é para as novas empresas começarem.

No entanto, um fosso de concorrência pode ter a eficiência limitada fora de uma determinada cidade, no caso da Uber, ou de uma empresa, para o Slack. Para a Uber, ser dominante em Nova York não ajudou a empresa a ter sucesso em San Diego, pois seus efeitos de rede eram vinculados de forma primária a cada cidade. Essa sempre foi a crítica aos negócios da Uber e a causa principal da guerra de trincheiras que precisava ser travada de cidade em cidade. Isso não quer dizer que os fossos dentro de uma determinada cidade não sejam formidáveis — certamente seriam necessários bilhões de dólares para criar uma rede do zero, por exemplo, em São Francisco ou Nova York, e é por isso que novos concorrentes no setor de transporte por aplicativo não estão mais sendo vistos nesses mercados maduros. A fragmentação do mercado sempre foi inevitável com base na estrutura cidade a cidade de sua rede.

Em contrapartida, o fosso do Airbnb é muito mais forte do que o da Uber, devido à natureza das viagens. Ter anfitriões do Airbnb em Miami, Austin e San Diego cria uma rede mais forte para o lado da procura dos viajantes, e vice-versa. Como resultado, é difícil escolher uma única cidade, pois você teria que substituir todos os viajantes que podem vir de qualquer lugar do mundo. Assim, o Airbnb tem um fosso global amplo e profundo, em contraste com o da Uber. E seria preciso uma ordem de grandeza maior para tentar dominar uma cidade central fragmentada. O mesmo vale para um produto em rede como o Slack, o Dropbox ou o Google Suite, usados principalmente dentro da empresa — o fosso geralmente só se aplica ali — enquanto a rede do Zoom tem um fosso profundo e geral, pois é usado por pessoas que se conectam entre empresas.

A parte final da estrutura do Cold Start, "O Fosso", trata dos desafios únicos das empresas que enfrentam concorrência baseada em rede — as peculiaridades disso, em que ponto as novas startups têm vantagens e como os incumbentes podem responder.

Para começar, vamos reduzir o zoom por um momento e explicar por que essas dinâmicas são tão importantes.

A Batalha de Redes

Em uma batalha de redes, as apostas são altas, especialmente quando o sucesso de um produto significa a potencial aniquilação de outro. Basta olhar para o Airbnb e o Wimdu, mas também para o Slack e o Hipchat, ou para a Uber e o Sidecar. Em todos os casos, um é uma empresa decabilionária, e o outro é passado.

Isso acontece porque os produtos em rede podem inclinar-se para a dinâmica "o vencedor leva tudo". Quando um produto se sagra vitorioso em uma rede atômica, esse é apenas o grupo que escolhe seu aplicativo favorito. Se isso se repetir várias vezes, se torna a cartilha para um produto vencer em todo o mercado — e isso é um monopólio. Esse fenômeno acontece porque dentro de uma rede atômica de usuários, sejam eles amigos ou colegas, é comum usar apenas um produto por conveniência. Por exemplo, dentro do local de trabalho, uma equipe e às vezes uma empresa inteira convergem para o mesmo conjunto de produtos. Eles usarão as mesmas ferramentas de colaboração para armazenar documentos importantes, enviar mensagens a colegas de trabalho ou editar planilhas. Um único app em cada categoria tende a receber a maior parte do engajamento, de modo que a equipe que usa o Slack não passará a mesma quantidade de tempo no Microsoft Teams, geralmente é entre um ou outro. Um produto eventualmente dominará, pelo menos dentro dessa rede específica.

Se um produto em rede pode começar a conquistar uma série de redes mais rápido do que sua concorrência, então ele desenvolve uma vantagem acumulada. Essas vantagens se manifestam naturalmente como efeitos de rede crescentes em toda a aquisição, engajamento e monetização do cliente. Redes menores podem se desfazer e perder usuários, que podem ir para outras. Obviamente, isso é importante para que cada player descubra como competir nesse tipo de ambiente de alto risco. Mas qual é a cartilha de concorrência em um mundo com efeitos de rede?

Primeiro, o que ela não é: um concurso para ver quem disponibiliza mais recursos. Na verdade, às vezes os produtos parecem os mesmos, grosso modo — basta pensar em apps de delivery ou de mensagens — e, se não parecem, geralmente se tornam indistintos, pois os recursos

CÍRCULO VICIOSO, CÍRCULO VIRTUOSO

são relativamente fáceis de copiar. Em vez disso, a dinâmica da rede subjacente é o que costuma fazer toda a diferença. Embora os aplicativos do DoorDash e do Uber Eats sejam semelhantes, o foco em áreas de alto valor e baixa concorrência, como subúrbios e cidades universitárias, fez toda a diferença — hoje, a participação de mercado do DoorDash é o dobro da do Uber Eats. O Facebook construiu redes altamente densas e engajadas, começando com campi universitários, em comparação com o lançamento disperso do Google+, que construiu redes fracas e desconectadas. Um produto dificilmente vence com base em recursos nas categorias impulsionadas por efeitos de rede — em vez disso, é uma combinação de aproveitar esses efeitos e criar uma experiência de produto que reforça essas vantagens.

Também não se trata de qual rede é maior, um contraponto ao jargão "vantagem do pioneiro". Na realidade, há exemplos de startups causando disrupção nos grandões o tempo todo. Houve uma série de players que "separaram" partes do Craigslist, escolhendo as melhores subcategorias e tornando-os em apps. Airbnb, Zillow, Thumbtack, Indeed e muitos outros se enquadram nessa categoria. O Facebook venceu em um mundo onde o MySpace já era enorme. E, mais recentemente, ferramentas de colaboração como Notion e Zoom estão tendo sucesso em um mundo onde o Google Suite, WebEx e Skype já têm tração significativa. Em vez disso, a qualidade das redes importa muito — o que faz com que seja importante que os novos entrantes façam cherry picking nas redes nas quais entrarão; dediquei um capítulo a isso.

Sabendo que as grandes empresas e startups são suscetíveis à concorrência, o que acontece quando se está no final receptor dessas jogadas de concorrência? A concorrência baseada em rede é única e tem sua própria dinâmica. É possível que uma startup esteja enfrentando probabilidades impossíveis de competir com um player maior que está copiando todos os seus movimentos. Ou pode ser uma empresa estabelecida descobrindo que uma das startups em seu encalço de repente encontrou uma série de redes atômicas que se encaixam em um nicho específico e crescem rapidamente para superá-la em um mercado estratégico. Se a conclusão dessa batalha pode ser de vida ou morte, como responder a isso?

Sua Concorrência Também Tem Efeitos de Rede

Para achar uma resposta, é importante reconhecer um mito comum sobre a defensibilidade e os fossos: de alguma forma, os efeitos de rede o ajudarão a se defender da concorrência como se fosse magia. Esse é um mito repetido inúmeras vezes em apresentações de startups para investidores e empreendedores. É uma mentira que empresários contam a si mesmos.

Não é verdade — apenas ter efeitos de rede não é suficiente, porque se seu produto tiver, é provável que seus concorrentes também tenham. Seja um marketplace, uma rede social, uma ferramenta de colaboração no local de trabalho ou uma loja de aplicativos, você está em uma "categoria em rede". Nessas categorias, o fato de cada player ter uma rede multifacetada que conecta as pessoas e que é regida pela dinâmica da Teoria do Cold Start é algo intrínseco. A Estratégia de concorrência eficaz se trata de quem escala e aproveita seus efeitos de rede da melhor maneira possível.

Não é à toa que vemos players menores atacarem maiores, em uma aparente violação da Lei de Metcalfe. Se cada produto de uma categoria pode contar com sua rede, então não se trata de quem é o maior inicialmente. Em vez disso, a questão é quem está fazendo o melhor trabalho amplificando e escalando seus Efeitos de Aquisição, Engajamento e Econômico. É o que vemos repetidamente com o passar do tempo: o MySpace era a maior rede social em meados dos anos 2000 e perdeu para o Facebook, um entrante até então menor e mais novo com foco em redes universitárias com uma execução de produtos mais forte. O HipChat estava à frente na comunicação no local de trabalho, mas foi vencido pelo Slack. O Grubhub criou uma empresa de pedidos de refeições multibilionária e rentável, mas perdeu terreno rapidamente para o Uber Eats e o DoorDash.

Em outras palavras, para quem trabalha nas categorias de marketplaces, aplicativos de mensagens, redes sociais, ferramentas de colaboração ou em qualquer outra — a boa notícia é que seu produto tem efeitos de rede. A má é que sua concorrência também. O importante é como você cresce e escala sua rede.

Colapso de Rede

A maturidade do mercado também dita a natureza da concorrência. Quando uma categoria de produto é precoce e todos os produtos em rede estão ganhando força, tudo vai bem. Nos primórdios da categoria de redes sociais, vários players — MySpace, Bebo, Hi5, Tagged e uma dezena de outros — pareciam crescer como ervas daninhas. Mas como o mercado amadureceu, a concorrência virou soma zero.

A Teoria do Cold Start prevê que a competição cria um círculo vicioso junto a um virtuoso, nos quais os efeitos de rede dão um impulso ao vencedor e, simultaneamente, geram fortes efeitos negativos para as redes perdedoras. Se o valor de uma rede cresce exponencialmente à medida que os usuários entram nela, o oposto também deve ser válido. Conforme as pessoas deixam uma rede, seu valor se desintegra exponencialmente e isso afetará Aquisição, Engajamento e Economia — o que significa que o crescimento viral trava, o engajamento reduz e a monetização cai.

Se uma rede for muito pressionada, sofrerá um colapso completo, regredindo até o Problema Cold Start.

Às vezes, a rede vai a zero (ou quase), e às vezes acaba como uma rede atômica muito menor — um nicho ao qual pode se agarrar, mas muito menor do que antes. Na ascensão do Facebook, o LinkedIn e o Twitter finalmente prosperaram — seus casos de uso eram diferentes e complementares — mas seus concorrentes diretos, incluindo o MySpace e muitos outros, foram sendo abandonados pelos usuários.

O círculo vicioso é mais perigoso do que a atração gravitacional que discuti em capítulos anteriores sobre o Problema Cold Start, porque a competição pode forçar sua rede a se desfazer e entrar em colapso. Foi o que aconteceu com o Wimdu. Quando uma rede atômica entra em colapso, as redes adjacentes que estão entrelaçadas também podem ser desfeitas — uma espécie de efeito dominó. Se o Wimdu perde a oferta em Berlim, isso diminui a utilidade agregada do serviço em toda a Alemanha e também em toda a Europa, o que leva a um engajamento ainda menor. Este é o círculo vicioso em ação.

Davi versus Golias

A assimetria está na essência da concorrência baseada em rede. A rede maior ou menor estará em diferentes estágios do framework de Cold Start e, como tal, gravitará em direção a um conjunto diferente de alavancas. O gigante está frequentemente lutando contra a atração gravitacional à medida que sua rede cresce e satura o mercado. Para combater essas forças negativas, deve adicionar novos casos de uso, apresentar o produto a novos públicos, garantindo que ele esteja gerando lucro. O insurgente, por outro lado, está tentando resolver o Problema Cold Start, e muitas vezes é fundado em um nicho. Uma nova startup pode se dar ao luxo de dar menos ênfase à lucratividade e, em vez disso, se concentrar no crescimento top-line, subsidiando o mercado para expandir sua rede. Quando eles se encontram no mercado, é natural que suas jogadas de concorrência reflitam objetivos e recursos distintos.

As startups têm menos recursos — capital, funcionários, distribuição —, mas têm vantagens importantes no contexto da construção de novas redes: velocidade e ausência de tradicionalismos. Uma nova startup que deseja competir contra o Zoom pode tentar um caso de uso mais específico, como eventos, e se isso não funcionar, podem pivotar rapidamente e tentar outra coisa, como aulas de educação corporativa. Startups como YouTube, Twitch, Twitter e muitos outros produtos têm histórias semelhantes e passaram por uma fase de incubação à medida que o produto foi refinado e uma rede inicial foi construída. Tentar e falhar muitas vezes faz parte da jornada da startup — basta a descoberta de uma rede atômica para entrar em um mercado. Com isso, uma startup geralmente é capaz de iniciar a próxima etapa da jornada, muitas vezes com mais investimento e recursos para apoiá-los.

Compare isso com uma empresa maior, que tem vantagens óbvias em recursos, mão de obra e linhas de produtos existentes. Mas também há desvantagens reais: é muito mais difícil resolver o Problema Cold Start com um ritmo de execução mais lento, aversão ao risco e uma "taxa de estratégia" que exige que novos produtos se alinhem aos negócios existentes. Algo parece acontecer quando as empresas chegam a dezenas de milhares de funcionários — elas inevitavelmente criam processos rigorosos para tudo, incluindo ciclos de planejamento,

CÍRCULO VICIOSO, CÍRCULO VIRTUOSO 325

análises de desempenho e assim por diante. Isso ajuda as equipes a se concentrarem, mas também cria um ambiente mais difícil para a assunção de riscos empresariais. Vi isso em primeira mão na Uber, cuja cultura empreendedora mudou em seus últimos anos em direção à lucratividade e à coordenação dos esforços de dezenas de milhares. Isso tornou muito mais difícil tomar novas iniciativas, para o melhor e para o pior.

Quando Davi e Golias se encontram no mercado — e muitas vezes é um Golias e muitos Davis financiados por investidores ao mesmo tempo — as jogadas e respostas a elas são fascinantes.

Agora que estabeleci algumas das bases teóricas para como a concorrência se encaixa na Teoria do Cold Start, deixe-me descrever e detalhar algumas das jogadas mais poderosas na cartilha de rede versus rede.

31
CHERRY PICKING

Craigslist

Antes do confronto Airbnb e Wimdu, houve Airbnb e Craigslist.

O Craigslist é um site de anúncios que é a personificação de um paradoxo. Por um lado, ele permaneceu o mesmo — o Craigslist tem um design web dos anos 1990, com links azuis e caixas cinza —, sem um fluxo constante de novos recursos, redesigns ou novos produtos adicionais. No entanto, também é um gigante. Hoje, atende 570 cidades em todo o mundo e estima-se que gere US$1 bilhão em receita anual. Notavelmente, é de propriedade integral de Craig Newmark e Jim Buckmaster, que são dois dos bilionários mais discretos em tecnologia.

O Craigslist tem uma interessante história de fundação própria, começando como um boletim informativo por e-mail em 1995 focado em eventos locais — literalmente, a "Lista de Craig" — antes de evoluir para um site com categorias de empregos, habitação, serviços, vendas e muito mais. Hoje, é uma rede enorme e horizontal para muitas categorias locais — com 80 milhões de anúncios de classificados por mês e 20 bilhões de visualizações de página. É um site top 100 na internet, e surpreendentemente, opera com uma equipe de apenas algumas dezenas de pessoas.

No entanto, apesar de todo o seu sucesso, uma longa fila de startups fez cherry picking em alguns de seus públicos mais valiosos — o que foi notadamente chamado de "desagregação do Craigslist" por Andrew Parker, então investidor de startups com sede em Nova York, que fez a observação de que o Craigslist estava sendo "desagregado" por uma safra emergente de startups em 2010[85]; a Indeed atacou os empregos, o StubHub foi atrás da venda de ingressos, a Etsy pegou as vendas de artesanato, e assim por diante. Anos mais tarde, essa tropa de insurgentes se consolidou em torno de alguns players de bilhões de dólares — incluindo Airbnb, Tinder, Zillow, Reddit e várias outras empresas.

O Craigslist poderia ter mantido o controle de todas essas categorias incrivelmente valiosas, mesmo assim não o fez. Por quê?

A empresa não deve ser pensada como uma rede única e monolítica construída sobre um produto classificado unificado, mas sim como uma rede de redes — as pessoas que usam o Craigslist de Seattle não são iguais aos usuários de Miami. E dentro de uma área geográfica, a seção de Empregos de Seattle tem uma rede em torno dela que é distinta da rede da Comunidade de Seattle. A de Empregos é uma rede que liga empresas e pessoas à procura de trabalho, ao passo que a Comunidade trata de pessoas que se encontram — sim, haverá sobreposições de pessoas que procuram ambos ao mesmo tempo, mas serão minoria. Quando essas sub-redes se fragmentam, atraídas por um novo produto em rede que potencialmente atende às suas necessidades, elas fornecem a oportunidade de atingir um Ponto de Virada em um só golpe.

Todas as redes dominantes podem parecer invencíveis, mas o framing de redes de redes faz com que algumas partes sejam mais fracas do que outras. Algumas estão servindo bem seus clientes, outras estão prontas para o surgimento de um produto melhor. Há uma vantagem para o insurgente — ele pode fazer cherry picking no único caso de uso realmente atrativo que seja o mais valioso e o mais mal defendido por um incumbente. Apenas um ponto de entrada é necessário para que um insurgente construa sua rede atômica inicial, enquanto o incumbente deve proteger todos os seus pontos de entrada. Quando o incumbente falha nisso, um novo entrante pode ir diretamente para o mercado. Essa é a principal assimetria da concorrência baseada em rede.

Quando grandes produtos em rede atingem uma escala imensa — como eBay, Craigslist, LinkedIn e YouTube — eles passam a representar uma rede de redes, que inclui um número infinito de necessidades diversas. As necessidades dos compradores e vendedores de tênis colecionáveis de alta qualidade acabam sendo diferentes das de quem vende carros usados. Em uma rede que representa milhares de comunidades tão diversas, há sempre algumas que são mal atendidas. Isso vale especialmente quando redes maiores atingem um teto porque não são capazes de manter a rede em descoberta, de manter a qualidade, ou por causa dos outros efeitos negativos que explorei no capítulo anterior. As partes da rede mais afetadas por esses fatores negativos são as mais vulneráveis à nova concorrência emergente.

A oportunidade de separar essas redes maiores requer a construção dos recursos de produto necessários para apoiar essas comunidades fragmentadas e também de ir à ação direta: enviar mensagens, anunciar ou convencer os membros da comunidade horizontal maior a mudar. O Airbnb é um dos exemplos mais famosos deste tango. Em meio às dezenas de categorias de produtos e serviços locais do Craigslist, havia uma categoria menor: aluguel de quartos. No entanto, a experiência era terrível — às vezes havia preços e fotos precisos, mas não na maioria dos anúncios.

É importante ressaltar que não havia como verificar facilmente se certas datas estavam disponíveis, nem havia recursos padrão, como avaliações e comentários. Era simplesmente ruim. O Airbnb começou com uma experiência significativamente melhor com o objetivo de resolver tudo isso. Assim como o Craigslist, ele tinha anúncios com mapas, descrições e preços, mas ampliou a funcionalidade com galerias de fotos, comentários e avaliações, pagamentos integrados, reservas, perfis dos anfitriões e muito mais.

Em 2008, no seu lançamento, um site simples foi hospedado no domínio Airbedandbreakfast.com. Tinha uma série de anúncios, com preços e meios de entrar em contato com o anfitrião. Olhando para trás, os recursos do Airbnb podem parecer óbvios. E hipoteticamente, o Craigslist poderia ter incorporado todas essas ideias também, mas teria sido difícil para a pequena equipe dele responder a essa sub-rede específica quando muitas outras partes de sua rede estavam sendo separadas. Ao mesmo tempo em que o Airbnb surgia, havia produtos semelhantes em rede fazendo o cherry picking em encontros, imóveis, trabalhadores autônomos e assim por diante. Teria sido mais natural para o Craigslist se concentrar em recursos que podiam ajudar todo o site horizontalmente, em vez de seguir uma determinada empresa em vertical.

Encontrando o Ponto Fraco

De certa forma, este é um Dilema do Inovador. O influente livro de Clayton Christensen sobre estratégia de negócios descreve como os novos players em um mercado iniciam em segmentos de nicho aparentemente indesejáveis, que são ignorados pelos incumbentes enquanto se concentram nos segmentos mais lucrativos e nos casos de uso. Ele fala de siderúrgicas, unidades de disco e escavadeiras mecânicas em seus exemplos, argumentando que, depois, os incumbentes acabam atendendo seus clientes em excesso, pois há retornos decrescentes para novos recursos adicionais. Com frequência, os insurgentes estão munidos de uma inovação tecnológica que lhes permite dominar um nicho e depois ir atrás do mercado principal. Em suma, boa parte disso tudo vale para produtos em rede — mas há ressalvas importantes a se discutir para tornar a teoria da disrupção ainda mais poderosa no contexto dos efeitos de rede.

Primeiro, o conceito de redes atômicas fornece as metas mais evidentes para uma rede inicial — tudo gira em torno de criar uma rede atômica distinta e de maior densidade a partir do zero ou dividindo uma rede preexistente. Inicialmente, o Craigslist parecia enorme, tanto no tamanho do público quanto na maturidade dos recursos, em relação ao nicho menor de alugar quartos. No entanto, como o Airbnb construiu uma comunidade densa, cidade por cidade, não demorou muito para que uma determinada cidade tivesse um inventário mais abrangente do que o Craigslist, mesmo que o número total de anúncios fosse menor. A densidade da rede supera o tamanho total, um tema que vimos nos exemplos deste livro. Uma vez que um player de nicho forma suas redes atômicas e começa a se ramificar, ele desfruta de efeitos de rede que se tornam muito difíceis de parar, particularmente em seu mercado inicial.

A questão é, qual rede atômica escolher? Se alguém tentasse desagregar o Craigslist, o foco deveria ser bens usados? Trabalho autônomo? Namoro? O que mais? Por que o aluguel de quartos foi um ponto de partida tão robusto? O ponto de partida é importante porque é mais fácil acessar os efeitos da rede a partir de alguns deles. No caso do Airbnb, o alto valor de cada transação e de cada usuário resultava dos quartos compartilhados serem vinculados às viagens, um setor no qual as estadias em uma única viagem geralmente custam milhares de dólares. Esse alto valor econômico fez com que o Airbnb pudesse escalar rapidamente com o Efeito Econômico de rede que traduzia cada novo anúncio sucessivo em taxas de conversão maiores, unit economy melhorada e receita bruta mais alta para a rede. O alto valor médio de pedido para o Airbnb fazia com que ele pudesse usar essa receita para impulsionar o resto de seus negócios.

Em outro exemplo, examinemos o Snapchat. Os recursos de mensagens de fotos podiam ser vistos como apenas um recurso dentro de um produto maior de rede social, pois, na época, fotos eram apenas um dentro de todos os tipos de mídia que podiam ser compartilhados no Facebook, Twitter, MySpace e em outras plataformas. No entanto, restringir o produto à comunicação fotográfica significava que o Snapchat poderia escolher o caso de uso de maior frequência e mais atrativo, impulsionado pela subsequente comunicação bilateral, o que amplificaria rapidamente a atratividade à medida que novos usuários fossem sendo adicionados. No início, dez a vinte mensagens de fotos por dia eram enviadas por um usuário ativo, uma ordem de grandeza equivalente aos compartilhamentos em muitas redes sociais. Os recursos iniciais do Dropbox deram um impulso na aquisição de novos usuários graças ao compartilhamento viral de pastas. Claro, pastas compartilhadas já integravam muitos produtos antes — incluindo o Windows —, mas o Dropbox foi capaz de elaborar um caso de uso ímpar que era atrativo, bem monetizado e inerentemente compartilhável.

Cada um desses exemplos foi capaz de alavancar naturalmente múltiplos efeitos de rede em sua jornada ascendente. Todas essas empresas fizeram isso em mercados lotados na cara de incumbentes bem-sucedidos — que também possuíam várias formas de efeitos de rede — e ainda assim se estabeleceram. Ao escolher os pontos de entrada certos, essas novas startups foram catapultadas ao alcance de uma rede atômica rapidamente e, em seguida, escalaram com vários efeitos de rede.

Alternando entre Redes Inteiras

Parte do motivo pelo qual o cherry picking pode ser perigoso para o incumbente é que as redes dos insurgentes podem alcançar e adquirir diretamente um conjunto inteiro de usuários que foram convenientemente agregados em sua rede. Afinal, é apenas software, e os usuários podem espalhar os concorrentes dentro da rede de um incumbente usando todas as ferramentas de comunicação e sociais convenientes. Novamente, o Airbnb é um exemplo disso. A empresa não apenas desagregou o Craigslist e transformou a ideia de quartos compartilhados em um produto inteiro, mas também usou os usuários do Craiglist para anunciar o Airbnb para outras pessoas.

Como? Logo no início, o Airbnb adicionou funcionalidade para que, quando um anfitrião terminasse de configurar seu anúncio, fosse capaz de publicá-lo no Craigslist, com fotos, detalhes e um link que dizia "Interessado? Tem uma pergunta? Entre em contato comigo aqui" e levava os usuários do Craigslist de volta ao Airbnb. Esses recursos não foram desenvolvidos com as APIs fornecidas pelo Craigslist, mas, sim, fazendo engenharia reversa da plataforma e criando um bot para fazê-lo automaticamente — muito inteligente! Escrevi pela primeira vez sobre isso em 2012 no meu blog, em um post intitulado "O Growth Hacker é o novo VP de Marketing" com este exemplo em mente. Quando o Craigslist decidiu que não gostava dessa funcionalidade e a desativou, meses já haviam se passado e o Airbnb já formara sua rede atômica.

A mesma coisa aconteceu nos primórdios das redes sociais, quando Facebook, LinkedIn, Skype e outros cresceram em cima dos contatos de e-mail importados do Hotmail, Yahoo Mail e outros provedores. Eles usaram bibliotecas como a Octazen — posteriormente adquirida pelo Facebook — para coletar dados de contatos, ajudando as redes sociais a crescer e a conectar seus usuários. Na época, essas novas redes sociais não pareciam ameaças diretas ao e-mail. Elas estavam operando dentro de partes de nicho de mensagens em geral, focadas em faculdades e redes profissionais. Levou vários anos para que os provedores fechassem o acesso depois de reconhecer a importância deles.

Quando um incumbente sofre cherry picking em sua rede, isso é extremamente prejudicial em duas dimensões: Primeiro, é improvável que uma rede perdida seja recuperada, pois os efeitos antirrede voltam. E em segundo lugar, o declínio no market share atinge a empresa com muito mais força, e isso tem implicações na capacidade de ganhar dinheiro.

Deixe-me explicar. Quando uma rede vence às custas da outra, o ressurgimento do Problema Cold Start torna difícil recuperar essa última. Como hipótese, digamos que, no mercado de Seattle, todos os anúncios de curto prazo passem do Craigslist para o Airbnb. Assim que esse movimento ultrapassar um certo limite, é provável que os efeitos antirrede façam com que o mercado se torne ilíquido e chegue a zero. Para que o Craigslist recupere esse mercado, terá que resolver o Problema Cold Start novamente — só que desta vez há um concorrente que pode reagir com incentivos e recursos do produto.

A segunda maneira pela qual a perda direta de uma rede importa é como ela afeta o market share. Essa era uma métrica na qual a equipe da Uber se concentrou, já que os investidores geralmente fazem o mesmo. Se a Uber pudesse mostrar que estava ganhando uma quota cada vez maior nos principais mercados enquanto os concorrentes entravam em baixa, isso atrairia mais dinheiro e tornaria os outros players menos atraentes. E as vitórias nos embates diretos foram o que mais impulsionou essa métrica. Se um mercado é dividido pela metade entre dois players e um deles consegue mais 20% através da introdução de novos recursos, por exemplo, então o mercado vai reequilibrar para 55%–45%. Mas se os 20% vierem à custa de uma perda — um aumento de 20% combinado com uma redução igual em outra rede — o market share aumentaria para 60%–40%. No caso da Uber, essas vitórias foram circulares, já que mais investimentos acarretaram mais gastos para subsidiar o mercado, seguidos de mais ganhos de market share.

O Perigo da Dependência da Plataforma

Obviamente, o cherry picking tem seus riscos. Embora o embate Airbnb versus Craigslist tenha se tornado um exemplo bem-sucedido dessa estratégia, assim foi porque o Airbnb se tornou seu próprio destino. Qualquer produto novo que comece a fazer cherry picking deve, ser capaz de criar posteriormente seu destino independente e próprio e escalá-lo.

Compartilhar anúncios no Craigslist era uma tática de distribuição inicial para o Airbnb, mas depois de alguns anos, a conexão entre as duas redes não importava mais — havia mais chances de os usuários acessarem diretamente o app de celular ou o site do Airbnb. Isso, por sua vez, permitiu que ele desenvolvesse seus próprios Efeitos de Aquisição, de Engajamento e Econômico, separados de qualquer dinâmica existente no Craigslist.

A dependência da plataforma pode ser desastrosa se não for bem administrada. Se a integração a uma rede preexistente for muito estreita, permitindo que controlem sua distribuição, engajamento e modelo de negócios, sua empresa se tornará apenas um recurso da rede deles. Se o Airbnb tivesse sido concebido como uma ferramenta para gerenciar anúncios do Craigslist e nada mais, teria servido aos interesses de sua plataforma-mãe — crescer demais ou fazer uma jogada errada podia ser fatal. A rede maior simplesmente alcançará e duplicará a funcionalidade se ficar muito popular — uma cartilha que a Microsoft executou na década de 1990 com o Office, o Internet Explorer, entre outros. Ou se a rede subjacente decidir que não quer mais fornecer o mesmo nível de acesso à API, como o Twitter e o Facebook fizeram posteriormente, quaisquer produtos dependentes disso se tornarão inúteis da noite para o dia.

No fim das contas, o cherry picking é uma jogada extremamente poderosa, porque expõe a assimetria fundamental entre as dinâmicas Davi e Golias das redes. Um produto novo pode decidir onde competir, focar um único ponto e construir uma rede atômica — enquanto um maior tem dificuldade de defender cada centímetro de sua experiência de produto. É uma das razões pelas quais, particularmente nos mercados de consumo, tem sido tão difícil o "vencedor levar tudo", literalmente. As maiores redes podem levar muito de muitas redes, mas permanecem vulneráveis a qualquer insurgente que use o cherry picking como estratégia central.

32
FRACASSO BIG BANG

Google+

O Lançamento Big Bang muitas vezes é a estratégia do maior player em um mercado, que usa suas vantagens de tamanho e escala para oprimir velozmente um adversário. Isso é particularmente tentador quando grandes empresas competem com startups porque parece uma vantagem assimétrica. No entanto, contraintuitivamente, isso dá errado com frequência no contexto de produtos em rede.

Como isso acontece é quase um clichê. O Lançamento Big Bang é mais ou menos assim: em janeiro de 2007, Steve Jobs e sua gola alta estavam em frente de uma multidão de milhares de pessoas no Moscone Center, em São Francisco, e ele anunciou um novo dispositivo para o mundo: o iPhone. Ele visava um amplo mercado de milhões de usuários de telefones celulares, tinha recursos inovadores que abrangiam um amplo grau de casos de uso — e-mail, mensagens de texto, navegação na web e muito mais. Foi incrivelmente bem recebido e aclamado pela imprensa.

As startups e as equipes que trabalham em novos produtos em rede costumam olhar para esse tipo de lançamento, seja ele clássico ou clichê, e tentam imitá-lo, iniciando o trabalho pelo final e retrocedendo. Se não houver uma estreia em uma conferência, talvez aconteça um lançamento amplo na imprensa, nas mídias sociais e com marketing pago. Talvez seja acompanhado por um grande empurrão do principal produto de uma empresa — ou talvez um parceiro-chave — enviando uma tonelada de usuários de uma só vez. Uma grande campanha de marketing por e-mail será lançada e os links para o novo produto aparecerão em lugares de destaque, como a página inicial do aplicativo principal. A intenção é a mesma: lançar o melhor produto de forma grandiosa, aparecer para tantas pessoas quanto possível, e atrair um monte de novos usuários e clientes. Se a imprensa, influenciadores, parceiros e usuários-chave ficarem entusiasmados, a rede será construída a partir desses nodos mais importantes, chegando até os usuários individuais.

O Lançamento Big Bang é conveniente para empresas maiores e mais estabelecidas como um método para lançar novos produtos, porque elas geralmente têm canais de distribuição, grandes equipes de engenharia e suporte de vendas e marketing. Mas, contraintuitivamente, isso geralmente é uma armadilha para produtos em rede. É a maneira mais errada de criar uma rede, porque um lançamento amplo cria muitas, muitas redes fracas que não são estáveis por conta própria.

Quando as empresas não entendem essas nuances, isso leva ao desastre.

Os Efeitos Antirrede no Lançamento do Google+

Um executivo carismático de uma das empresas de tecnologia mais poderosas do mundo apresenta um novo produto em uma conferência.

Desta vez, estamos em junho de 2011, no Web 2.0 Summit. Vic Gundotra, vice-presidente do Google, descreve o futuro das redes sociais e lança o Google+. Essa era a estratégia ambiciosa do Google para neutralizar o Facebook, que estava prestes a fazer seu IPO. Para dar uma vantagem ao seu novo produto em rede, como muitas empresas fazem, a empresa, a partir de seu produto principal, conduziu upsells agressivos. A página inicial do Google.com foi vinculada ao Google+, que também foi integrado amplamente ao YouTube, ao

Photos e ao resto do ecossistema do produto. Isso gerou números iniciais enormes: em poucos meses, a empresa anunciou que havia inscrito mais de 90 milhões de usuários.

Embora superficialmente isso possa parecer uma grande base de usuários, na verdade consistia em muitas redes fracas que não estavam engajadas, porque a maioria dos usuários novos entrou e experimentou o produto enquanto lia sobre ele na imprensa, em vez de saber dele por meio de seus amigos. O churn alto foi encoberto pelo tráfego incrível que o resto da rede do Google gerava. Mesmo que não estivesse dando certo, os números continuaram subindo.

Quando usuários não engajados interagem com um produto em rede que ainda não se transformou em uma rede atômica estável, eles acabam não atraindo outros usuários para o produto. Em um artigo do *Wall Street Journal* de Amir Efrati, o Google+ foi descrito como uma cidade fantasma, mesmo enquanto os executivos divulgavam números altos:

> *Nas palavras de Larry Page, CEO da Google Inc., o Google+ se tornou um concorrente robusto no espaço de redes sociais, com 90 milhões de usuários se registrando desde seu lançamento em junho.*
>
> *Mas esses números mascaram o que está acontecendo de verdade no Google+.*
>
> *O Google+ é uma cidade fantasma virtual em comparação com o site concorrente da Facebook Inc., que está se preparando para um IPO enorme. Novos dados da empresa de pesquisa comScore Inc. apontam que os usuários do Google+ estão se inscrevendo — mas não fazem muita coisa na plataforma.*
>
> *Os visitantes que usam computadores pessoais gastaram em média três minutos por mês no Google+ entre setembro e janeiro, contra seis a sete horas no Facebook todos os meses durante o mesmo período, de acordo com a comScore, que não tinha dados sobre o uso de dispositivos móveis.*[86]

O destino do Google+ foi selado em sua estratégia de entrada no mercado. Ao fazer um megalançamento em vez de se concentrar em pequenas redes atômicas que poderiam crescer por conta própria, as equipes foram vítimas de grandes métricas vaidosas. Em seu auge, o Google+ alegou ter 300 milhões de usuários ativos — pelas métricas excelentes, estava a caminho do sucesso. Mas os efeitos de rede dependem da qualidade do crescimento e não apenas da quantidade. Depois, a junção de redes fracas e churn alto venceu e, em 2019, o Google+ finalmente foi descontinuado, depois de anos de irrelevância oscilante.

É claro que o lançamento não foi a única coisa que afetou o resultado do Google+ — as escolhas que eles fizeram em seu produto também inibiram o sucesso. O hard side de qualquer plataforma de conteúdo como o Google+ é atrair os criadores de conteúdo, que são a razão pela qual os espectadores vêm para a rede em primeiro lugar. No entanto, as escolhas do produto foram questionáveis. A capacidade de criar grupos privados e compartilháveis de amigos parecia boa na teoria, mas na prática dava mais trabalho configurar listas de amigos e a quantidade de comentários/curtidas em um público menor de amigos também diminuiu. Os recursos de compartilhamento foram os mesmos do Facebook e Twitter, focando fotos e links, que apresentaram uma experiência de status quo em oposição a uma melhoria 10x para os criadores de conteúdo. Sem avanços para o hard side da rede, o Google+ não conseguia fazer o conteúdo exclusivo se diferenciar de outras plataformas.

Compare isso com as equipes que depois conseguiram competir com o Facebook em pontos nos quais o Google+ falhou. Como se sabe, a Snap cresceu dentro do segmento do ensino médio antes de entrar no mainstream, e as fotos breves capturaram todo um conjunto único de conteúdo que nunca havia sido publicado — fotos casuais, sem pose, que eram destinadas à comunicação. No início, com menos de 10 mil usuários ativos diários, o Snapchat já estava atingindo 10 fotos/dia/usuário, várias ordens de grandeza a mais do que em plataformas equivalentes — mostrando que dominava o hard side da rede. Twitch, Instagram e TikTok inovaram em um vetor semelhante, dando aos criadores novas ferramentas e tipos de mídia para se expressar.

O Problema com o Big Bang

Construir uma rede com a abordagem do Big Bang é um desafio duplo: Primeiro, ela é desenvolvida em canais de transmissão. O ponto fraco da cobertura da imprensa, conferências ou publicidade é que, embora ela possa gerar um grande aumento de usuários quando dá certo, necessariamente serão não direcionadas. Em vez disso, é provável que se obtenha uma pequena quantidade de usuários de muitas redes, que podem abandonar a sua se a estrutura dela não estiver montada.

A segunda questão é que leva tempo para um produto ter os recursos certos, mas também para ter construído o bastante a ponto de impulsionar o crescimento viral — como compartilhamento, convites e colaboração. O movimento de baixo para cima tem a vantagem de que, uma vez que as características de crescimento viral começam a funcionar, é provável que continuem em muitas redes diferentes. Compare isso com o Lançamento Big Bang, que pode apresentar informações agregadas perturbadoras e confusas sobre um número total crescente de usuários que podem subir sem que o crescimento viral também melhore. A menos que se esteja monitorando e observando especificamente esses dados, é difícil avaliar se a rede está crescendo corretamente.

Quando examinadas pelo prisma da Lei de Meerkat e do framework central deste livro, fica óbvio por que as redes resultantes geradas por grandes lançamentos são fracas. É melhor ter um conjunto menor de redes atômicas que são mais densas e mais engajadas do que um grande número de redes que não chegaram a esse ponto. Quando um produto em rede depende da presença de outras pessoas para ser útil, é melhor ignorar os bons números agregados. Em vez disso, a qualidade da tração só pode ser observada quando se amplia a perspectiva de um usuário individual dentro da rede. Uma pessoa nova no produto vê o valor com base em quantos outros usuários já estão nele? Também é possível ignorar os números agregados e, em particular, o pico de usuários que um novo produto pode ter em seus primeiros dias. Como Eric Ries detalha em seu livro *A Startup Enxuta*, essas são "métricas de vaidade". Os números podem fazer você se sentir bem, especialmente quando estão subindo, mas não importa se você tem

100 milhões de usuários se eles estão em churn alto devido à falta de outros usuários engajando.

Quando as redes são construídas de baixo para cima, estão mais propensas a serem interconectadas densamente e, portanto, mais saudáveis e mais engajadas. Há várias razões para isso: Um novo produto frequentemente é incubado dentro de uma subcomunidade, seja um campus universitário, entusiastas de tecnologia de São Francisco, players ou freelancers — como os sucessos tecnológicos recentes demonstram. Ele crescerá dentro desse grupo antes de se espalhar para outras redes, dando tempo para que seus desenvolvedores ajustem recursos como convidar ou compartilhar enquanto aprimoram a proposta de valor principal. Quando um novo produto em rede está se espalhando via boca a boca, então é provável que cada usuário conheça pelo menos uma pessoa que já está na rede. No momento em que atingir o conhecimento geral, será visto como um fenômeno, e os esforços de cima para baixo sempre podem ser adicionados para escalar uma rede que já é grande e engajada.

Se os Lançamentos Big Bang geralmente dão tão errado, por que dão certo para a Apple? Porque suas principais ofertas podem se destacar como produtos premium e de alta utilidade, que geralmente não precisam construir novas redes para funcionar. Eles, no máximo, acessam redes existentes, como e-mail e SMS. Como se sabe, a Apple não teve sucesso com ofertas sociais, como o agora extinto Game Center e o Ping. O novo produto em rede mais próximo que lançaram é, sem dúvida, a App Store, mas nem mesmo estava inicialmente na visão que Steve Jobs tinha sobre o celular.[87] O mais importante, porém, é que você não é a Apple. Portanto, não tente copiá-los sem ter seus tipos de produtos.

O Paradoxo dos Pequenos Mercados

Empresas grandes e estabelecidas, naturalmente, querem apenas vencer em grandes mercados. Por consequência, o framework central deste livro — começando com redes atômicas menores e explorando suas forças de rede para crescer em uma maior — soa contraditório. A objeção é que, por si só, a primeira rede muitas vezes parece um mercado pequeno que não merece atenção.

As startups, por outro lado, têm a vantagem de poder começar pequenas e crescer, e é por isso que alguns dos maiores produtos em rede do setor — eBay, Facebook, Uber, Airbnb e TikTok — começaram com redes atômicas pequenas. Respectivamente, essas redes iniciais começaram em bens colecionáveis, estudantes universitários, limusines para pessoas ricas, pousadas e vídeos de lip-sync. Tudo isso soa como pequenos nichos de mercado e, quando uma análise tradicional de "mercado total endereçável" é aplicada, pode parecer que nunca será grande.

Mas aqui vai o paradoxo: para construir um efeito de rede enorme e de sucesso, acredito que se deve começar com uma rede atômica menor e usar o sucesso no primeiro conjunto de redes para dominar o conjunto seguinte de pequenas redes. Não acho que esse passo possa ser evitado.

O eBay começou nas verticais de bens de coleção e construiu uma rede atômica focada neles. Veja uma reação popular e precoce da Bessemer Ventures, empresa de capital de risco, à empresa:

> *"Selos? Moedas? Histórias em quadrinhos? Você só pode estar BRINCANDO", exclamou David Cowan. "Passo, sem pensar duas vezes."* [88]

Fred Wilson, da Union Square Ventures, um dos maiores capitalistas de risco de todos os tempos, não entendia o potencial do Airbnb porque, na época, ele estava focando acomodações mais baratas — literalmente, hospedagem compartilhada — e não estava conseguindo pegar outros mercados:

> *Naquela época, o Airbnb era um marketplace de colchões infláveis no chão dos apartamentos das pessoas, daí o nome [airbed and breakfast — Airbnb]. Eles tinham planos para atuar em outros anúncios, mas não haviam feito muito progresso nisso.*
>
> *Não acreditamos que colchões infláveis no chão da sala de estar seriam os quartos de hotel do futuro e não fechamos com eles. Outros viram a equipe incrível que vimos, investiram, e o resto*

é história. O Airbnb está prestes a virar o "eBay da hospedagem". Tenho certeza que logo será uma empresa de bilhões de dólares.[89]

Esse é um erro fácil de cometer, e possivelmente a armadilha mais comum ao tentar prever as características de startups que estão tentando construir novos produtos com efeitos de rede. É improvável que a primeira rede de um produto seja a última; a equipe está trabalhando freneticamente para refinar suas forças de rede e conquistar mercados e redes adjacentes. O que pode parecer uma empresa de hospedagem compartilhada acaba causando uma disrupção em toda a indústria hoteleira. Um produto de chat para pequenas equipes e startups assume todo o mercado no futuro como a maneira efetiva de as equipes se comunicarem.

A Atratividade do Lançamento Big Bang

A dinâmica de empresas maiores e estabelecidas torna o lançamento grandioso particularmente atraente. Elas tentam pular do zero para o Ponto de Virada de uma vez, por causa das pressões internas de iniciar e desenvolver um novo produto internamente. "Por que devemos ligar para essa ideia nova quando temos XYZ gerando milhões (ou bilhões) em receita? Qual é a visão única que temos sobre essa ideia? Porque nós? Por que mirar em 5 escolas/clientes/cidades se podemos mirar em 500?" Todas essas perguntas parecem ótimas, mas levam a um Lançamento Big Bang.

Ter um aplicativo bem-sucedido em, uma única faculdade ou um único cliente B2B, por exemplo, parece trivial. Se há um negócio principal que está gerando milhões ou bilhões em receita, qualquer produto novo tem que dar certo muito rapidamente, ou não receberá recursos. Os líderes individuais dentro de uma empresa estabelecerão metas muito ambiciosas, porque a maneira mais rápida de obter mais engenheiros ou financiamento é um megalançamento. Até mesmo o CEO pode se envolver, mas, de muitas maneiras, uma diretiva de cima para baixo cria ainda mais pressão. Para que valha a pena, um CEO hiperenvolvido garantirá que isso é uma "grande aposta" para a empresa, assim como o Google+.

Em contrapartida, em uma startup as metas começam pequenas. Quando o Tinder descobriu como fazer com que suas primeiras centenas de usuários da USC usassem o aplicativo, pareceu um enorme sucesso — qualquer coisa é melhor do que zero! Então, uma vez que lançou em uma segunda universidade, pareceu uma vitória ainda maior, levando-os a investir mais esforço, crescendo de faculdade em faculdade. Os esforços iniciais para criar uma rede geralmente se concentram no *ad hoc*, com a mecânica impulsionada pelo esforço operacional, gastando dinheiro para subsidiar a rede inicial, recursos de exclusividade para convidados ou apenas mandando pessoal para resolver o problema. Embora essas técnicas possam parecer não estratégicas e não escaláveis — tornando-as pouco atraentes dentro de uma empresa maior —, elas oferecem uma vantagem assimétrica para uma startup começar.

33
A CONCORRÊNCIA PELO HARD SIDE

Uber

Em uma releitura simplista dos efeitos de rede, diz-se que o vencedor leva tudo no mercado e que a rede maior está destinada a vencer. Afinal, se você acredita na Lei do Metcalfe, à medida que uma rede fica maior, seu valor aumenta exponencialmente — o que, por sua vez, deve permitir que o líder invista mais, cresça ainda mais e, futuramente, vença.

No entanto, não é isso que vemos no mundo real, quer estejamos analisando a batalha campal entre o Wimdu e o Airbnb na Europa, a concorrência global entre Uber e Didi, Lyft, Ola, Careem ou as batalhas sucessivas da Microsoft ao longo de décadas em navegadores, sistemas operacionais, o Office etc. Em vez disso, o maior produto em rede geralmente precisa empregar todos os esforços para concorrer contra um player menor e, no final, ele ainda perde! Basta ver o MySpace nas redes sociais, o Hipchat no chat no local de trabalho ou o Billpoint, concorrente do eBay no PayPal — houve um momento em que cada um deles tinha a maior rede e, no entanto, perderam. Os vencedores nessas categorias de produtos não foram os primeiros a comercializar, nem inventaram a maioria dos mecanismos básicos, mas mesmo assim derrubaram os grandalhões.

Se os efeitos de rede são tão poderosos, por que as redes maiores são tão vulneráveis? E como se dá o esforço de enfrentamento a um insurgente?

North American Championship Series

As batalhas de concorrência da Uber em todo o mundo dão uma pista do que seja isso. No capítulo de abertura deste livro, falamos das sessões de estratégia realizadas na Sala de Guerra da Uber, que duravam muitas horas e iam até tarde da noite, onde a estratégia de concorrência era definida para todas as unidades de negócios regionais da empresa. Uma equipe sênior e multifuncional de executivos de operações, produtos e finanças comparecia à "North American Championship Series" [Campeonato Norte-americano, em tradução livre], muitas vezes programada em horários incomuns, e que duraria o tempo necessário para que as perguntas de todos fossem respondidas. Uma reunião para conduzir as jogadas de concorrência nos Estados Unidos podia ser às 22h ou no fim de semana.

Na China, Índia, América Latina e outras regiões-chave, havia um esforço paralelo chamado "Black Gold China", "Black Gold India" [China/Índia do Ouro Negro, em tradução livre] e assim por diante. Nos anos anteriores, esse esforço tinha outros nomes secretos, às vezes chamados de "SLOG", termo em inglês para "trabalho duro" — quem quisesse concorrer com a Uber teria que trabalhar muito — que mais tarde evoluiu para um acrônimo: "Supplying Long-term Operations Growth" [Fornecer Crescimento de Longo Prazo às Operações, em tradução livre]. Todos esses esforços desempenharam um papel fundamental na superação de grandes concorrentes apoiados por capital de risco, como Sidecar, Hailo e Flywheel. Essas reuniões focaram a premissa de que não bastava a Uber vencer; os outros tinham que perder.

As táticas de concorrência da Uber foram ferozes e interdisciplinares, combinando o envio de novos recursos de produtos criados por uma equipe de milhares de engenheiros com o gasto de bilhões em incentivos direcionados a usuários e motoristas parceiros para aumentar o engajamento deles. Se os rivais não contrariassem essas táticas com as suas, então a rede deles desmoronaria. Às vezes, isso levava apenas semanas. Quando pedi a Jahan Khanna, cofundador da Sidecar, para contar como foi competir com a Uber, ele disse:

> *Foi brutal. No final, a Uber nos encurralou. A Sidecar chegou ao ponto de expansão para muitos mercados e não conseguíamos segurar nossos usuários e motoristas da maneira que fazíamos antes. Fizemos a difícil escolha de parar de dar o bônus de passageiro e motorista que a Uber estava dando. Os mercados precisavam ficar de pé por conta própria. Quando paramos de dar os bônus, dentro de seis semanas todos os mercados tinham ido a zero. Os incentivos eram o centro da coisa toda, e se você quisesse concorrer, teria que dá-los.*[90]

Não foi apenas a Sidecar que teve esse nível de concorrência brutal — a Lyft, a empresa número dois nesse mercado, também recebeu esforços intensos e focados, muitas vezes a um nível hiperlocal e pessoal. Nos primeiros anos do mercado de São Francisco, a equipe da Uber estava tentando especificamente "virar a casaca" dos motoristas da Lyft. Pensando no local em que os motoristas da Lyft podiam ser encontrados, a equipe de operações em São Francisco percebeu que muitos iam para a sede da Lyft para suporte ao cliente. Eles providenciaram caminhões com outdoors móveis para circular o quarteirão, dizendo aos motoristas para "raspar o bigode" — referindo-se ao logotipo inicial da Lyft, um bigode rosa — e para virem dirigir com a Uber. A Lyft, por sua vez, respondeu com sua própria campanha, com outdoors móveis que diziam aos motoristas para "serem mais do que um número".

Enquanto as NACS e as reuniões do Black Gold tinham nomes ligeiramente diferentes, em sua essência havia uma série de dashboards mostrando cada cidade e o market share da Uber. Essas métricas ajudaram a impulsionar a tomada de decisões da empresa. Os dashboards apontaram algo intrigante: embora a Uber possa ter, digamos, uma participação de mercado agregada de 75% em uma megarregião como os Estados Unidos ou a América Latina, na realidade isso pode ser composto de várias cidades com quase 100% de controle, seguido por muitas com 50% ou menos! Uma rede bem estabelecida é, na verdade, uma rede de redes, e algumas têm rédeas mais curtas do que outras.

Embora um insurgente possa escolher onde quer concorrer, a rede maior tem mais área de superfície a ser defendida contra vários players menores. No caso dos negócios da Uber nos EUA, a Lyft era particularmente forte em São Francisco, Los Angeles, San Diego, Austin e em algumas outras cidades. Embora a Uber se parecesse com um Golias em cidades como Nova York, tinha muito menos ferramentas à sua disposição em algumas das cidades da Costa Oeste. O Airbnb, o PayPal e outros produtos com efeitos de rede global conectam pessoas de todo o mundo a uma única rede — ou pelo menos a grandes redes regionais. Em contraste, as redes da Uber eram segmentadas umas das outras por cidades. Seu sucesso em Nova York não poderia ser facilmente transformado em uma hegemonia em São Francisco. Assim, muitas dessas batalhas começaram a parecer uma guerra de trincheiras em cidades onde vários players tinham quase o mesmo tamanho, um fato que a equipe da Uber abraçou com entusiasmo.

Encontrando as Alavancas Competitivas

Quando há uma batalha entre duas redes, há alavancas competitivas que fazem os usuários irem de uma para a outra — quais são elas? No mercado de transporte por app, o melhor lugar a se focar é o hard side difícil da rede: os motoristas. Mais motoristas fazem com que os preços sejam mais baixos, atraindo passageiros valiosos de alta frequência que muitas vezes comparam tarifas. Atraia mais passageiros e preencha de forma mais eficiente o tempo dos motoristas, e vice-versa. Há um duplo benefício em passar os motoristas da rede de um concorrente para a sua — isso levaria a rede deles a preços altíssimos, enquanto os da sua diminuem.

As alavancas competitivas da Uber combinavam incentivos financeiros — pagar por mais inscrições, por mais horas — com melhorias no produto para melhorar as forças de Aquisição, Engajamento e

Econômica. Atrair mais motoristas por meio de melhorias de produtos é simples: quanto melhor for a experiência de pegar os passageiros e conduzir o automóvel para o destino deles, mais o app será utilizado.

Desenvolver um produto melhor é uma das alavancas clássicas do setor de tecnologia, mas a Uber concentrou grande parte de seu esforço em bônus direcionados para motoristas parceiros. Por quê? Porque, para os motoristas, essa era a principal motivação para usar o app e melhorar seus ganhos era atrativo. Mas esses bônus não eram somente bônus — o objetivo deles era converter rapidamente os motoristas mais valiosos das redes rivais da Uber, visando os chamados motoristas de dois apps, ativos em várias redes. Eles receberam bônus grandes e especiais que os obrigaram a ficar com a Uber, e cada hora que dirigiam para a empresa era uma hora que as outras redes não podiam utilizar.

Houve um esforço sofisticado para saber quais motoristas usavam dois apps. Alguns desses esforços eram apenas manuais — os colaboradores da Uber que faziam viagens perguntavam se os motoristas parceiros dirigiam por outros serviços e podiam marcá-los manualmente em uma interface de usuário especial no app. Também havia sinais comportamentais quando os motoristas rodavam em dois aplicativos — eles costumavam pausar a sessão do Uber por alguns minutos enquanto dirigiam para outra empresa e, em seguida, voltavam a ele. No Android, havia APIs diretas que podiam dizer se alguém estava executando o Uber e o Lyft ao mesmo tempo. Depois, um grande número desses sinais foi alimentado em um modelo de aprendizado de máquina, onde cada motorista recebia uma pontuação com base na probabilidade de trabalhar em dois apps. Não precisava ser perfeito, apenas bom o suficiente para facilitar o alvo.

Uma vez marcados, os motoristas parceiros da cidade podiam receber uma infinidade de ofertas para compeli-los a mudar seu comportamento. Para reforçar a atratividade, se eles dirigissem o maior número possível de horas em uma semana para a Uber, em vez de para os concorrentes, seria oferecido um conjunto de ofertas. Às vezes, eram bônus simples, chamados de ofertas "Faça X Ganhe Y" (DxGy), nas quais um bônus de US$100 seria adicionado quando o motorista chegasse a 50 viagens em uma semana. Isso podia ser estendido para um incentivo em camadas, com um bônus de US$25, US$50, US$100 e

US$200 ao atingir 10, 25, 50 e 100 viagens, respectivamente. Outra seria a "tarifa dinâmica garantida", em que, após a 20ª viagem, por exemplo, todas as viagens posteriores seriam multiplicadas por 1,5.

Houve muitas estruturas de incentivo de motoristas diferentes, e as equipes da cidade estavam testando novas constantemente — mas o objetivo padrão era sempre o mesmo. Um motorista que fez 50 ou 100 viagens com a Uber estava dirigindo tantas horas que seria difícil dirigir para outra rede. Eles tinham que escolher um app no início da semana, com base na oferta, e depois ficar em uma rede para bater as metas principais. Durante o pico da estratégia de incentivo, mais de US$50 milhões/semana de incentivos de motoristas foram enviados a uma única região — enquanto eu fazia parte da NACS essa taxa foi ultrapassada em um determinado momento na China e nos Estados Unidos. A dinâmica de concorrência internacional ajudou a Uber a ficar mais inteligente nos Estados Unidos — ficou claro que o mercado competitivo da China estava levando a uma personalização mais profunda para os motoristas, combinada com incentivos de semana a semana e até mesmo, às vezes, bônus diários. Todos esses sistemas e conhecimentos foram trazidos para a concorrência dos EUA.

Embora os detalhes das táticas de concorrência da Uber — marcação, segmentação, incentivos e melhores experiências com produtos — sejam específicos para transporte por aplicativo, a abordagem geral ainda se aplica a um amplo espectro de produtos.

Concentrar-se nos hard sides da rede, que geralmente são menores em número, fornece alavancagem às jogadas de concorrência. Para uma rede social ou plataforma de vídeo, pode fazer sentido buscar esse lado dando incentivos econômicos especiais ou distribuição para o conteúdo dos criadores. Para produtos B2B, podem ser recursos especiais e preços para empresas. O objetivo principal é o mesmo, independentemente da categoria — passar os melhores e mais importantes nodos de uma rede para outra, e isso leva à vitória competitiva.

Inteligência Competitiva

Quando um produto em rede leva a concorrência a sério, ele precisa coletar métricas para descobrir a posição comparativa de todos os

A CONCORRÊNCIA PELO HARD SIDE

players no mercado. Isso, por sua vez, permite que as equipes de produtos testem e executem, de olho nos resultados — permite estabelecer metas, não apenas contra o sucesso de seus produtos, mas também contra as quedas de seus concorrentes.

A equipe de NACS da Uber investiu substancialmente na compreensão e no acompanhamento da participação de mercado em todas as cidades. Se ela visse que a empresa estava atrás dos rivais em um mercado, reagiria rapidamente. Não em um mês, não na próxima semana, o objetivo era inverter a dinâmica no mercado o mais rápido possível. Isso se tornou uma parte central das reuniões NACS e Black Gold, onde sempre havia uma revisão quantitativa das diversas redes divididas por cidade e região. Havia uma estimativa das viagens da Uber naquela semana e das viagens dos maiores concorrentes, fornecendo um relatório de market share rede por rede. Havia um conjunto de proporções, como a porcentagem de vezes que as viagens dos usuários foram em "tarifa dinâmica", um indicador de que não havia motoristas suficientes na estrada. Se um concorrente tivesse crescido semanalmente de maneira significativa enquanto a Uber permanecesse estável ou fosse negativa, isso provocaria uma rodada de perguntas intensas dos membros da reunião. Sempre haveria um gerente geral regional para apresentar alguns slides sobre o que aconteceu.

Como algumas das decisões mais importantes da empresa foram tomadas usando essas métricas, os dashboards do NACS foram montados de forma dispendiosa a partir de dados em toda a empresa, bem como de fontes externas. Uma fonte importante foram grandes dashboards de análises anônimas de cartões de crédito reembalados e revendidos pelas principais empresas de cartões. Outra fonte vinha de empresas de análise de e-mail que tinham acesso aos e-mails — e, portanto, aos recibos — de milhões de consumidores, e poderiam oferecer métricas de market share e até mesmo regiões e tipos de viagem específicos. Pense nisso como um "Nielsen ratings*" para gastos com cartão de crédito do consumidor, no qual um pequeno dashboard de alguns milhões de usuários poderia fornecer uma amostra para um mercado muito mais amplo. O mais importante era a possibilidade de filtrar os dados para obter métricas para uma cidade individual ou mesmo de um destino específico nessa cidade.

---

* Sistema de medição de audiência televisiva norte-americano, similar ao IBOPE.

Por um tempo, havia até uma equipe chamada Contrainteligência (Counterintelligente — COIN), que fazia engenharia reversa e coletava dados das APIs dos rivais, inicialmente focada na China. Era possível coletar, digamos, a previsão média de chegada dos motoristas em toda a cidade com essa API e alimentá-la com vários endereços em toda a cidade. Isso daria uma noção de se os usuários estavam enfrentando tempos de espera mais longos no Uber em comparação com o app de um concorrente. Havia outra equipe, a Inteligência Global, composta por dezenas de cientistas de dados que observaram todas as várias fontes de dados e as ampliaram com modelos de aprendizado de máquina e nossos próprios dados de "verdade básica", para criar o melhor conjunto de previsões.

Embora esses métodos específicos não sejam aplicáveis a todos os produtos em rede, há uma ideia importante em sua essência: qualquer produto que esteja em uma corrida mano a mano com concorrentes deve acompanhar os resultados — market share, usuários ativos, engajamento etc. — enquanto eles acontecem no mercado, para estabelecer causa e efeito. Uma startup de marketplace pode monitorar quais vendedores estão ativos em quais aplicativos, em diferentes regiões. Uma rede social pode tentar garantir que os criadores estejam postando tanto conteúdo em seus aplicativos quanto em outros — e descobrir ao longo do tempo como convencer os entrantes a postar mais. Pode ser interessante a uma ferramenta de videoconferência monitorar a porcentagem de tempo que as pessoas usam seu software em relação a outro, observando os calendários de trabalho. Todos esses esforços podem ajudar as equipes de produto a conectar seus esforços aos resultados para desenvolver as melhores práticas ao longo do tempo.

Competir pelo Hard Side

Há muitas lições a serem aprendidas dos esforços dos NACS da Uber, tanto sobre seu sucesso quanto sobre suas limitações. O núcleo da estratégia funcionou — foi eficaz focar o hard side da rede, combinando incentivos financeiros com produto e equipes apoiadas por dashboards sofisticados.

Os esforços de concorrência da Uber funcionaram por muito tempo, mas estagnaram nos últimos anos. A abordagem sistemática da empresa derrotou a Sidecar, a Hailo, a Flywheel e uma série de players menores. Ao entender os gastos de cada concorrente com incentivos, combinados com a referência a anúncios de financiamento, a Uber pôde estimar o que restava da trilha financeira de um concorrente. À medida que a trilha ficava curta, se uma pressão fosse aplicada nos momentos certos — usando incentivos e melhorias de produtos — os concorrentes da Uber teriam dificuldade em ter um crescimento consistente. O financiamento pode secar à medida que seus motoristas migram, arruinando o equilíbrio entre oferta e demanda, fazendo com que os preços subam. Isso foi eficaz quando a Uber era o maior player em uma cidade em particular, porque "o grandalhão é mais eficiente", como os executivos da empresa costumavam afirmar.

No entanto, durante todo o tempo e esforço que foram empregados nos esforços de concorrência, isso não funcionava sempre. Embora tenha havido uma série de vitórias iniciais, também é verdade que nos Estados Unidos, tanto a Lyft quanto a DoorDash continuariam a alcançar bons IPOs e valuations de mercado, na casa das dezenas de bilhões. Em outros lugares do mundo, a Uber lutou muito, mas acabou saindo da China e do Sudeste Asiático, cedendo as regiões à Didi e Grab, seus concorrentes regionais.

Qual lição tiramos dos pontos fracos da abordagem da Uber em cada uma dessas perdas? Em sua essência, a cartilha da Uber para a concorrência funcionou contando com o efeito de rede econômica — quando era o maior player de uma cidade, ela poderia subsidiar o lado do motorista de sua rede de forma mais eficiente. Se a Uber oferece uma remuneração fixa de US$30/hora para seus motoristas e a sua rede dava 2 viagens por hora para eles, enquanto o seu concorrente dava somente 1 por hora, então aquela estava muito mais perto de recuperar o gasto em cada viagem. Escale isso para milhões de viagens e o player menor será expulso de um mercado.

Contudo, pense no que acontece quando a Uber e um concorrente em um mercado estão mais próximos de 50/50, ou quando a Uber é o player menor, como foi o caso em que dois players locais se fundiram na China para formar a "Didi Kuadi". Em ambos os casos, o Efeito Econômico não ajuda a Uber, e a empresa não é mais eficiente do que seus pares no mesmo mercado. Nesses casos, ela precisa se diferenciar por outros meios, o que é difícil em um mercado utilitário com o objetivo expresso de "transporte como se fosse água corrente". Quando a Uber e a Lyft partilham uma grande sobreposição de motoristas ativos em ambos os serviços, é difícil para os consumidores perceberem a diferença entre os dois produtos.

A DoorDash obteve sucesso por meio de uma variação do Efeito Econômico. Enquanto a Uber tirava os motoristas das cidades para fazer entregas, a DoorDash começou nos subúrbios e mercados onde havia menos concorrência. À medida que solidificou esses mercados e encontrou uma economia forte, entrou em mercados urbanos adjacentes para concorrer diretamente com vários players, como Postmates, Uber Eats, Caviar e outros. Suas redes suburbanas, combinadas com inovações em preços e seleção de restaurantes, deram uma vantagem inicial que lhe permitiu atingir a Velocidade de Escape contra a concorrência.

No entanto, a concorrência nos transportes por app também refuta a falácia de acreditar nos mercados em que "o vencedor leva tudo". Em vez disso, os produtos competem como redes de redes, de modo que, mesmo quando a rede da Uber era maior no agregado, em cidades como São Francisco e Los Angeles, contra o Lyft ela dominava 50%. As empresas tinham efeitos de rede semelhantes, não superiores, e ficou difícil abrir vantagem na concorrência. Esse modelo de pensamento sobre efeitos de rede explica por que as redes maiores acham difícil derrotar totalmente os concorrentes, seja nos confrontos Facebook versus Snapchat, Zoom versus os inúmeros concorrentes de videoconferência ou em outro embate.

34
BUNDLING

Microsoft

Redes maiores não são temíveis apenas por causa dos efeitos de rede inerentes que vêm com escala, mas também por causa de sua capacidade de se expandir para novas categorias e mercados. Usando sua rede preexistente como uma plataforma de lançamento, eles podem — em tese — resolver rapidamente o Problema Cold Start e estabelecer tração para um novo produto. Isso é frequentemente chamado de bundling [agregação, em tradução livre] — vários produtos por um preço —, mas no mundo atual de aplicativos corporativos freemium e redes sociais de consumidores apoiadas por anúncios, usa-se esse termo para o desenvolvimento de um "superaplicativo" ou simplesmente, upselling e cross-selling de usuários em novos produtos. Na Uber, fazer com que os usuários começassem a pedir refeições pelo Uber Eats era chamado de R2E — "Rider to Eater" [De Passageiro a Consumidor].

O bundling tem sido o coração de muitas das maiores batalhas da indústria de tecnologia, particularmente as que envolvem a Microsoft. Talvez o mais infame seja o bundling que foi centro da Guerra dos

Navegadores do final dos anos 1990, quando o Internet Explorer vinha junto com o Windows para derrotar o Netscape. Por muitas décadas, a Microsoft foi vista no Vale do Silício como uma das concorrentes mais intensas e temíveis do planeta. Os críticos frequentemente acusavam a empresa de prevalecer sobre os concorrentes — incluindo empresas bem estabelecidas com milhares de funcionários como WordPerfect, Lotus, Ashton-Tate, Stac, Novell, Netscape, AOL e Sun — aproveitando seus efeitos de rede.

Para saber por que o bundling às vezes funciona, e outras vezes não, fui até a fonte. Perguntei a Brad Silverberg, que em sua década na Microsoft liderou alguns dos esforços mais importantes da empresa — incluindo o tão celebrado lançamento do Windows 95, acelerando a franquia de US$50 milhões para US$3,5 bilhões, bem como todos os lançamentos iniciais do Internet Explorer. Ele é meu mentor há anos e fez parte do conselho de uma startup que fundei anos atrás.

Entrevistei Brad para o *Problema Cold Start* por videoconferência; na época, havia se aposentado e passava um tempo com a família em Jackson Hole, Wyoming. Mas sua experiência dos anos 1980 e 1990 fez dele a autoridade definitiva sobre este assunto e, o que talvez surpreenda, um cético sobre o poder do bundling:

> *Fazer bundling em um produto não é a solução fácil que todos pensam. Se assim fosse, a versão 1.0 do Internet Explorer teria vencido pelo bundling com o Windows. Isso não aconteceu — o IE 1.0 só atingiu 3% ou 4% de market share, porque ainda não era bom o suficiente. O Bing foi outro exemplo, quando a Microsoft quis entrar no setor de busca online. Ele era o mecanismo de pesquisa padrão do sistema operacional, não apenas no Internet Explorer, mas também no MSN e em todos os lugares em que a Microsoft poderia enfiá-lo. Mas não deu em nada. As vantagens de distribuição não vencem quando o produto é inferior.*[91]

Mesmo que o bundling faça com que muitos novos usuários testem um produto, eles não permanecerão nele se houver uma enorme lacuna nos recursos.

Como mencionei quando debati sobre o Google+, o bundling é fácil de explicar, mas difícil de executar. Uma rede maior pode simplesmente aplicá-lo em um novo produto e ter sucesso rápido? Como conciliar isso com todos os exemplos em que uma empresa maior não está bem — há uma infinidade de novos projetos lançados a cada ano por grandes empresas de tecnologia e a maioria não vai a lugar nenhum. Quando o bundling dá certo? Quando não dá?

A Importância de um Produto Incrível

O Microsoft Office é outro exemplo famoso de bundling dentro da indústria de tecnologia. Também conversei com Steven Sinofsky, agora um colega da Andreessen Horowitz, que anteriormente passou décadas na Microsoft liderando seis grandes lançamentos do Office. As primeiras versões dos aplicativos de edição de texto e planilha da Microsoft — Word e Excel — foram originalmente desenvolvidas para o DOS e eram baseadas apenas em teclado e texto, sem os menus, ponteiros do mouse e janelas com os quais estamos acostumados hoje. Perguntei por que esses aplicativos não foram um sucesso imediato, e Steven fez uma avaliação direta:

> *Quando se tratava de edição de texto e planilhas, a Microsoft estava perdendo. Bem no início, era um distante segundo ou terceiro lugar em edição de texto e planilhas — seguindo empresas como Ashton-Tate, Lotus, WordPerfect e uma série de produtos muito melhores. As versões mais antigas dos aplicativos da Microsoft foram construídas para o DOS — eles eram baseados em texto, não eram gráficos — e simplesmente eram uma droga. Para criar um pacote de sucesso para o Office, era necessário que o Word, o Excel e o PowerPoint fossem ótimos e, em seguida, poderiam ser combinados com a distribuição estabelecida.*[92]

Para os aplicativos de produtividade da Microsoft, o estouro ocorreu quando o mundo passou de aplicativos DOS baseados em texto para interfaces gráficas de usuário, em meados da década de 1980. Como a indústria mudou de texto para interfaces gráficas, isso criou uma abertura; cada aplicativo precisava ser reescrito para dar suporte ao novo paradigma de menus suspensos, ícones, barras de ferramentas e mouse.

Enquanto a Microsoft reprojetava e repensava seus aplicativos, os concorrentes estavam muito presos no velho mundo, e assim, o Word e o Excel saltaram sobre seus concorrentes. Então, em um golpe de gênio em marketing de produtos, eles foram reunidos no pacote Microsoft Office, que prontamente se tornou um colosso. Muito esforço foi feito para que o funcionamento dos aplicativos dentro do pacote fosse interligado. Por exemplo, um gráfico do Excel podia ser incorporado dentro de um documento do Microsoft Word — isso foi chamado de Object Linking and Embedding (OLE) [Link e Incorporação de Objeto] — o que fez a combinação dos produtos mais poderosa.

Em outras palavras, o produto realmente importa, e o bundling pode fornecer uma enorme vantagem de distribuição, mas isso para por aí; se assemelha ao que vemos agora na era da internet, em que o Twitter podia levar os usuários ao Periscope, sua plataforma de transmissão ao vivo, agora extinta, ou o Google pode levar todos a usar o Google Meet. Pode até dar certo, mas só quando o produto é ótimo.

Isso explica em parte porque o conceito de bundling existe há tanto tempo — o McLanche Feliz foi lançado na década de 1970, e as empresas de TV a cabo têm feito bundling de canais de TV desde o início. Mas no cerne dessas histórias estão produtos importantes e icônicos que reinventam o mercado.

Competir com uma Rede, Não Apenas com Recursos

As táticas para o bundling de um novo produto em um existente podem parecer semelhantes — durante a Guerra dos Navegadores, a Microsoft adicionou o Internet Explorer à área de trabalho e ele virava o navegador padrão sempre que se clicava em um link. Na era moderna dos aplicativos móveis, streaming de vídeo, fintech e ferramentas de local de trabalho, o bundling funciona de forma diferente do que no início da era da Microsoft — hoje é a condução de cliques de um produto para outro e a integração em APIs, em vez de um monte de disquetes para instalar o Word junto com Excel e o

PowerPoint. Observe seu produto de sucesso e encontre todos os espaços em que ele pode ser promovido de forma cruzada para os usuários. Crie um grande anúncio na tela inicial para chamar a atenção e adicione links, botões e guias na parte inferior do aplicativo móvel. Envie um e-mail para os usuários e notificações push. Essas táticas são imediatamente familiares porque as vemos em produtos estabelecidos que tentam promover seus esforços mais recentes, seja a Uber apresentando seus usuários ao Uber Eats, o Dropbox lançando o Paper ou o Google promovendo seus produtos de videoconferência.

Embora isso ajude a gerar um bom aumento de novos usuários, não resolve o Problema Cold Start, a menos que as redes atômicas sejam rapidamente formadas. A capacidade de um incumbente sustentar um conjunto de efeitos de rede é surpreendentemente limitada. Basta considerar os Efeitos de Engajamento, Aquisição e Econômico — enquanto a aquisição de novos usuários pode ser apoiada pela venda cruzada de usuários de um produto para o outro, os efeitos de engajamento e monetização só entrarão em ação quando houver uma massa crítica efetiva. O Google+ é um exemplo do perigo de um fluxo de usuários desconectados que não formam redes atômicas engajadas.

A estratégia é alavancar uma rede maior em vários pontos de contato, para acelerar todos os seus efeitos de rede — não apenas a Aquisição. Ao longo dos anos, o Facebook executou uma cartilha eficaz que faz exatamente isso, só que em escala. Veja o Instagram como um exemplo — nos seus primórdios, o produto principal acessava a rede do Facebook, facilitando o compartilhamento de fotos de um produto para o outro. Isso cria um loop viral que impulsiona novos usuários, mas o engajamento também, quando curtidas e comentários aparecem em ambos os serviços. Ser capaz de se inscrever no Instagram usando sua conta do Facebook também aumenta a taxa de conversão, o que cria uma experiência sem atrito ao mesmo tempo em que configura integrações na experiência posteriormente. Uma abordagem direta para unir as redes depende do uso do muito bem estabelecido grafo social do Facebook para criar mais engajamento.

Bangaly Kaba, ex-chefe de crescimento do Instagram, descreve como a plataforma construiu a rede de sua empresa-mãe:

> *Usar o grafo social do Facebook é algo muito útil quando percebemos que seguir amigos reais e ter um público de amigos reais era o fator mais importante para a retenção em longo prazo. O Facebook tem um grafo social muito rico, não apenas com listas de endereços, mas também anos de dados de interação entre amigos. Usar essas informações sobrecarregou nossa capacidade de recomendar os amigos mais relevantes da vida real dentro do app do Instagram de uma maneira que antes não era possível, o que impulsionou muito a retenção. A teoria anterior pregava que fazer com que os usuários seguissem celebridades e influenciadores era o ato mais importante, mas esse era muito melhor — os influenciadores raramente seguem e se engajam com o conteúdo de um novo usuário. Seus amigos fazem isso, trazendo você de volta ao app, e não teríamos sido capazes de criar esse recurso sem a rede do Facebook.*

Em vez de usar o Facebook apenas como fonte de novos usuários, o Instagram conseguiu usar a empresa-mãe para construir redes mais fortes e densas. Essa é a base para efeitos de rede mais fortes. O Instagram é um ótimo exemplo de bundling bem feito e de por que um produto em rede que lança outro produto em rede tem uma enorme vantagem. O objetivo é competir não apenas em recursos ou produtos, mas sempre ser o "grandalhão" em uma situação de concorrência — usar a rede maior como uma arma de concorrência, o que, por sua vez, destrava benefícios para aquisição, engajamento e monetização.

Voltando à Microsoft, parte de sua magia de concorrência surgiu quando eles foram capazes de levar todo o ecossistema — desenvolvedores, clientes, fabricantes de PCs e outros — para concorrer em vários níveis, não apenas na criação de mais recursos. E a parte mais importante desse ecossistema eram os desenvolvedores.

Prendendo o Hard Side

Quando a Microsoft concorreu nesta era, não fez isso apenas em recursos — ela também trouxe sua rede para o mix, particularmente os desenvolvedores, que são o hard side da rede. Foi preciso um esforço enorme para atrair e reter desenvolvedores nas plataformas Windows: ferramentas para ajudar a construir apps, estabilidade na plataforma, sempre que possível, e, finalmente, priorizar as necessidades do desenvolvedor — às vezes em detrimento de outros lados da rede.

As ferramentas de desenvolvedor da Microsoft foram lançadas em seus primeiros sistemas operacionais. Começou com o GW-BASIC e o QBASIC para desenvolver aplicativos que eram em sua maior parte compostos de texto para DOS, em seguida, Visual Basic e Visual Studio para criar aplicativos gráficos no Windows. Ter essas ferramentas foi importante por causa dos casos de uso aos quais elas deram suporte. Brad descreveu a importância do Visual Basic (VB), em particular, para a estratégia do Windows:

> O Visual Basic era uma parte fundamental da engrenagem para o Windows. Todas as empresas, e especialmente as pequenas, tinham vários programas que eram parte de seu fluxo de trabalho diário. Não eram supercomplicados, mas necessários. O VB simplificou isso. As empresas poderiam escrevê-los por si mesmas sem muita experiência de programação prévia. Ou então as legiões de revendedores e pequenos grupos de consultoria escreviam programas em VB para os clientes. Era todo um ecossistema que impulsionava muito o Windows, e somente o Windows. Nunca houve VB para OS/2 ou Mac. Era preciso fazer parte do ecossistema Windows. Isso capacitou pessoas com pouca experiência prévia para se tornarem desenvolvedores.

Com o Visual Basic, um número infinito de casos de uso de nicho, particularmente dentro das empresas, poderia ser automatizado. Por isso há a citação dos primeiros executivos da Microsoft: "Para cada cópia do VB que vendemos, há dez cópias do Windows que vão junto."

Quando os aplicativos eram codificados, a filosofia era que eles sempre executariam a chamada compatibilidade reversa. Para explicar isso, vamos ver o que a Apple fez com sua primeira geração de computadores pessoais, como o Apple II e o IBM PC, que operavam principalmente com teclas de seta e uma fileira de teclas de função no topo. Quando a Apple fez a transição para o Macintosh, que tinha um mouse e uma interface gráfica, eles quebraram explicitamente a compatibilidade — removendo as teclas de seta do teclado e não executando programas Apple II — para forçar os desenvolvedores a criar aplicativos gráficos da "maneira certa".

A Microsoft fez o oposto, esforçando-se para garantir a compatibilidade reversa para que as novas versões do DOS e do Windows não quebrassem o código que os desenvolvedores escreveram. Até hoje, o código do aplicativo que tem vinte ou trinta anos ainda pode ser executado na versão mais recente do Windows. Isso significava que cada versão nova de um sistema operacional apenas aumentaria o número total de aplicativos disponíveis para serem executados nele, nunca o diminuiria — uma jogada-chave que alimenta o núcleo dos efeitos de rede da empresa. A Microsoft assumiu o custo de dar suporte a aplicativos antigos em vez de pedir a seus desenvolvedores que assumissem o custo de atualização constante.

Com o hard side preso, a Microsoft foi capaz de abordar a concorrência de forma criativa usando seu ecossistema de desenvolvedores.

A Microsoft Domina a Web

Quando a Netscape lançou seu primeiro navegador em 1994, Brad Silverberg e sua equipe ficaram muito impressionados. Ele conta isso de forma brilhante: "Estava claro que a web seria a próxima evolução da computação. Da mesma forma que as interfaces gráficas do usuário mudaram o mundo com o Macintosh e o Windows, a web faria o mesmo." O Netscape Navigator logo foi atualizado para incluir JavaScript, cookies e Java, criando a base para os incríveis aplicativos da web que usamos hoje. Ele inevitavelmente se tornaria um concorrente completo para o desktop, o que era um problema para a Microsoft. Contudo, a empresa ainda não tinha um navegador. Ela criou um muito rápido e lançou o Internet Explorer 1.0, apenas para entrar no jogo. O problema era que o produto era ruim, mesmo que fosse gratuito e viesse junto com o Windows em várias formas de bundling. A piada era que as pessoas só usavam o IE uma vez: para baixar o Netscape, e depois o abandonavam. Essas versões iniciais do IE atingiriam apenas alguns pontos percentuais de market share.

À medida que a Microsoft começou a investir para colocar seu navegador no mesmo páreo, também iniciou uma estratégia para engajar seu ecossistema de desenvolvedores. A Microsoft facilitou a incorporação da web em qualquer aplicativo, de modo que qualquer produto pudesse incorporar funcionalidades semelhantes às do navegador. Por exemplo, se um desenvolvedor estivesse criando um cliente de e-mail, ele poderia acessar algumas bibliotecas para facilitar a visualização de uma mensagem baseada em HTML com imagens da web. Ou um desenvolvedor de jogos que quisesse implementar uma área em seu aplicativo que mostrava fóruns de discussão hospedados na internet e sistemas de ajuda. Em vez de ter a internet executada através do navegador, a Microsoft tentaria trazer a internet para todos os aplicativos do Windows. Brad falou dessa estratégia e como ela era contraintuitiva:

> *A AOL estava em uma concorrência feroz conosco na época, e não queriam ser nossos parceiros. Também não queríamos, porque a Microsoft tinha o MSN, que competia diretamente oferecendo uma combinação de conteúdo, comunidade e acesso à internet. Mas deixamos isso de lado e tentamos o máximo que pudemos que eles integrassem o Internet Explorer em seus produtos. Foi um sucesso, e a AOL ofereceu um navegador white-label com a marca dela, mas com o código da IE por baixo, para seus clientes, e ele ia nos CDs que eles estavam enviando aos montes para todos os lares da América.*

Cada uma dessas parcerias de aplicativos AOL e Windows foi oficialmente registrada como uma contribuição para o market share do Internet Explorer. O objetivo na época ainda não era conquistar o mercado, mas começar com uma participação menor que 5% e crescer o suficiente para que cada desenvolvedor da web precisasse começar a testar seus sites com o Internet Explorer. Se os desenvolvedores começassem a mirar os padrões entre o IE e o Netscape Navigator, seria muito mais difícil para este criar seus próprios efeitos de rede orientados por desenvolvedores.

Sabemos como terminou essa história. A Microsoft trouxe seu enorme ecossistema e recursos para a concorrência, finalmente construídos para alcançar a paridade na funcionalidade do produto e, sim, também fez o bundling do IE no Windows. Uma década depois, dominaria quase 90% do mercado de navegadores. Embora a Microsoft não tenha inventado o navegador, a planilha ou o editor de texto, anos depois ela passaria a controlar cada um desses mercados.

As Desvantagens do Bundling

O bundling, é claro, funciona — no mínimo, pode levar os usuários a um novo produto ou recurso que, de outra forma, poderia ter dificuldade em obter seus primeiros usuários. No entanto, essa jogada é percebida como uma estratégia invencível, mas tem desvantagens evidentes. O bundling ajudou e prejudicou as empresas que o implementaram ao longo dos anos. Muitos dos problemas de segurança, instabilidade e interfaces menos elegantes da Microsoft podem ser rastreados diretamente até a decisão de focar necessidades dos desenvolvedores, particularmente clientes corporativos que fizeram grandes investimentos em software personalizado que exigia compatibilidade reversa.

Para aplicativos móveis de consumo, o bundling de novos recursos para competir com os Stories do Snapchat, TikTok ou outros aplicativos populares geralmente vem com a desvantagem de poluir o design. Novas guias, pop-ups, notificações push e outras táticas precisam ser usadas para que os usuários saibam sobre o novo recurso em bundling — ele pode dar certo em direcionar certo tráfego antecipado, mas pode resultar em um produto pior.

Depois de um tempo, o bundling parou de funcionar para a Microsoft. Após a investigação antitruste, a empresa manteve seu domínio no mercado de sistemas operacionais de PC, mas perdeu o controle de muitos outros mercados. A indústria pulou do PC para o celular. A Microsoft tentou replicar exatamente os efeitos de rede que teve antes — um ecossistema de fabricantes de hardware que pagava uma taxa de licenciamento para rodar o Windows Mobile e os desenvolvedores de aplicativos e consumidores seguiriam — mas desta vez não funcionou. Em vez disso, o Google ofereceu seu sistema operacional móvel Android gratuitamente, impulsionando a adoção por fabricantes de telefones. O alcance colossal dos desenvolvedores de aplicativos do Android atraiu um novo efeito de rede, derivado de um modelo de negócios onde o sistema operacional era gratuito, mas o ecossistema era monetizado usando a receita de pesquisa e publicidade.

A Microsoft também perdeu o mercado de navegadores para o Google Chrome e está sendo desafiada na Office Suite por uma infinidade de concorrentes de startups grandes e pequenas. Ela continuou a usar o bundling como uma estratégia, adicionando o chat no local de trabalho via Teams ao seu pacote — mas não conquistou uma vitória clara contra o Slack.

Se o bundling não foi uma certeza de sucesso para a Microsoft, é uma estratégia ainda mais fraca para as demais empresas. O resultado parece ainda menos certo quando vemos como o Google fez o bundling do Google+ em muitos de seus produtos, incluindo o Maps e o Gmail, alcançando centenas de milhões de usuários ativos sem retenção real. A Uber disponibilizou o Uber Eats em vários pontos de contato no seu app, mas mesmo assim ficou para trás no delivery em comparação com o DoorDash. O bundling não tem sido uma solução fácil como os gigantes da indústria esperavam que fosse.

CONCLUSÃO
O FUTURO DOS EFEITOS DE REDE

No final de 2018, a Uber tinha um novo CEO e equipe executiva, um novo conjunto de valores culturais e uma nova ênfase na lucratividade. A Sala de Guerra ter sido renomeada como Sala da Paz para refletir as prioridades do "Uber 2.0" foi algo revelador. Muita coisa mudou, e a startup agressiva e empreendedora que buscava revolucionar o setor de transportes se viu com mais de 25 mil funcionários e desacelerando o crescimento de receita em muitos de seus principais mercados. Centenas dos funcionários antigos que lutaram em suas batalhas mais ferozes deixaram a empresa e se dispersaram para fundar novas empresas, se tornar investidores ou tirar alguns anos de folga. Notavelmente, havia um contingente em Miami, onde havia muito sol, veleiros e impostos favoráveis.

Eu estava fora da empresa há cerca de um ano, mas acompanhei uma ampla constelação de ex-alunos da Uber por meio de aplicativos de mensagens, encontros, grupos do Facebook — muitos de nós permanecemos amigos íntimos depois de nossa jornada incrível juntos. Foi divertido trocar histórias de guerra sobre os dias anteriores e ouvir sobre como as coisas estavam indo, particularmente no ano que antecedeu o IPO. (A essa altura, a Uber ainda não havia aberto capital — ela o faria mais tarde, em 2019.) Em outubro, recebi um e-mail que me fez sorrir: enviado para um grupo de milhares de ex-alunos, ele informava que haveria uma série de encontros para dar a todos a chance de botar o papo em dia. No melhor estilo Uber, eles seriam sediados globalmente, primeiro em Sydney, depois em Singapura, Nova Délhi, Dubai, Amsterdã, Londres, Nova York, Cidade do México e, claro, em São Francisco. William Barnes e Joshua Mohrer, dois dos primeiros executivos de operações da Uber que ajudaram a administrar as sedes de LA e de Nova York, entre outros cargos, organizaram esses encontros como parte de suas atividades pós-Uber.

O encontro de ex-alunos de São Francisco foi realizado em Monroe, descrito como um "Art Deco Lounge inspirado na década de 1920" no distrito de North Beach. Foi incrível. Estive lá, encontrei velhos amigos e relembramos a ascensão espetacular da Uber e os últimos anos tumultuados. Cerca de uma hora depois, a música parou e houve um breve anúncio — Travis Kalanick, cofundador e ex-CEO, estava na casa. O salão ficou em silêncio e Travis pegou o microfone:

> *O que essa equipe faz... me deixa orgulhoso de vir aqui e passar um tempo e ver vocês. É totalmente fantástico.*
>
> *Adoro saber das coisas novas em que vocês estão trabalhando. Eu amo a paixão que levam para novos lugares. Deveríamos fazer isso de vez em quando, apenas nos reunirmos. É uma comunidade que não sei se conseguiremos ter novamente. Certamente estou tentando na minha nova empresa. Sei que muitos de vocês estão fazendo o mesmo. Sigam seus sonhos. Sonhem alto. Façam coisas grandes. Essa é apenas uma daquelas noites que não queremos que acabe.*[93]

Com isso, ele se dirigiu às tropas uma última vez. Travis sorriu, olhou ao redor da sala e entregou o microfone.

Desde então, os ex-alunos da Uber se espalharam pelo setor de tecnologia. Houve várias dúzias de novas startups — em categorias como patinetes, cozinhas virtuais, aluguel de carros, pagamentos, infraestrutura de dados, cannabis e mobília, para citar apenas alguns. Muitos viraram executivos da nova e mais quente geração de startups do Vale do Silício. E alguns, como eu, se juntaram a empresas de capital de risco para investir nos próximos Ubers, Dropboxes e Slacks. Isso faz parte do ciclo de vida do Vale do Silício — pequenas startups de alta energia crescendo e ficando gigantes, os alunos com mais tino empreendedor espalhando seu know-how, dinheiro e energia em novas empresas. Empresas como YouTube, Instagram, LinkedIn, WhatsApp e Salesforce foram fundadas por ex-alunos do PayPal, Google, Yahoo e Oracle, e os ex-alunos da Uber estão repetindo o mesmo padrão.

Os ex-alunos da Uber estão espalhando algumas das maiores lições que aprendemos sobre os efeitos da rede: lançar novos mercados, expandir o hipercrescimento, fazer grandes apostas com produtos, competir ferozmente com rivais e muito mais. Os efeitos de rede que impulsionaram a Uber são altamente relevantes para muitos produtos no setor de tecnologia, e isso significa que, à medida que a tecnologia transforma o mundo em geral, os efeitos de rede se tornarão centrais em todas as categorias de produtos, regiões e setores.

Mas os ex-alunos da Uber não são os únicos a ver isso.

Na última década, a indústria testemunhou uma quantidade incrível de inovação em todos os cantos da economia. Os produtos em rede reinventaram o software em seu núcleo — com o navegador da web, smartphone, vídeo e comunicação liderando o pelotão. Mas também vimos os efeitos de rede reorganizarem indústrias inteiras de uma forma que combina tanto software quanto uma enorme quantidade de trabalho logístico offline — seja o e-commerce, marketplaces de trabalho ou caminhões.

As criptomoedas parecem ser uma das mais importantes tecnologias novas e emergentes e tem as redes em seu núcleo. O Bitcoin criou uma alternativa às moedas tradicionais, mas, na minha opinião, é ainda mais emocionante ver a tendência da criptomoeda se infundir em todos os aspectos do software. Isso redefinirá jogos, redes sociais, marketplaces e muitas outras categorias de produtos, de modo que cada desenvolvedor de software terá que pensar nos efeitos da rede como parte da construção de produtos.

Todas essas tendências são a razão pela qual busquei montar um framework de ideias construído sobre exemplos do passado distante — telefones, cartões de crédito e cupons — e da era moderna de produtos em rede, como apps de mensagens, marketplaces, colaboração no local de trabalho, redes sociais e muito mais. Uma vasta gama de produtos será redefinida pelos efeitos de rede nos próximos anos.

Não é apenas a rede dos ex-Uber que vai liderar o pelotão, mas também os ex-alunos de todas as empresas mencionadas neste livro — Slack, Dropbox, Twitch, Microsoft, Zoom, Airbnb, PayPal e dezenas de outras — que aprenderam sobre o poder do crescimento viral, o lançamento de novos mercados, a aceleração do engajamento e as maneiras pelas quais os efeitos da rede podem oferecer uma enorme vantagem. Eles espalharão essas ideias para a próxima geração de produtos em rede que transformarão indústrias inteiras.

AGRADECIMENTOS

Antes deste livro, toda a minha experiência de escrita girava em torno de uma newsletter publicada esporadicamente e tweets aleatórios sempre que me dava vontade. Este projeto acabou sendo uma outra coisa — meses de pesquisa seguidos por anos de escrita e, finalmente, um surto frenético de edição. Era como se eu dissesse: "Eu gosto de correr pelo bairro" e depois me inscrever para fazer uma ultramaratona. No entanto, por meio deste projeto, conectei-me com um número incrível de pessoas — temas de entrevistas, parceiros de pensamento e muitos leitores de diversos rascunhos parcialmente concluídos. Quero parar um momento para expressar minha gratidão.

Primeiro, um profundo obrigado ao meu mentor e amigo de longa data Bill Gossman, que conheci como estagiário universitário em Seattle. Foi por meio das nossas conversas e do que aprendi nos primeiros anos da minha carreira que pude me orientar nela. Seu conselho direto e sua orientação abriram o caminho para minhas aventuras no Vale do Silício e, por fim, para este livro.

Tive um apoio enorme de muitos amigos e colegas da Andreessen Horowitz. Hanne Winarsky me ajudou a passar pelas fases iniciais, incluindo a proposta inicial do livro. Li Jin liderou grande parte da pesquisa inicial, participando de muitas dezenas de entrevistas, e foi um parceiro de ideias essencial. Olivia Moore forneceu notas detalhadas, perguntas e desafios com muita generosidade enquanto eu me encaminhava para o rascunho final. Katie Baynes e Margit Wennmachers foram cruciais no trabalho sobre o conteúdo do livro e como contar ao mundo sobre ele. Greg Truesdell foi meu colaborador em intermináveis iterações de design. Meus colegas autores da empresa, Scott Kupor e Ben Horowitz, me deram uma prévia de toda a jornada de autor pela primeira vez e me deram orientação ao longo do caminho. Minhas conversas frequentes com Jeff Jordan, Marc Andreessen e Chris Dixon me ajudaram a formar ideias-chave que abordei na obra inteira. E um alô para Connie Chan, Jonathan Lai, D'Arcy Coolican, e as muitas pessoas da equipe de Investimento do Consumidor que carregaram o fardo enquanto eu passava noites e fins de semana escrevendo. Tenho sorte de estar cercado por uma equipe incrível e solidária.

AGRADECIMENTOS

Uma lista longa de revisores me ajudou a refinar minha escrita. Em particular, sou grato pelas longas horas que Ada e Sachin, minha irmã e cunhado, passaram lendo profundamente e comentando minuciosamente — suas percepções e perguntas estão reunidas em muitos dos capítulos-chave. Como gosto de dizer às vezes, obrigado, irmã útil! Sou grato ao meu amigo íntimo e consigliere Bubba Murarka, que dedicou tanto tempo a esta questão como a todos os outros projetos em que trabalhamos juntos. Para a antiga equipe da Uber, agradeço pela leitura completa (e comentários mais gerais) das trincheiras: Chris Nakutis Taylor, Jahan Khanna, Ilya Abyzov, Alex Czarnecki, Shalin Mantri, Zoran Martinovic, William Barnes, Logan Lindsell, Chan Park, Ben Chiang, Aaron Schildkrout, Josh Mohrer, Brian Tolkin, Adam Grenier e Kenny D'Amica, entre outros.

Também há uma lista longa das pessoas incríveis que entrevistei como parte da minha pesquisa. Obrigado a Steve Huffman, Sean Rad, Steve Chen, Jon Badeen, Kevin Lin, Emmett Shear, Andy Johns, Jonathan Abrams, Paul Davison, Rohan Seth e Max Levchin — essas pessoas têm ajudado a criar alguns dos produtos mais icônicos da última década. O mesmo para Drew Houston, Stewart Butterfield, Ali Rayl, Eric Yuan, Reid Hoffman, Brad Silverberg e Steven Sinofsky — obrigado. Tive conversas incrivelmente úteis com Anand Iyer, Ale Resnik, Mike Ghaffary, Patrick Moran, Josh Wais, Jonathan Golden, Lenny Rachitsky, Jim Scheinman, Darius Contractor, Chrys Bader, Bryan Kim e ChenLi Wang. Todos eles foram muito generosos ao me cederem parte de seu tempo, me educando e contribuindo com insights que influenciaram meu pensamento. Obrigado novamente.

Agradeço o conselho dos colegas autores Michael Ovitz, Seth Godin, Eric Ries, Elad Gil e Ramit Sethi, que me inspiraram a iniciar este projeto. Muitas vezes usei as anotações que fiz em nossas conversas — foram cruciais em minha jornada como autor pela primeira vez. Finalmente, um grande alô para Hollis Heimbouch, minha extraordinária editora e sua equipe na Harper Business. A orientação e o feedback de Hollis durante este processo de vários anos foram indispensáveis à medida que percorria o labirinto sinuoso que é um primeiro livro. E obrigado a Chris Parris-Lamb, meu agente literário na Companhia Gernert, que respondeu a intermináveis perguntas de novato no início, e esteve presente em todos os momentos cruciais.

NOTAS

Obrigado por ler até aqui!

1. Uber Inc., "Form S-1", protocolado em 11 de abril de 2019, https://www.sec.gov/Archives/edgar/data/1543151/000119312519103850/d647752ds1.htm.
2. American Telephone & Telegraph Company, "Annual Report for the Year Ending December 31, 1900", protocolado em 26 de março de 1901, Google Books.
3. Bob Metcalfe, "Metcalfe's Law Recurses Down the Long Tail of Social Networking", agosto de 2006, https://vcmike.wordpress.com/2006/08/18/metcalfe-social-networks/.
4. W. C. Allee e Edith S. Bowen, "Studies in animal aggregations: Mass protection against colloidal silver among goldfishes", *Journal of Experimental Zoology*, fevereiro de 1932.
5. M. Kathryn Davis, "Sardine oil on troubled waters: The boom and bust of California's sardine industry 1905–1955", Universidade da Califórnia, Berkeley, 2002.
6. Naval Ravikant, postagem no Twitter, junho de 2017, https://twitter.com/naval/status/877467713811042304?lang=en.
7. Reid Hoffman, "The Big Pivot", Masters of Scale, Podcast, julho de 2019, https://mastersofscale.com/stewart-butterfield-the-big-pivot/.
8. Stewart Butterfield, entrevista com o autor em videoconferência, abril de 2020.
9. First Round Review, "From 0 to $ 1B—Slack's Founder Shares Their Epic Launch Strategy", fevereiro de 2015, https://review.firstround.com/From-0-to-1B-Slacks-Founder-Shares-Their-Epic-LaunchStrategy.
10. Eric Yuan, entrevista com o autor, San Jose, fevereiro de 2020.
11. Jonathan Golden, "Lessons Learned Scaling Airbnb 100X", Medium, agosto de 2017, https://medium.com/@jgolden/lessons-learned-scaling-airbnb-100x-b862364fb3a7.
12. Chris Nakutis Taylor, entrevista com o autor em videoconferência, janeiro de 2019.
13. William Barnes, entrevista com o autor em videoconferência, janeiro de 2019.
14. Alex Rampell, "The Fresno Free-for-All Behind the Original Credit Card", setembro de 2019, https://a16z.com/2019/09/18/history-of-the-credit-card/.

NOTAS 373

15. Joseph Nocera, *A Piece of the Action: How the Middle Class Joined the Money Class* (Nova York: Simon & Schuster, 1994).
16. Chris Dixon, "The next big thing will start out looking like a toy", janeiro de 2010, https://cdixon.org/2010/01/03/the-next-big-thing-will-start-out-looking-like-a-toy.
17. Wikipédia, "Wikipedia: Size comparisons", acesso em maio de 2021, https://en.wikipedia.org/wiki/Wikipedia:Size_comparisons.
18. CBS News, "Meet the man behind a third of what's on Wikipedia", janeiro de 2019, https://www.cbsnews.com/news/meet-the-man-behind-a-third-of-whats-on-wikipedia/.
19. Bradley Horowitz, "Creators, Synthesizers, and Consumers", fevereiro de 2006, https://web.archive.org/web/20210225130843/https://blog.elatable.com/2006/02/creators-synthesizers-and-consumers.html.
20. Evan Spiegel, comentários durante a conferência da DLD, janeiro de 2020, Alemanha.
21. Sean Rad, entrevista com o autor em videoconferência, março de 2019.
22. Jahan Khanna, entrevista com o autor, São Francisco, dezembro de 2018.
23. Eric Yuan, entrevista com o autor, San Jose, fevereiro de 2020.
24. Rohan Seth e Paul Davison via e-mail, fevereiro de 2021.
25. Bubba Murarka via e-mail, março de 2021.
26. Marc Andreessen, "The only thing that matters", junho de 2007, https://pmarchive.com/guide_to_startups_part4.html.
27. Sean Rad, entrevista com o autor em videoconferência, março de 2019.
28. Jonathan Badeen, entrevista com o autor em videoconferência, abril de 2019.
29. Bianca Bosker, "Here's One of the College Kids Helping Tinder Take Over Campuses", *Huffington Post*, julho de 2013, https://www.huffpost.com/entry/tinder-app-college-kids_n_3530585.
30. Reid Hoffman, entrevista com o autor em videoconferência, dezembro de 2020.
31. Lee Hower, "How did LinkedIn get its initial traction?", Quora, agosto de 2010, https://www.quora.com/How-did-LinkedIn-product-get-its-initial-traction/answer/Lee-Hower?comment_id=69849 &comment_type=2.
32. Harry McCracken, "How Gmail Happened: The Inside Story of Its Launch 10 Years Ago", *Time*, abril de 2014, https://time.com/43263/gmail-10th-iversary/.

33. Libby Plummer, "Hipstamatic—Behind the Lens", Pocket-Lint, novembro de 2010, https://www.pocket-lint.com/cameras/news/lomography/106994-hipstamatic- iphone- app- android- interview.
34. M. G. Siegler, "Apple's Apps of Year: Hipstamatic, Plants vs. Zombies, Flipboard, and Osmos", Techcrunch, dezembro de 2010, https://techcrunch.com/2010/12/09/apple-top-apps-2010/.
35. James Estrin, "Finding the right tool to tell a war story", *New York Times*, novembro de 2010.
36. Kevin Systrom, "What is the genesis of Instagram?", Quora, janeiro de 2011, https://www.quora.com/What-is-the-genesis-of- Instagram/answer/Kevin-Systrom.
37. Josh Constine, "Instagram hits 1 billion monthly users, up from 800M in September", Techcrunch, junho de 2018, https://techcrunch.com/2018/06/20/instagram-1-billion-users/.
38. Robert J. Moore. "Instagram Now Adding 130,000 Users Per Week: An Analysis", Techcrunch, março de 2011, https://techcrunch.com/2011/03/10/instagram-adding-130000-users-per-week/.
39. Shutterstock, "What the Most Popular Instagram Filters Tell Us About Users", março de 2018, https://www.shutterstock.com/blog/instagram-filters-user-study.
40. Chris Dixon, "Come for the tool, stay for the network", postagem em blog, janeiro de 2015, https://cdixon.org/2015/01/31/come-forthe-tool-stay-for-the-network.
41. Claude Hopkins, *My Life in Advertising* (Nova York: McGraw- Hill Education, 1966).
42. Steve Huffman, entrevista com o autor, São Francisco, março de 2020.
43. Jonathan Golden, "Lessons Learned Scaling Airbnb 100X", Medium, agosto de 2017, https://medium.com/@jgolden/lessons-learned-scaling-airbnb-100x-b862364fb3a7.
44. Lenny Rachitsky, "How today's fastest growing B2B businesses found their first ten customers", Substack, julho de 2020, https://www.lennysnewsletter.com/p/how-todays-fastest-growing-b2b-businesses.
45. Paul Graham, "Do things that don't scale", publicado em paulgraham.com, julho de 2013, http://paulgraham.com/ds.html.
46. Dropbox Inc., "Form S-1", protocolado em fevereiro de 2018, https://www.sec.gov/Archives/edgar/data/1467623/000119312518055809/d451946ds1.htm.
47. Drew Houston, entrevista com o autor, São Francisco, fevereiro de 2020.

48. Cade Metz, "The Epic Story of Dropbox's Exodus from the Amazon Cloud Empire", *Wired*, março de 2016, https://www.wired.com/2016/03/epic-story-dropboxs-exodus-amazon-cloud-empire/.
49. Drew Houston, "Dropbox Demo", vídeo do YouTube, setembro de 2008, https://www.youtube.com/watch?v=7QmCUDHpNzE.
50. Sarah Perez, "Nearly 1 in 4 people abandon mobile apps after only one use", Techcrunch, maio de 2016.
51. Dan Frommer, "You really only use three apps on your phone", Quartz, setembro de 2015, https://qz.com/508997/you-really-only-use-three-apps-on-your-phone/.
52. Aatif Awan, entrevista com o autor, Menlo Park, Califórnia, abril de 2019.
53. Max Levchin, entrevista com o autor via e-mail, abril de 2021.
54. David Sacks, "The Sharp Startup: When PayPal Found Product-Market Fit", Medium, novembro de 2019, https://medium.com/craft-ventures/the-sharp-startup-when-paypal-found-product-market-fit-5ba47ad35d0b.
55. K. V. Nagarajan, "The Code of Hammurabi: An economic interpretation", *International Journal of Business and Social Science* 2, nº 8 (maio de 2011): 108.
56. Fareed Mosavat, entrevista com o autor em videoconferência, maio de 2020.
57. Mike Wehner, "The unlikely father of esports streaming", Daily Dot, setembro de 2015, https://web.archive.org/web/20201117135049/https://kernelmag.dailydot.com/issue-sections/features-issue-sections/14010/justin-tv-twitch-xarth/.
58. Emmett Shear, entrevista com o autor, São Francisco, março de 2019.
59. Kevin Lin, entrevista com o autor, São Francisco, fevereiro de 2020.
60. Steven Levy, "The Untold Story of Facebook's Most Controversial Growth Tool", Medium, fevereiro de 2020, https://marker.medium.com/the-untold-history-of-facebooks-most-controversial-growth-tool-2ea3bfeaaa66.
61. David Ulevitch, entrevista com o autor em videoconferência, março de 2021.
62. Eric Feng, "A stats-based look behind the venture capital curtain", Medium, setembro de 2018, https://efeng.medium.com/a-stats-based-look-behind-the-venture-capital-curtain-91630b3239ae.
63. Ilya Strebulaev e Will Gornall, "How much Does Venture Capital Drive the U. S. Economy?", Stanford GSB, outubro de 2015, https://www.gsb.stanford.edu/insights/how-much-does-venture-capital-drive-us-economy.

64. Neeraj Agrawal, "The SaaS Adventure", Techcrunch, fevereiro de 2015, https://techcrunch.com/2015/02/01/the-saas-travel-adventure/.
65. Jeff Jordan, "A Recipe for Growth: Adding Layers to the Cake", a16z.com, janeiro de 2012, https://a16z.com/2012/01/18/a-recipe-for-growth-adding-layers-to-the-cake-2/.
66. Josh Constine, "9 highlights from Snapchat CEO's 6,000-word leaked memo on survival", Techcrunch, outubro de 2018, https://techcrunch.com/2018/10/04/chat-not-snap/.
67. Bangaly Kaba, entrevista com o autor, Menlo Park, Califórnia, dezembro de 2019.
68. Frank D'Angelo, "Happy Birthday, Digital Advertising", *AdAge*, outubro de 2009, https://adage.com/article/digitalnext/happy-birthday-digital-advertising/139964.
69. Hannah Orenstein, "21 Vine Stars Formed a Secret Coalition and Quit the Platform Together Last Year", *Seventeen*, outubro de 2016, https://www.seventeen.com/life/tech-social-media/news/a43519/21-vine-stars-formed-a-secret-coalition-and-quit-the-app/.
70. Walter Isaacson, *The Innovators: How a Group of Inventors, Hackers, Geniuses, and Geeks Created the Digital Revolution* (Nova York: Simon & Schuster, 2014).
71. Adam D'Angelo, entrevista com o autor em videoconferência, abril de 2020.
72. Michael Wesch, "YouTube and You: Experiences of Self-awareness in the Context Collapse of the Recording Webcam", *Explorations in Media Ecology*, 2009.
73. Eugène François Vidocq, *Memoirs of Vidocq: Principal Agent of the French Police* (E. L. Carey e A. Hart, 1834).
74. Reddit Inc., "Comments of Reddit, in the matter of Section 230 of the Communications Act of 1934, before the Federal Communications Commission", protocolado em 1º de setembro de 2020, https://ecfsapi.fcc.gov/file/10902008029058/Reddit%20FCC%20Comment%20RM%2011862.pdf.
75. Steve Chen, entrevista com o autor em videoconferência, março de 2020.
76. Eugene Wei, "Status as a Service (StaaS)", publicado em eugenewei.com, fevereiro de 2019, https://www.eugenewei.com/blog/2019/2/19/status-as-a-service.
77. Aatif Awan, entrevista com o autor, Menlo Park, Califórnia, abril de 2019.
78. TikTok Inc., "How TikTok recommend videos #ForYou", publicado em Tiktok.com, junho de 2020, https://newsroom.tiktok.com/en-us/how-tiktok-recommends-videos-for-you.

79. Reid Hoffman e Chris Yeh, *Blitzscaling: The Lightning-Fast Path to Building Massively Valuable Companies* (Nova York: Currency, 2018).
80. Robin Wauters, "After one year, Airbnb rival Wimdu is big. How big? $132 million a year big", TheNextWeb, março de 2012, https://thenextweb.com/news/after-one-year-airbnb-rival-wimdu-is-big-how-big-132-million-a-year-big.
81. Michael Schaecher, entrevista com o autor, São Francisco, janeiro de 2020.
82. Brian Chesky, "Blitzscaling 18: Brian Chesky on Launching Airbnb", vídeo do YouTube, novembro de 2015, https://www.youtube.com/watch?v=W608u6sBFpo.
83. Jonathan Golden, entrevista com o autor em videoconferência, fevereiro de 2019.
84. Warren Buffett e Carol Loomis, "Mr. Buffett on the Stock Market", *Fortune*, novembro de 1999, https://archive.fortune.com/magazines/fortune/fortune_archive/1999/11/22/269071/index.htm.
85. Andrew Parker, "The spawn of Craigslist", Tumblr, janeiro de 2010, https://thegongshow.tumblr.com/post/345941486/the-spawn-of-craigslist-like-most-vcs-that-focus.
86. Amir Efrati, "The Mounting Minuses at Google+", *Wall Street Journal*, fevereiro de 2012, https://www.wsj.com/articles/SB10001424052970204653604577249341403742390.
87. 9to5Mac, outubro de 2011, https://9to5mac.com/2011/10/21/jobsoriginal-vision-for-the-iphone-no-third-party-native-apps/.
88. Bessemer Venture Partners, "The Anti-Portfolio: Honrating the companies we missed", acesso em junho de 2021, https://www.bvp.com/anti-portfolio/.
89. Fred Wilson, "Airbnb", publicado em avc.com, março de 2011, https://avc.com/2011/03/airbnb/.
90. Jahan Khanna, entrevista com o autor, São Francisco, dezembro de 2018.
91. Brad Silverberg, entrevista com o autor em videoconferência, dezembro de 2020.
92. Steven Sinofsky, entrevista com o autor em videoconferência, novembro de 2020.
93. Travis Kalanick, evento Uber Alumni Investing Club, São Francisco, novembro de 2018.

SOBRE O AUTOR

ANDREW CHEN é sócio geral da Andreessen Horowitz, investindo em startups de consumo em estágio inicial. Ele é membro do conselho de startups em rápido crescimento, como Substack, Clubhouse, Z League, All Day Kitchens, Sleeper, Maven e Reforge, e anteriormente liderou as equipes de crescimento de usuários da Uber durante seus anos de alto crescimento e pré-IPO. Ele tem um blog profissional popular e tem sido destaque da *Wired*, do *Wall Street Journal*, e do *New York Times*. É bacharel em Matemática Aplicada pela Universidade de Washington, onde se formou aos 19 anos de idade. Ele divide seu tempo entre São Francisco e Los Angeles.